U0869715

跟评论高手学写作

徐小平
主 编

徐建华 周勇林 张丽丽
刘永香 徐忠梅 徐小平
编 著

人民东方出版传媒
People's Oriental Publishing & Media
東方出版社
The Oriental Press

图书在版编目（CIP）数据

跟评论高手学写作 / 徐小平主编 . — 北京：东方出版社，2023.1
ISBN 978-7-5207-3066-2

Ⅰ. ①跟… Ⅱ. ①徐… Ⅲ. ①作文课—高中—教学参考资料 Ⅳ. ① G634.343

中国版本图书馆 CIP 数据核字（2022）第 216512 号

跟评论高手学写作
（GEN PINGLUN GAOSHOU XUE XIEZUO）

主　　编：徐小平
策　　划：张永俊
责任编辑：张永俊
责任审校：赵鹏丽　孟昭勤
出　　版：东方出版社
发　　行：人民东方出版传媒有限公司
地　　址：北京市东城区朝阳门内大街 166 号
邮　　编：100010
印　　刷：北京联兴盛业印刷股份有限公司
版　　次：2023 年 1 月第 1 版
印　　次：2023 年 1 月第 1 次印刷
开　　本：710 毫米 ×1000 毫米　1/16
印　　张：19.5
字　　数：236 千字
书　　号：ISBN 978-7-5207-3066-2
定　　价：58.00 元
发行电话：（010）85924663　85924644　85924641

版权所有，违者必究
如有印装质量问题，我社负责调换，请拨打电话：（010）85924602　85924603

序
巅峰笔法，神助攻！

徐小平

人民日报评论的笔法，可谓巅峰笔法。

一直就想做本专门点评它的书。

它的指点江山，我们的激扬文字——要做得大气，引领，有格局！

先是多年跟读。每月大大小小要跟读 150 多篇，为的是做摘抄和做选文给学生在阅读课上看。看得多，读得多，也就窥得了这些评论的堂奥，感受到了这些评论的博大与美好。

这些精妙的千字文，真的很契合当下中学生的写作实际，尤其是高考写作，甚或申论。

是前年疫情期间吧，我因网课的需要，开始充当人民日报评论的“摆渡人”，目的是通过一些精要的点评，来引领学生关注家国大事，揣摩文章至理。记得最先点评的一篇是 2020 年 3 月 20 日盛玉雷写的题为《用力记住不幸，更努力寻找确幸》的文章，谈的是如何正确打开疫情文学的问题。其冷峻中的热、工整中的巧，能给人带来人文与作文上的双重启迪。我悉心点评后，将它投给一些公众号去发布，没想到点击量还相当大，反响还特别好——老师们说引领学生写议论文更有抓手了，学生们说读着时评看着点评心中一下就豁亮了。后来，《意林作文素材》还直接刊登了我的这篇点评文字。

因为受众多、反响好，很多报刊都纷纷向我约稿。《语文报》《帅作文》《十几岁》《新作文》《作文与考试》等还为我开辟了点评专栏。

后来有一次查资料时我发现，连北京日报社办的公众号“新闻与写作”都经常“撸”我的这些点评来供新闻工作者参考。

我觉得我做的还真是一件很有意义的事。说点富有情怀的话吧——脂砚斋批注了《红楼梦》，金圣叹评点了《水浒传》，李笠翁批阅了《三国志》，莫不光大神采了原文。我之点评虽不能光大神采原文，但拨亮一点点光总是能的，更何况人民日报评论还是立德树人的标杆呢？所以，我之点评，约略是可将文章与文道默化于学子们心中的——谁说这做的不是一件千秋事呢？

点评人民日报评论之所以如此受欢迎，我想也不是空穴来风的。

首先，人民日报评论可谓高考的风向标，里面很多评论都与高考作文话题明接暗合。试作近三四年的比较：

2022 年全国乙卷关于双奥的“跨越，再跨越”与 2022 年 2 月 8 日人民日报评论沈若冲的《在冬奥绽放中国浪漫，在冰雪里感受“温暖”》；

2022 年天津卷的“烟火气”与 2020 年 6 月 2 日人民日报评论陈凌的《云上自在，远不如生活精彩》；

2022 年新高考Ⅱ卷的“选择 · 创造 · 未来”与 2020 年 8 月 5 日人民日报评论孙超的《对高分学考古指指点点的人，大概不懂得“梦想”》；

2021 年全国甲卷的“可为与有为”与 2021 年 5 月 14 日人民日报评论杨昊的《让青春在奋斗中绽放绚丽之花》；

2021 年全国新高考Ⅰ卷的“体育之效与强弱之变”与 2020 年 9 月 18 日人民日报评论唐天奕的《体育强国，从开足体育课始》；

2021 年北京卷的“论生逢其时”与 2020 年 5 月 4 日人民日报评论项思田的

《奔涌吧！时代大潮中的青年“后浪”》；

2020 年新高考Ⅰ卷的“疫情中的距离与联系”与 2020 年 2 月 2 日人民日报评论之山的《网购拜年：在亲情与疫情间“寄乡愁”》；

2020 年全国Ⅱ卷的“携手世界，共创未来”的全球抗疫与 2020 年 4 月 13 日人民日报评论石羚的《驱散疫情阴霾，最需要合作阳光》；

2019 年全国Ⅰ卷的“热爱劳动，从我做起”与 2019 年 4 月 10 日人民日报评论张凡的《都智能时代了，为何还要提倡劳动教育？》；

2019 年全国Ⅱ卷的“纪念五四运动一百周年大会”的观后感与 2019 年 5 月 4 日人民日报评论的《让五四精神在新时代放射新的光芒》。

……

其次，人民日报评论的视角总是很新，站位总是很高，能给人更多的引领与启发。记得“励志博士”黄国平的事迹出来后，很多媒体都发文评论，其站位和角度都差不多，无外乎议论“艰难困苦，玉汝于成”的道理，唯有人民日报评论石羚的文章《励志博士：世界以痛吻我，我却报之以歌》能将黄国平等人的努力不被辜负，深层定位于“流动中国”“脱贫攻坚”“教育均衡”的中国时代所创造的奇迹，发黄钟大吕之音，实在是不同凡响！下面再简单罗列一些类似比较独到的观点：

关于“网红”：我们不仅需要有文化力的“网红”，而且呼唤营造有生命力的“网红文化”；

关于就业：唯有心中的格局与信念，才能刻画我们的模样，标注我们的人生坐标；

关于种菜：是中华文化中一种热爱土地、热爱劳动的情感价值观的体现；

关于地标：打造新的文化地标，必须丰富其审美内涵，完善其服务功能，让其在与公众的“紧密连接”中收获持久口碑和影响；

关于情怀：发展不是情怀的敌人，相反，只有发展才会给情怀创造基础；

关于国风：在文化消费的产业属性之外，当代“国风”也有着承前启后、贯通中西的公共属性；

关于善意：对涓涓细流汇成大海的感动与铭记，应该是发自内心的赞赏，而不能变成“捧杀”更不该带来“棒杀”；

关于青春：相信吧，青年人！你的气质代表着时代气质，你的风貌塑造着未来面貌；

关于建党：创造新的历史，是致敬历史最好的方式；

……

再者，人民日报评论的语言堪称教科书式的语言——凝练隽永，善用排偶、比喻，既大气，又接地气，几乎每篇都会有一些高光词句出现。笔者还着意收集过一些：

人类只有一个地球，人类也只有一个共同的未来；

“键对键”不能代替“面对面”；

命是自己的，运却和整个国家相关联；

“正步”人生，从未“稍息”；

星光不问赶路人，历史属于奋斗者；

一寸山河一寸血，一抔热土一抔魂；

乘风好去，长空万里，直下看山河；

真相不是一块橡皮泥，可以随意揉捏；

朝着阳光生长，黑夜就不再漫长；

手里拿锤子的人，看什么都像钉子；

船的力量在帆上，人的力量在心上；

“富脑袋”和“富口袋”一样重要；

一位英雄就是一个标杆，一群英雄就是一片高原；

肩并肩坐在一起，是人类最美的姿态；

心，永远都会是身体里最强壮的部位；

拼手速的时代，不妨让子弹多飞一会儿；

衣白褂，破楼兰，赤子切记平安还；

守正且创新，身正且行直，怀珠且抱玉；

“正能量”完全能获得“大流量”；

带有“滤镜”的改编，让本应是生活“透镜”的作品，有着成为“哈哈镜”的风险；

……

这些金句，拿来做题目，做论点，做段首中心句、段尾结穴句，不也是“把最硬的鳞给你”了吗？

更有那些高级词语，比如“赓续”“厚植”“不啻”“裹挟”“砥砺”“超拔”“蝶变”“毋庸置疑”“题中应有之义”“公序良俗”“文化癌变”“职业版图”“叙事半径”“肌体生态”等，也深显说理的蔚然深秀。

乃至类似“我们最终收获的，并不是精神的富足，而是萎靡，精神的自在充盈，更是无从谈起。相反，把云上的生活作为一贴清凉散，观照内心，撇去浮躁，葆有一份超拔的心态，继续向更美好的生活进发，精神上才有可能是自在的”（陈凌《云上自在，远不如生活精彩》）中“不是……而是……更是……相反……才……”等关联词语的运用也是彰显文理绵密的范本。

更有那些“让字句、是字句、用字句、把字句、不字句、动宾式、反问式、对称式”的造题大法也是被奉为拟题神器。

再加上人民日报评论还几乎囊括了议论文的各种经典写法呢？

喻思南的《科学琴键也演奏着人文旋律》的二元思辨写法对 2022 年新高考 I 卷

的“妙手、本手、俗手”的思辨型话题会很有启发；

梁言品的《“不可能打工”！流量追捧下的“网红文化病”咋治？》不仅整体架构“是什么、为什么、怎么办”井井有条，而且“怎么办”部分也呈现出标准的层层递进；

陈凌的《云上自在，远不如生活精彩》从标题到论题到论点到论据到论证到结论都采用了典范的对照式；

周南的《北大毕业生干中介，双语女硕士做保姆，是人才浪费还是社会发展？》是破立结合的驳论文标杆，他的《〈你好，李焕英〉何以成“黑马”？》又是引议联结式观（读）后感的典范；

石羚的《“春运母亲”因何两次感动中国？》一文并列分论点的打造——路是通道，一条水泥路见证着大凉山区的变化；路是旅途，一条返乡路记录着随处可见的幸福；路是方法，一条致富路成就了贫困群众的梦想——堪称“美貌与智慧并重”。

还有，智春丽的《莫急功近利，要有生命力》用例之典型，张凡的《大兴勤俭节约之风》引用之丰富，陈凌的《像牛一样耕耘 像牛一样奋发》论证之灵活，杨翘楚的《穿“国潮”赏“国漫”，“国风”为何成流量密码？》溯因之深刻，梁言品的《送别袁隆平：侠之大者，国之仁士》点面之结合，项思田的《奔涌吧，时代大潮中的青年“后浪”！》文气之中贯，徐之的《消除百年时差，他们就是我们同龄人》的说理之思辨，都堪称“文为世范”。

正如宋代诗人韩驹在《赠赵伯鱼》中所说的那样，“学诗当如初学禅，未悟且遍参诸方。一朝悟罢正法眼，信手拈出皆成章”，教导学生如此转益多师、精阅典文，又何愁一朝不能信手成章呢？

更何况，人民日报评论还代表了最官方的立场、囊括了最时新的素材呢？

因此，我的一个强烈想法，就是要为之做点评，将它的一招一式、一笔一画，传达给更多的人，尤其是我们的莘莘学子。举我之力当然有限，众擎更易举，邀同道中人更美美与共。于是，我的五个伙伴，语文界的良师——徐建华老师、周勇林老师、刘永香老师、张丽丽老师、徐忠梅老师他们来了。他们或为业内翘楚，或为文届笔杆，都是引领学生高分写作、文学创作深富经验的导师。

我们一起承担起这份点评工作。我以为，做点评，做的就是雕刻家的工作，就是要将石头里本就存有的那个“鹰”雕琢出来，让人看出“有”，又看出为何“有”，又看出如何才能“有”——做到这些，我们的锲而不舍，便生了金石之意。基于这个理念，我们做点评时，决意要与每篇评论做至少三种姿势的接触：首先是“躺平”，即至少要读文本五遍，读懂它所有想说的话，包括字词都要拿捏到位；接下来是“起立”，即梳理出文本中最动听也是听众最需要的“三两声”，不在多，就三两声，并给予这“三两声”以最精准的分析——分析其特点，分析其来由，分析其技巧；然后是“跳出”，或旁观它或俯察它，既旁征博引又阐幽发微，力求让人听到这“三两声”之外更多的弦音。试以徐建华老师的一段点评为例来共赏：

为什么让更多人走进诗歌是如此重要？因为每个人都需要精神的栖息地，而诗歌里正有慰藉人生的精神给养。（设问引发思考，跟答即作本段中心句：立论立骨。）当你通过诗歌，与千百年前古人的生命情感发生碰撞，那些古典诗歌中蕴含的审美趣味，那些涌动着的生生不已的精神力量，那些穿越千年的诗心诗意（并列主语，不惜铺排，意在表明诗词的丰富给养），就能给予我们抵御琐碎庸常的美好和希望，就能让我们在人生风雨袭来时获取勇气和力量。（这些句子，含蓄有意蕴，“抵御琐碎庸常的美好和希望”，读诗，能使人远离生活中“一地鸡毛”的琐屑，使人高雅，丰盈，情怀激荡，获取勇气和力量。）闻一多先生曾指出，“诗人对诗的贡献是次要问题，重要的是使人精神有所寄托”。（引用论证，揭示诗词对于精神的作用，可起“一句顶一万句”之效，又有“站在巨人肩膀上”居高临下之势。）当我们看到流水线上的工人“劳者歌其事”、写下动人的诗篇，当看到走南闯北、日晒雨淋的快递小哥，时刻把《唐诗三百首》放进行囊，当看到农民大姐以诗词为精神良药，走过与病魔抗争的日日夜夜，(一幕幕场景，一则则暖闻，例证句式整齐，鲜活亲切。古人说，“使幽居靡闷，贫贱易安，莫尚于诗矣”，此言不虚。这些社会底层的劳动者，用诗歌对抗庸常，慰藉自我，丰富人生，温暖前行，令人肃然起敬。)我们就更能体味叶先生“用诗词感发人心”的苦心，也更能明白诗词之于人生的意义。(本段围绕“诗词的精神给养”来论证，先道理论证，分析诗词中蕴含的丰富给养，然后引用论证，最后是丰富的现实例证，情理兼具。)

大家看，这些点评，既细致入微，善抓看点，比如抓设问开头、句式铺排、引用论证、事例论证等这些细节给予阐释；又高屋建瓴，发人之所未发，比如看出开头设问的“立论立骨”、句式铺排的“丰富给养”、引用论证的“居高临下”、事例论证的“鲜活亲切”等，还能别开生面、丰富文本，比如“读书，能使人远离生活的中‘一地鸡毛的琐屑’”的生发，“古人说，‘使幽居靡闷，贫贱易安，莫尚于诗矣’，此言不虚”的拓展，莫不给人琼筵坐花之感。

基于这份底气，我们的成书，首先树立的是母题意识。立足时代脉搏，紧扣语文核心素养的要求，再观照历年高考的高频话题，我们共同拟定了十个高频母题，依次是：文化自信、文明素养、家国情怀、科技创新、青春后浪、五育并举、乡村振兴、生态环保、精神灿烂、社会万象等，并于母题之下又开辟了若干主题，力求全方位、多角度地覆盖中高考作文所需；还从近三年的人民日报评论中选文，着意选出那些文质兼美的文章，以保证用料的鲜活性与经典性。点评语言呢，也力求给原文增辉，有独立审美价值则更好，至少不能给原文减分。因为我们要做的——不是流水线上的作文评语，而是鉴赏，是点化。点评角度呢，也力求多样，要能照顾到议论文诸方面的写作——论点、论证、论据、立意、结构、语言、手法等，尤其是学生写作上的重点和难点；还力求独到，要能看出那些“人无我有，人有我新”的东西。

基于此，我们的具体分工为：文化自信、家国情怀（徐建华），文明素养、科技创新（周勇林、徐小平），青春后浪、五育并举（张丽丽、徐小平），乡村振兴、生态环保（刘永香、徐小平），精神灿烂（徐小平），社会万象（徐忠梅）。

总而言之，我们要做的是一本书，一本可以反复观之咏之让人其进愈深而其见愈奇的书，而不是资料，不是册子。

如果说，人民日报评论是画好的“龙”，那么我们要做的事就是将精华汲取出来，并通过我们的点评方式让它流入“寻常百姓家”，让它成为诸位学子议论文写作的“神助攻”，那么，我们就十足欣慰了。这，就是我们做这本书的初衷。

CONTENTS 目录

1

文化自信

让文化遗产与生活相遇

写作关键词：鉴古知今　铺采摛文　体物写志

作者：陈凌　人民日报评论　2020 年 6 月 12 日　　点评：徐建华

“让”字句，时评拟题标配句式，用于温馨提点、热情呼吁、建言献策；善用拟人修辞，“相遇”，使人产生一种亲近感，使文化遗产化静为动，正走向现代生活，成为生活的刚需。

透过一块屏幕，在北京“寻访千年运河”，去广东“穿越古今漫游岭南”，到甘肃“一眼千年云游莫高”……（别小看省略号，时评中多用于列举之后，和“不一而足”配合使用；从现象入手，作者对旅游文创，如数家珍，好比文化导游，引导观众沉浸于“文化乐旅”。）6 月 13 日是文化和自然遗产日（文章合为时而著，点明文化和自然遗产日，文章应时而作），随着这个日子日益临近，各地纷纷推出线上活动，让观众在云端就能了解和体验文化遗产的独特魅力。

灿若星辰的文化瑰宝，是历史的丰碑，是珍贵的记忆。（分论点一；观点立骨，统领本段；“历史的丰碑”，形象贴切，而且厚重。）漫步“海上花园”鼓浪屿，我们不一定能想象当年繁盛一时的景象，但一定能在历史风貌建筑散发的闽南韵味、南洋气息和欧陆风情中，感受到中西文化的交融交汇（“不一定……一定……”，这种句式，可固化下来，易仿易学，多用于先抑后扬，先破后立，或突出选择，强调后者）；置身唐代佛塔大雁塔，我们可能无法复原“雁塔诗会”的盛况，但一定能在二圣三绝碑、西石门楣上的线刻殿堂图中，领略唐代的盛世辉煌；走近陕西历史博物馆珍藏的“鎏金铜蚕”，我们不一定能体验到汉代鎏金工艺的精湛，但一定能在汉代养蚕缫丝之繁盛的故事中，了解先人开辟丝绸之路的伟大壮举。（“铺采摛文，体物写志”，本是汉大赋的写法，常通过铺叙铺陈器物之华美，体现盛世之情，在此移植，可为家国情怀类“赋能”“加持”。精骛八极，心游万仞，切换时空，如数家珍，充分体现文化自信。）放眼神州大地，人文胜迹总是满载历史，一墙一瓦都是文化，山水之中皆有故事。（在前面分叙例证之后小结：文化遗产的背后是文化，有故事。）我们理应像爱惜自己的生命一样保护好历史文化遗产。

每一个文化遗产，既是历史生活的一个片段，更是民族精神的传承载体。（分论点二，提领下文。）时间无言，但它却会通过一个个文化遗产，铭刻下历史的文脉、民族的记忆、精神的基因。（紧承上文，使文化遗产内涵具体化；铭刻下历史的文脉、民族的记忆、精神的基因，运用比拟修辞手法，化虚为实，由浅入深，概括精当。）而凝结在文化遗产之中的文明底蕴，不仅构成了我们这个民族的文化基座（将“底蕴”比作“基座”，形象贴切），还为民族的生生不息、发展壮大提供深厚滋养（“滋养”一词，形象准确地揭示出文化遗产中的文明底蕴能为民族生生不息提供不竭的动力）。铭记历史沧桑，看见岁月留痕（对偶句式，朗朗上口），方能更好延续文化根脉。在这个意义上，我们不应让文化遗产“养在深闺人未识”，而应让其“飞入寻常百姓家”（两句引用，意味着文化遗产应该走向大众，不应尘封在历史深处，不应只展览在博物馆里）；不仅要保护好文化遗产，更应激活其内在的生命力。

从另外一个角度来看（横看成岭侧成峰，从不同角度思考透视；也显示文脉），文化遗产既然是“遗产”，那也恰恰说明，它与现代生活，是有距离的。（辩证分析，正视问题，使文章具有现实意义；巧解“遗”字，翻出新意，体现作者的独到见解。）如何缩小这一距离，让文化遗产不只是一件件静止的作品，而是活在当下、活在人们生活里的有生命物品（作者行文时洋洋洒洒，但时时不忘点染主题“与生活相遇”），这也正是需要持续用力的地方。这些年来，从《我在故宫修文物》《如果国宝会说话》等节目热播，到创意视频“文物戏精大会”刷屏，再到《故宫日历》、国家图书馆的《永乐大典》信笺等文创产品热销（“从……到……”句式，为举例的典型句式，体现历史纵深，便于时空切换，连点成线，特别适用于神驰古今、思接千载，铸就史诗笔法），这类文化现象也从侧面说明，做好优秀传统文化的“创造性转化、创新性发展”，不仅是激活文化遗产生命力的重要方向，也是满足人民群众日益增长文化需要的有效途径。（建言献策，不仅分析问题，而且解决问题，指出文化传承贵在创新。）

最好的保护是成为日常所需。（分论点，观点前置，简洁醒目。）历史文化的滋养，既在思接千载、视通万里的历史回眸之中，也在可感、可知、可参与的日常生活之中。当博物馆“打卡”（新词新语，鲜活，接地气）日益成为公众休闲娱乐的重要方式，当故宫开发的文创产品频频卖断货，当陕西剪纸、遂昌龙粽等非遗伴手礼受到顾客青睐（“当……”句式排比，往往用于列举现象，概括事件，展示情景、背景，为时评文惯用句式，一句一例，一句一场景），“活起来”的不仅是文化遗产，更有民族的优良传统、文化的历史记忆。文化遗产曾有辉煌的过去，也应该有闪光的现在，并且还应充满生机地走向未来。让文化遗产与生活相遇，让它们亲民而不再“高冷”，有趣但不失厚重，这恐怕是擦亮文化瑰宝（“擦亮”，用词精妙，使人联想到，不仅是器物光亮如新，而且是文化遗产大放异彩）的必经之路。

值得高兴的是，遗产日期间，多家网络平台将联合举办“非遗购物节”。一边是古老的文化遗产，一边是新兴的互联网业态，非遗“触网”启示我们，文化遗产完全可以融入当代生活。（古与今，新与旧，传统文化和现代科技，看似格格不入，其实也可以相得益彰，与时偕行，观点令人服膺。）而这，也正是“让收藏在禁宫里的文物、陈列在广阔大地上的遗产、书写在古籍里的文字都活起来”的题中应有之义。（曲终奏雅，雅在何处？这里引用习近平总书记的语，恰到好处。一是较为全面地概括了文化遗产的内涵：珍奇文物、历史遗迹、典籍等；二是句式整齐而富有变化；三是用词如“收藏”“陈列”“书写”，一一照应文物、遗产、古籍，思维缜密严谨可见一斑；四是照应开头，首尾呼应，圆合自如。“题中应有之义”，也是人民日报评论最高频词语之一。）

总评

如何更好地保护和传承文化遗产？一方面，需要充分挖掘文化遗产博大精深的文化内涵；另一方面，应思考传统文化遗产如何与现代生活、普通民众相融合。鉴于此，作者行文时，思路简单清晰，大体上就是从“鉴古”到“知今”。先鉴古，深入挖掘，多维透视，由浅入深，从“记忆”到“文脉”，到“精神的基因”。后知今，即在当下重新审视这些文化遗产，洋溢着文化自信的同时，也不乏忧思。作者敢于正视问题，指出传统文化与现代生活的隔膜和鸿沟，然后举例子，讲道理，建言献策，提出解决问题的办法，如将传统文化和现代生活对接，使其焕发出新的活力和光彩，利用网络平台，使传统文化为大众所喜闻乐见，助推文化遗产融入现代生活。

“铺采摛文，体物写志”，本是汉赋的写法，其内容无外乎渲染宫室华美、风物繁盛、人文荟萃、政通人和，旨在表现躬逢盛世的自豪之情。但也高扬时代精神，激扬家国情怀，礼赞盛世，俨大国之威。这种赋体的铺排写法，可使文章神驰古今，思接千载，内容充实，辞采华美，情理并茂，气势非凡。

本文也体现了这一写法。如在表现“文化遗产是历史的丰碑，是珍贵的记忆”

时，从鼓浪屿到大雁塔，从丝绸之路到大唐盛世，从闽南韵味到欧陆风情，俨然一部中华文明简史。而且融记叙、描写、议论、抒情于一体，在对历史名胜、遗迹、器物的如数家珍中洋溢着文化自信。

《掬水月在手》：她站在那里，就是一首诗

写作关键词：诗词人生　人物代言　层层深入

作者：周南　人民日报评论　2020 年 10 月 30 日　　点评：徐建华

“她是一首诗”，比喻新奇，一反常理，一般比喻化虚为实，在此化实为虚，突出了叶嘉莹先生的空灵飘逸，切合人物气质。

喜爱古诗词的人，可能都听过这个名字——叶嘉莹。这位“诗词的女儿”（突然想到“敦煌的女儿”樊锦诗，“诗词的女儿”，突出人物对诗词的钟爱，毕生从事古典诗词的教学和传播工作；“诗词的女儿”，堪称人物名片，当之无愧，实至名归），一生读诗、释诗、写诗、讲诗，与诗歌结下百年情缘。最近，一部关于叶嘉莹先生的文学纪录片《掬水月在手》上映，通过银幕光影，我们得以更近距离地走进这位古典文化的“传灯人”，去感受其跌宕起伏却写满诗意、历尽劫波而冰心犹存的一生（善用长句，定语丰富但不冗余，意蕴丰富，概括了叶嘉莹曲折多舛的人生经历和赤子其人的秉性）。今天，我们就来聊聊这个话题。

我们为什么要读诗？古诗词对我们究竟意味着什么？（连续发问，使人悄然深思。）从叶嘉莹先生身上，或许能找到最好的答案。（设置悬念）叶先生诗心早慧，但却一世多艰，遍尝生死不能相见、故土不能相还的寂寥悲苦。是诗歌如日月光华，照亮了她所有绝望与灰暗的时刻，渡她走过生命的长河（“日月光华”“长河”，连用

比喻）。在故土沦陷之时，她写下“尽夜狂风撼大城，悲笳哀角不堪听”的国败之哀；在女儿遭遇意外的时刻，她用“迟暮天公仍罚我，不令欢笑但余哀”书写锥心之痛；漂泊海外时，她解杜诗“夔府孤城落日斜，每依北斗望京华”，以浇胸中思乡块垒；面对并不美满的婚姻，她引王安石诗句“切莫嗔此瓦，此瓦不自由”与自己和解，也宽容丈夫（每一句诗，都能传达出叶嘉莹先生不同时期的心境，一句诗，一种愁绪，有个人愁思，有家国之愁，其身世遭际，才学性情，让人很自然地想起李清照）……那些与生命相融合的感发，那些以诗词为舟楫（比喻新奇）的依托，让她免于“在苦难中被磨碎”，也塑造了她一生的温润沉静、坚韧持守。所以有人说，“她站在那里，就是对古典诗歌最好的注解”。

当然，对叶嘉莹先生而言，诗词并不只是爱好、是慰藉，更是理想、是信仰。（承接上文，引出下文的“理想”“信仰”，由浅入深。）所以她用尽一生研究古典诗词，更希望在自己亲身体会到了古典诗词美好、高洁的世界后，能打开一扇门，“把不懂诗的人接引到里面来”，并将其视为自己“生命的目的”。（诗词化人，渡人，这是叶先生的理想。）她屡次说如果不把自己所知道的都说出来，就是“上对不起古人，下对不起来者”（上升到信仰层面，颇有“为天地立心，为生民立命，为往圣继绝学，为万世开太平”的舍我其谁的庄严使命感和责任感），所以她在晚年奉献自己一切的心血，只为“柔蚕老去应无憾，要见天孙织锦成”（个人老去，不可抗拒，唯愿用诗歌濡染一代又一代年轻人，叶老夙愿）。她给幼儿园的孩子讲诗，告诉初学诗歌的小男孩，“‘诗’就是心在走路”（大学者，名满天下，甘为童子之师，可敬）；她坚守讲台 70 载，“阐说精妙，启发无穷”，留下“白昼谈诗夜讲词，诸生与我共成痴”（不愧为“诗词的女儿”，“书痴者文必工”，诗歌亦然）的佳话；她启发普通人品读古典诗词的方法，告诉他们判断诗词好坏的标准，引领读者体味“兴发感动”的力量（叙例看似平常，实则精妙奇绝，引用意到笔随，面对不同受众，叶先生因材施教，循循善诱，曲高但并不和寡。她是文化学者，沉潜在象牙塔里；她更是诗词的布道者、摆渡者）……正是不遗余力地做古典诗词的“摆渡人”（渡人渡己，叶嘉莹先生的又一名片，侧重于她在文化传承、传播方面的贡献），让叶嘉莹先生成为无数人通往诗歌国度的路标和灯塔。

为什么让更多人走进诗歌是如此重要？因为每个人都需要精神的栖息地，而诗歌里正有慰藉人生的精神给养。（设问引发思考，跟答即作本段中心句：立论立骨。）当你通过诗歌，与千百年前古人的生命情感发生碰撞，那些古典诗歌中蕴含的审美趣味，那些涌动着的生生不已的精神力量，那些穿越千年的诗心诗意（并列主语，不惜铺排，意在表明诗词的丰富给养），就能给予我们抵御琐碎庸常的美好和希望，就能让我们在人生风雨袭来时获取勇气和力量。（这些句子，含蓄有意蕴，“抵御琐碎庸常的美好和希望”，读诗，能使人远离生活中“一地鸡毛”的琐屑，使人高雅，丰盈，情怀激荡，获取勇气和力量。）闻一多先生曾指出，“诗人对诗的贡献是次要问题，重要的是使人精神有所寄托”。（引用论证，揭示诗词对于精神的作用，可起“一句顶一万句”之效，又有“站在巨人肩膀上”居高临下之势。）当我们看到流水线上的工人“劳者歌其事”、写下动人的诗篇，当看到走南闯北、日晒雨淋的快递小哥，时刻把《唐诗三百首》放进行囊，当看到农民大姐以诗词为精神良药，走过与病魔抗争的日日夜夜，（一幕幕场景，一则则暖闻，例证句式整齐，鲜活亲切。古人说，“使幽居靡闷，贫贱易安，莫尚于诗矣”，此言不虚。这些社会底层的劳动者，用诗歌对抗庸常，慰藉自我，丰富人生，温暖前行，令人肃然起敬。）我们就更能体味叶先生“用诗词感发人心”的苦心，也更能明白诗词之于人生的意义。（本段围绕“诗词的精神给养”来论证，先道理论证，分析诗词中蕴含的丰富给养，然后引用论证，最后是丰富的现实例证，情理兼具。）

今天我们讲大力弘扬优秀传统文化，正是因为在以古典诗词为代表的传统文化里，蓄积着中国古人的智慧、品格、襟怀和修养，凝聚着中华文化的理念、志趣、气度和神韵。让更多人从一首诗、一阕词、一篇文章中汲取文化养分、人生智慧、美好品格，中华优秀传统文化必将成为更多人生命的指路明灯，滋养一代又一代中华儿女的心灵。（曲终奏雅，洋溢着文化自信。）

总评

诗词人生，一线贯穿。

本文构思极其巧妙，匠心独具。作者以人物传记的形式叙述叶嘉莹的诗词一生，一线串珠，串联起她各个时期的经历、心境和事业，以时间为主线，以诗词为容器，文章文脉清晰，内容取舍得当，紧凑集中。

视角独特、人物代言。

文化传承，是个重大话题，而且是个老生常谈的话题。如何写出新意？作者没有因袭文学史的惯用笔法，泛泛而谈中华传统文化，从《诗经》《楚辞》到唐诗宋词，到《经典咏流传》。而是另辟蹊径，视角独特，以今人叶嘉莹——古典诗词代言人、文化传承大使为切入点，揭示“淑女必书女”的要义，揭示诗词给予人生的丰富滋养。诗如其人，人如其诗，诗和人，珠联璧合，使文章唯美，充满诗意。

层层递进、鞭辟入里。

文章渐次展开，层层深入。首先概括叶嘉莹的诗词人生。然后谈诗词“渡己”，结合叶嘉莹先生人生的各个阶段，尤其是曲折多舛的人生经历，诗词始终伴随着她，温暖、激扬前行。接着从个人层面到社会层面，逐渐深入，谈“渡人”，升华叶嘉莹的诗词理想和信仰，眼界为之宽阔，境界为之高远，格局为之宏大。作者犹嫌不够，进而上升到普遍感受、普适哲理、普世价值，即诗词对于人、人生、现实人生有何作用。文章继续深入，超越个体体验，上升到中华民族的文化品格等层面，“其进愈深，而其见愈奇”。

标点符号，该不该“斤斤计较”？

写作关键词：标点失格　起承转合　因小说大

作者：闯山　人民日报评论　2022 年 8 月 22 日　　点评：徐小平

“该不该”的选择问，“斤斤计较”的特殊义，让人油然而生望“衡宇”而窥“堂奥”之心。

近日，有文学刊物发出公告：此后，投稿者务必用对冒号、双引号，否则不予采用。不长的文字还附上例句，可谓苦口婆心。今天，我们就来聊聊汉语的表达规范。（由编辑的“苦口婆心”引出“汉语表达规范”的话题。）

两三行公告里，竟然放着两个叹号。一群“咬牙切齿”的老编辑形象，浮现在读者眼前。（“竟然”的不意，“咬牙切齿”的写意，让人莞尔之余，也备感事体重大。）同样是“爬格子”的，评论君深知面对低级笔误时那种难以抑制的烦躁。果不其然，刊物编辑部在接受采访时表示：“杂志社这边改稿子改不过来了……不加双引号会让校对很为难，也影响效率。”（由评论君的“烦躁”去感受编辑的“为难”，双例勾连，强有力地说明了标点的随意会带来效率的低下。）作者逞一时之快，随便敲入文字，编辑逐字逐句修改，用稿也快不起来，最终双双陷入诡异的“效率悖论”：时间耽误了不少，却做了一番无用功。（“效率悖论”其实就是一种“零和博弈”，所以“诡异”一词就用得特别贴切。）（本段说明标点的随意往往会带来彼此效率的低下。）

投稿文学刊物，要有起码的文学素养，这恐怕没什么好说的。但有人问，语音输入方兴未艾、九键键盘已成主流，如此严苛地对待标点符号，会不会太刻板了？

对此，我们至少可以引申出两个命题：其一，标点符号是否那么重要？其二，标点符号是否也要因时而变？（将“有人问”引申为“两个命题”——这种拨云见日、由现象及本质的做法很值得借鉴）（本段引申出两个命题，为下文的深入探讨张本。）

一个显而易见的事实是，现代汉语成熟之前，标点并不常用。古文里的“句读”，往往只标示朗读节奏，不指涉复杂的文本关系。（古时：标示朗读节奏）清末，同文馆学生张德彝率先将西文标点引入中国，白话文运动中逐渐形成以 12 种标点为基底的标点习惯。（清末：形成标点习惯）新中国成立后，规范的标点符号与“推普”“扫盲”一起，让中国人的表达更加晓畅自如。（新中国：提升表达效率）今天，只要翻到《现代汉语词典》的最后，便能看到详尽的使用规范。（当今：详尽标点规范）从这个意义上说，让白话文提升表达效率、改进表达精度，标点的作用不容小觑。由此便不难理解，用对标点对于彰显汉语之美、弘扬中华文化的意义。（由“改进表达精度”到“彰显汉语之美”，层递出标点之“大”。）（本段宕开一笔，讲述标点符号的演绎历程，最终关涉到标点符号对于文化传承的作用，可谓曲径通幽，大开大合。）

当然，表达也应是动态的、社会的、具体的。（“当然”一起，思辨自来，转而论述“标点符号是否也要因时而变”。）当手机电脑成为第一终端，诞生于毛笔钢笔并行时代（以书写工具借代时代特征，展现了一种变迁）的标点符号，是否也应与时俱进？对此，在规范的基础上，我们不妨更坦诚、开放一点。波浪线表示小小的喜悦、半个括号暗示实际想法、表情包传递直接的情绪……互联网上，灵活、生动、新兴的符号层出不穷，换个角度看也是更丰富、更微妙也更贴近现代生活的表达方式。（列举一些新兴灵动的“准标点”，说明它们在表达现代生活上的更丰富更微妙，足见“参差多态乃幸福本源”。）日用而不觉的“准标点”能否成为通行的“新标点”，恐怕还需经受时光淘洗、大众检验。毕竟，汉语言文字的强大生命力来自兼收并蓄。在互联网的海洋里，有太多的新词、热梗、符号潮起潮落，有的被更恰切的表达取代，有的因岁月冲刷逐渐淡出……（在规范的基础上，标点使用可更坦诚、开放一点，个性合时代，淘洗存经典。）相对于漫长的汉语言文字演变发展史而言，这一切都来得太过于急骤而短暂。（本段阐述标点需应时而变，更需经受时光淘洗、大众检验，才可通行。）

“多少钱”不要再说“多少米”、“直播间”不必讳称“啵啵间”……日前，有互联网平台在鼓励规范表达上亮明态度，为“好好说话”做了表率。（互联网平台：鼓励规范表达，倡导“好好说话”。）教育部前不久在答复人大代表建议时也表示，对规范汉字标准需慎重，但语文辞书也会删旧补新，为汉语葆有时代性定了调子。（教育部：规范与演变并进。）事实上，正是规范与演变这两股力量的驰而不息，才共同汇聚出奔涌不止的语言之河。（余光中说：“语言诚然是活的，但应该活得健康，不应带病延年。”加强正向引导，清除网络用语中的消极成分，语言的河流才能维持良好的生态。）（本段阐述规范与演变之间才有语言的活力。）

如何对待标点符号、怎样避免错字别字，在快节奏的日常表达中或许没那么紧迫。但对站在语言之河上游的作家、把守“水质”关卡的编辑而言（“语言之河上游”“把守‘水质’关卡”等比喻，形象而巧妙地说明了编辑对语言“斤斤计较”的意义之所在），严格、谨慎甚至稍有刻板，在个性张扬、莫衷一是的表达环境中不可或缺，又弥足珍贵。（尾段强调“在个性张扬、莫衷一是的表达环境中”，编辑对语言要求严格的可贵性。）

总评

标点事小，作者却能将它写得很“大”，这是一段笔力。高考作文中有很多这种“因小说大”的设题，比如 2022 年新高考Ⅰ卷的“下围棋”，2021 年全国乙卷的“弓矢的”、新高考Ⅱ卷的“写人字”等，这就提出一个如何将小事写“大”的命题，这篇评论就提供了一种范例。首先，它的布局不是“二次元”的，而是多维立体的，善于利用“起承转合”来拓展议论的广度与深度。评论“起”于文学刊物一则关于标点使用的公告，然后用“标点的随意往往会带来彼此效率的低下，规范使用标点可提升表达效率、改进表达精度”的观点“承”住，提示要注意标点的“纯洁性”，接下来宕开一笔，说明标点的表达也应是“动态的、社会的、具体的”，应顺时而变保持一种“鲜活性”，最后“合”于“规范与演变之间才有语言的活力，编辑对标点符号的计较有助于语言的规范与传播”的论断，照应了开头。其次，善于高屋建瓴。比如第三段将“有人问”特意引申为“两个命题”，从而统领全篇；第四段有意回顾标点符号的演绎历程，借势推出标点“对于彰显汉语之美、弘扬中华文化的意义”的卓识。诸如此类的一些笔法，将小小标点也写出了无边光景。

今天，我们为什么还需要古诗？

写作关键词：古诗如月　层层溯因　玉韫珠藏

作者：潘悦　人民日报评论　2022 年 3 月 23 日　　点评：徐小平

“今天”一顿，指向借古开今；设问一出，引发“静言思之”。

诗歌是一门语言表达的艺术。深植于中华文化传统中的古诗，彰显了汉语表达的特殊魅力。（提要钩玄，兴发全篇。）相较于其他文体，古诗的最大特点是短小精悍，讲求用雅训凝练的语言实现抒情达意，含义深长的同时又追求音韵协调，往往朗朗上口，易于记诵。（古诗的“短小精悍”表现为语言的雅训凝练与音韵的朗朗上口。）时至今日，古诗依旧是现代生活中生机勃勃的文化存在。（首段提出古诗的表达特点，指出其“依旧是现代生活中生机勃勃的文化存在”。）

我们看到冬雪纷飞，不免信手拈来“燕山雪花大如席”；目睹银装素裹，不禁感慨“千树万树梨花开”；感喟山岳巍峨，难免援引“造化钟神秀，阴阳割昏晓”；赞誉瀑布奇观，未尝不想起“飞流直下三千尺，疑是银河落九天”。（“看到”“目睹”“感喟”“赞誉”，“不免”“不禁”“难免”“未尝”——用语“致广大而尽精微”。）我们以“会当凌绝顶，一览众山小”砥砺自我，以“欲穷千里目，更上一层楼”劝人奋进，以“海内存知己，天涯若比邻”宽慰友人，以“采菊东篱下，悠然见南山”安定内心……（继续开启“腾蛟起凤”的文字之旅，铺排“紫电清霜”的语势之阵。话冬雪、叹山岳、赞瀑布，古诗能应景明情；砥砺自我、劝人奋进、安定内心，古诗可熨心帖肺。）

这些诗句以其意象、哲理、才思击中人心，精当易晓，便于记诵，存续千年而韵味不损。（本段引用大量诗句，证明古诗能以其意象、哲理、才思击中人心。）

有人说，中国人想真正体会母语表达的魅力，绕不开古代诗歌这座丰碑。这些诗歌用今人仍能看懂的汉字进行排列组合，为抒情达意给出靠近最优最美之解。（“为抒情达意给出靠近最优最美之解”是“最佳表达”的换元说法，令人耳目一新。）在知识折旧率颇高的现代社会，古诗经久不衰，给人以才脱笔砚的生命力和新鲜感（先用抑此扬彼的手法突出古诗的“经久不衰”，再用“才脱笔砚”一词映衬其“生命力和新鲜感”），恰是其作为卓越汉语表达艺术的体现。（本段阐述古诗能极大地体现母语表达的魅力。）

情郁于中，不得不发，诗歌是人之情感意志得以表达的载体。“在心为志，发言为诗。情动于中而形于言。”古人将人生体验、生命思考、事物观察都汇聚到诗中，创造了一个包罗万象的古诗世界。（叶嘉莹说，诗就是心在走路。）相似的生命经验，往往促使今人与古人在情感与思想上发生同频共振。阅读时的片刻感悟存留心间，会在日后需要的时刻迸发出震撼人心的力量。（本段阐述古诗包含的生命体验能使古今之人发生同频共振。）

我们能在古诗的字里行间，体味到多种情感力量。陶渊明“刑天舞干戚，猛志固常在”的坚毅卓绝，杜甫“万里悲秋常作客，百年多病独登台”“片云天共远，永夜月同孤”的孤独悲怆，苏轼“人生到处知何似，应似飞鸿踏雪泥”“九死南荒吾不恨，兹游奇绝冠平生”的豁达超然……（连续引用，证明在古诗中能体味到多种情感力量。）每每看到名留千古的时贤俊彦都曾饱经风霜，我们更加理解了“艰难困苦，玉汝于成”的道理，借古人不平浇胸中块垒，一时的挫折便显得不再难以逾越。（本段阐述古诗中包含的情感道理能时时鞭策慰藉后人。）

毋庸讳言，个体的经历、眼界和思考都是有限的，古诗世界以其丰富多元、深邃开阔，帮助我们拓宽视域，打开格局。杜甫的“安得广厦千万间，大庇天下寒士俱欢颜”“穷年忧黎元，叹息肠内热”“可怜处处巢居室，何异飘飘托此身”，李绅的“谁知盘中餐，粒粒皆辛苦”，李纲的“但得众生皆得饱，不辞羸病卧残阳”……（引用杜甫的诗句侧重“忧国忧民”，引用李绅的诗句侧重“惜食悯生”。）这些千古名句无一不在敦促世人推己及人，悲悯众生，启发我们超越个体的生命局限，将远方的生灵纳入视野之中，拥有己饥己溺、民胞物与（己饥己溺：别人挨饿、落水就像自己挨饿、落水一样。比喻对别人的痛苦深表同情。民胞物与：视人民如同胞，视动物如同类。比喻博爱）的情怀。（本段阐述古诗可以帮助我们拓宽视域，打开格局。）

今天，身处现代文明之中，生活节奏飞快，不少人眼中只有屏幕，反倒与自然有了隔膜。而农业文明中的古人，亲近自然，深情体物，“一松一竹真朋友，山鸟山花好兄弟”。（对比论证：今人疏离自然，古人亲近自然。）他们留心夏季的“映日荷花别样红”，流连秋日的“晴空一鹤排云上”；捕捉“闲看儿童捉柳花”的情趣，感受“行到水穷处，坐看云起时”的境界。（引用论证：由夏荷至秋鹤，由情趣至境界。足见古人的“深情体物”。）借助读古诗，我们得以暂时跳出日常琐屑，凝视造物的神奇，发掘自我的诗心，给紧张的生活添一份诗意。（本段阐述读古诗可以给生活增添诗意。）

古诗是今人取之不尽、用之不竭的宝库，其中的胸襟抱负、温厚美德、日常哲思、闲情逸致，给予我们情感思想的共鸣、人生智慧的启迪和美的享受。（用“宝库”一词结穴，“玉在山而草木润，渊生珠而崖不枯”，古诗可谓这温润的珠玉。）古诗鉴赏究竟有没有标准答案？或许没有。像李商隐的无题诗，至今聚讼纷纭，莫衷一是。从正确的语词训诂和创作背景出发，尽可能地发见诗心，给出合情合理的解读，是古诗鉴赏的重要旨归。古诗阐释的魅力就在于在确定组合中探寻多样性和可能性，这也是古诗言约旨丰的独特意蕴之所在。（本段阐述古诗言约旨丰的特点。）

“江畔何人初见月，江月何年初照人。人生代代无穷已，江月年年只相似。”以此观之，古诗就像永恒存在的江畔明月一般，照耀一代又一代人的生命，滋养一代又一代人的心灵。（古诗如月，化虚为实，化意为象，其永恒、其华美、其光大，则尽在此“月”中。）

总评

这篇文化评论层层追溯了“今天，我们为什么还需要古诗”的一些原因：古诗极大地体现了母语表达的魅力，其包含的生命体验能使古今之人发生同频共振，包含的情感道理能时时鞭策慰藉后人，它可以帮助我们拓宽视域、打开格局，可以给生活增添诗意。真可谓“登峰造极华夏语，千古传音诗魂新。曲尽世间无穷意，情思照拂今人心”。文末，作者还用“古诗如月”这一比喻做了统摄，使得行文既有理性之智，又有诗意之美。文章还表现出玉韫珠藏之丰。首先，作者能充分调动、激活自己平时的积累、语藏，巧妙引用大量诗文名句，意到笔随。“石韫玉而山辉，水怀珠而川媚”，因了这些诗文“珠玉”，文章就有了“山辉”，有了“川媚”。同时，文章还能运用大量典雅蕴藉的四字短语如“才脱笔砚”“己饥己溺”“民胞物与”“雅训凝练”等，让全文气场自华。

从典籍中汲取自信力量

写作关键词：典籍可亲　引而后发　巧用设问

作者：张凡　人民日报评论　2021 年 4 月 6 日　　点评：徐建华

以小见大，由实入虚，使文化自信这一宏大厚重主题，有所附丽，言之有物。

打开典籍，对话先贤。（两个动宾短语，相当于定场诗，开场白，“微剧透”，并且具有节目的现场感。）最近，一档聚焦中华优秀文化典籍的电视节目《典籍里的中国》广受欢迎，成为现象级文化亮点，并带动“典籍热潮”，让我们再次看到，中华优秀传统文化“创造性转化、创新性发展”所产生的无穷魅力。（“文变染乎世情，兴废关乎时序”，从现象入手，揭示本质，“典籍热潮”的背后是文化自信。）

“惟殷先人，有册有典。”中华典籍浩如烟海，是古人思想的宝藏，是先贤智慧的结晶。（堪称议论文引用论证的典范，引用之后，及时解说勾连，承上解说名句含义，启下勾连现实内容；如何引用，也最见功夫，此句引用，“先人”“有典”直击话题，绝无隔靴搔痒之感。）但提起古籍，人们的印象往往是晦涩难懂，导致部分典籍或高悬在象牙塔，或尘封在藏书馆。（“或……或……”句式，对偶工整；动词“高悬”“尘封”极富表现力，具有可视感，指出了以往典籍“曲高和寡”的尴尬处境，只是在学术派、学究派的小圈子里孤芳自赏，无裨实用；“人们的……”这种句法，也值得借鉴，表明视角、观点并非自己的，适用于先破后立、树靶，先罗列错误观点和不良现象，为下文立论反衬作铺垫。）如何让经典不再“高冷”？（拟人修辞手法，表现典籍与生活的疏离。）如何让今天的观众对古老的典籍产生共情?（由“不再‘高冷’”到“产生共情”，内容上逐渐深入；结构上承上启下，自然过渡。）《典籍里的中国》的创新之处就在于，以戏剧化的结构和影视化的表达对典籍进行了可视化、故事化、直观化的艺术转码。（“三化”，妙用数字，高度凝练概括，这是人民日报评论惯用词法、笔法。）“百岁老人”伏生讲述自己一生舍命守护《尚书》的故事，宋应星与袁隆平实现跨越三百多年的握手，司马迁子承父志、著书立说……（如果说上文的“三化”是“面”的话，这几句具体例证就是“点”，点面结合，通过举例来表现，如何运用创新手段，使典籍穿越古今，对话先贤，以人们喜闻乐见的方式传承经典。）节目的创新演绎，为我们识读古籍经典、触摸中华文化打开了新的可能。

习近平总书记深刻指出:“战胜前进道路上各种风险挑战，文化是重要力量源泉。”（引用金句，既高屋建瓴，又贴近时代，将传承、弘扬经典文化，放在国家、民族的文化大方针下来审视。）《典籍里的中国》之所以动人，不仅在于其用视觉化的语言呈现典籍的“前世今生”（拟人手法，语言幽默风趣，形象揭示了该节目的特质），让我们直观了解一部部典籍的闪光故事、流转传承，它还将那些蕴含在古雅文字中的思想观念、人文精神、道德规范等精神标识提炼出来，将那些具有当代价值、时代意义的文化精髓展示出来，实现了知识的传播和中国文化精神传承的融汇。（从故事，到思想、精神、道德，到历久弥新的时代精神，由浅入深，理固宜然。）根植在中华文明血脉中的民族精神和家国情怀，内含着穿越时空、直抵人心的文化力量。从展现《尚书》中华夏九州的家国概念、“民惟邦本，本固邦宁”的民本思想，到致敬“古有《天工开物》，今人继往开来”的科学精神，再到讲述《史记》所体现的家国情怀和大一统思想……（运用铺叙，展开例证，一句一例，简洁精当，作者对中华典籍及其思想文化价值如数家珍，信手拈来。）正是这些闪耀的思想光芒，让节目在声光电交织的宏大场面之外，更有着强大而有生命力、感染力的精神内核。（传统典籍与声光电的交织，让传统文化破圈，古为今用，焕发活力，深入人心。）

“以古人之规矩，开自己之生面”。（古为今用，借古开今）近年来，传统文化类节目成为荧屏上的一大亮点。从《典籍里的中国》让厚重典籍变得愉悦可亲，到《国家宝藏》用故事化演绎的手法讲述国宝文物背后的传奇；从《上新了！故宫》寻觅故宫的历史脉络与文化元素，到舞蹈节目《唐宫夜宴》用秀逸韵致的舞姿演绎大唐盛世的文化形象（在此用“从……到……”句式，可纵横展开，纵向展开，往往如史诗笔法，横向展开，往往如社会广角镜；模仿、借用汉大赋“铺采摛文，体物写志”的写法，往往可使文章波澜壮阔、时空深邃。“体物”，在此具体指作者对“火起来”“活起来”“动起来”的传统文化节目如数家珍，信手拈来，“写志”，即在津津乐道、滔滔不绝中，洋溢着文化自信），这些节目无不是从优秀传统文化中寻找源头活水，用符合当代人审美的表达方式与历史握手，让更多人感受到中华文明的博大精深，感动于中国文化的弦歌不辍。（相当于例证之后的分析，不仅说理透彻，而且现实与历史的“握手”，形象生动；“弦歌不辍”，用词厚重典雅。）推动更多打动人心的作品从优秀传统文化的深处走来，让那些沉淀着历史烟云、凝结着先贤智慧的文字、故事、文物、遗产“活起来”“热起来”，一定可以为人们的精神世界提供更多滋养。

今天我们为什么要读经典？为什么如此强调赓续文脉香火？（连续发问，从阅读经典到赓续文脉，由浅入深。）《典籍里的中国》的开场白，或许可为答案，“知道我们的生命缘起何处，知道我们的脚步迈向何方”。那些在血脉和文脉中代代传承的文化基因，形塑了我们今天的精神世界和价值体系，影响着我们的思想方式和行为方式。（先引用，后诠释，“文化基因”诠释了“我们的生命缘起何处”；“我们今天的精神世界和价值体系、思想方式和行为方式”，诠释了“我们的脚步迈向何方”，一一对应。）中国人民历磨难而不屈、中华民族经考验而不衰（无处不在的整句，相得益彰，意蕴和谐），文化正是内在的密码。迈步新征程，把文化建设摆在更加突出位置，触摸中华文化脉络，汲取中华文化精髓，不断开掘中华优秀传统文化的生命力、影响力、凝聚力、创造力，我们的文化自信必将更加饱满，我们乘风破浪的勇气将更加昂扬。

总评

典籍可亲。近年来，弘扬传统文化，成为热潮。如何使典籍不再被束之高阁，尘灰满面？最好的方法就是使之与现代生活相遇，古为今用，不再高冷傲世，而是可亲可近。一是从形式上，通过民众喜闻乐见的电视节目、栏目，借助现代媒介，声光电联袂出击，使典籍可视化、故事化、直观化，震撼演绎，深入人心。二是从内涵上，试图从典籍中淬炼出现代价值、精神、人文内涵，为往圣，也为当下，使千年文脉不绝。

引而后发。古人云“引而不发”，意在启发思考。而本文在引用论证上极为高妙，值得借鉴，姑且称之为“引而后发”：首先巧妙贴切引用诗文名句，而后及时解说阐发，并勾连下文。如“惟殷先人，有册有典”、“中华典籍浩如烟海，是古人思想的宝藏，是先贤智慧的结晶”，先引后发，引用惟陈言务去，力求小众高格；阐发，绝不是简单的训诂翻译，而重在“意会”，得鱼忘筌，你看，“先贤”“古人”暗扣“先人”。“浩如烟海的典籍”“宝藏”等暗扣“有册有典”。诠释扣合，丝丝入扣。

巧用设问。本文多处运用设问。一般说来，疑问引人深思，留下空白。那么设问有何作用呢？

本文往往先设问，营造一种对话、互动氛围，让人带着问题思考，进入一种沉浸式阅读状态，进而思考文化现象，在读者“愤悱”中，通过回答来立论，以精警深刻的观点来让人服膺。

如果作者一开始就急于表明自己的观点，一口气奔突到底，让人不免觉得有些“平铺直议”，而先问后答，也可调整文章节奏，议论也可张弛相间，疏密相间。

让人文之光照亮未来

写作关键词：人文之光　重章叠唱　倒金字塔

作者：赵应云　人民日报评论　2021 年 5 月 18 日　　点评：徐建华

将人文精神比作光芒，形象贴切；照亮未来，揭示涵养人文精神对个人、民族的重要性。

最近，习近平总书记给《文史哲》编辑部全体编辑人员的回信，在社会各界特别是社科界引起热烈反响，再次引发人们对哲学社会科学和人文精神的关注与思考。（由时事引出人文精神的话题；同时也是从社会、国家层面思考，高屋建瓴，以济时用。）

人文浸润科技，科技传播人文。（人民日报评论中惯用这种句式，善用对偶、回环手法，形式上具有建筑之美，音韵上朗朗上口；这种句式，常用于揭示二元关系型话题中二者相辅相成、相得益彰的关系，促进和反促进的关系，这种标配句式，可积累。）科学与人文历来是相辅相成、相得益彰的，共同构筑起人类文明的大厦。做新时代的追梦人，要有对科学精神的追求与崇尚，也要有人文情怀的涵养与修为。

让人文之光照亮民族复兴之路。（分论点一；“民族复兴”等字眼，堪称如椽大笔。）一个国家的综合实力，除了经济、军事、科技等方面的硬实力，也离不开以国家凝聚力、民族创造力、文化感召力等为重要内容的软实力。一个国家的发展，不能让民族精神、国民素质缺位，而应兴民族之人文、启民众之精神。（紧承上文“软实力”的重要性；这让人想起中科院院士杨叔子关于人文精神的金句：“一个国家，一个民族，没有现代科学，没有先进技术，一打就垮；一个国家，一个民族，没有民族精神，没有人文精神，不打自垮。”）清华大礼堂有一块“人文日新”的牌匾，就是提醒人们要常怀人文之心。（在道理论证基础上，佐以具体例证，作为人文精神高地的清华园，此例新颖、厚重、精警。）人文思想之光，可以引导人们树立和坚持正确的历史观、民族观、国家观、文化观（这四观，须耳熟能详，应该成为每一个中国人的“家国常识”），增强我们做中国人的骨气和底气，并对民族未来有更理性的把握，从而点燃实现梦想的激情与希望。特别是在全球化背景下，实现民族复兴，更要弘扬人文精神。要通过加强哲学和人文社会科学研究，从历史和现实、理论和实践相结合的角度深入阐释如何更好坚持中国道路、弘扬中国精神、凝聚中国力量（“中国精神”“中国力量”，这些有分量的词语，足以华国，这些词语可感可悟，概括力极强），让世界更全面地认识中国、了解中国，更深入地理解中华文明。

让人文之光照亮社会进步之路。（分论点二；显示文脉，同时提领全段。）一部人类文明史，一方面记述着科学技术创造的无数奇迹，另一方面也烙印着人文社会科学不断演进的足迹。从“诸子百家”到“二十五史”（从先秦到明清，用典籍来梳理人文精神脉络，仅仅八个字，就是一部中华人文史），人文之光烛照中华民族数千年，今天依旧给我们温暖和力量。（烛照往昔，映照未来，思接千载，洞彻未来，继往开来，这是典型的人民日报评论的写法。）“两弹一星”元勋钱学森说过，“一个理性的时代会在人类的进步发展中产生。在这个时代中，不仅是存在决定意识，而且人类的高尚思想追求将影响世界”。（运用哲学思辨来论述人文精神的重要性，更具理论深度，令人服膺。）建设一个如晨曦般澄明、如日升般进步的社会（严谨缜密的论述文，也可以如此诗意；丝毫不影响主题的鲜明，“晨曦般澄明”“日升般进步”，即和谐、充满活力的社会），如果缺乏精神的滋养和引领，社会文明将失去自己的内核和灵魂。（假设论证，设想反面及后果，反衬人文精神的重要作用；论证方法灵活多样。）从这个意义上说，加强人文教育，培养人文精神，塑造民族品格，将直接影响社会进步的水平和文明的程度。

让人文之光照亮公众生活之路。（分论点三；显示文脉，提领下文内容。）古人云，“观乎人文，以化成天下”。（巧妙引用，无出其右，指出人文精神教化百姓、和谐社会的作用。）人文精神不但可以启迪思想、陶冶情操、温润心灵，而且通过以文化人、以文育人，可以带来认知社会的新视野和新境界。培养人文情怀，不仅仅要读文史哲，更要培养一种对生命的热爱和尊重，对真理的探索和敬畏，对信仰的执着和坚定。（由表及里，人文精神不只是体现在人文学科，更体现在人的精神世界。）新时代需要造就知识丰富、情操高尚、意志坚定、素养深厚、人格健全（定语丰富，依次加深，指出社会主义建设者的素养内涵；长句自有其妙，表意丰赡）的社会主义建设者，而不是只有物质生活、缺乏精神生活的“单面人”（“单面人”，指处于一种职业枯竭状态的人，表现为在工作重压之下身心俱疲。单面人只知道物质享受而丧失精神追求，只有物欲而没有灵魂，只有屈从现实而不能批判现实）。让人文精神照进现实，并照亮每个人的心灵世界（照进、照亮，遣词极其考究），这也是人们对美好生活的向往和追求。

习近平总书记深刻指出，“国家之魂，文以化之，文以铸之”。（出自《易经》，原文是“观乎天文，以察时变；观乎人文，以化成天下”，这也是现在我们“文化”这个词的来源，而“人文化成”也是中华文明的一个基本精神。总书记用“文以化之，文以铸之”，在此是说用人文精神来引导百姓，促进社会主义精神文明建设，也用人文精神来铸造中华民族的灵魂。此处用典，灵活贴切自如。）人文精神是中华文化最醒目的标识之一。我们要深刻认识人文精神对个人对社会之“大用”，对国家对民族之“大用”（语出《庄子》的“无用之用，方为大用”，意蕴厚重；同时也具有振聋发聩的现实意义，在很多人看来，科技有用，而人文无用，此句意在澄清误区，指出人文精神对于个人、社会、国家民族的巨大作用），**通过涵养人文精神，更好激发社会的活力和创造力，增强民族的凝聚力和向心力**（四个力，前两个是自内而外散发，所以是“激发”；后两个是由外向内攒聚，所以是“增强”；四个力，具体回答了上句中的“大用”，这就是软实力），**让人文之光照亮复兴征程、照亮民族未来。**（“让”字句，多用于呼告、呼吁、期望、倡议……文章在宏大愿景中结束，曲终奏雅，催人奋进。）

总评

人文之光。本文集中论述了人文精神的重要性。有引经据典，诠释“人文”的内涵，如“观乎人文，化成天下”；有鞭辟入里的道理论证，从对个人、对社会、对国家民族的作用，渐次展开，令人服膺。文章谈古论今，从典籍里的人文精神到今天涵养人文精神，激发民族复兴的磅礴伟力。

重章叠唱，本是《诗经》篇目的章法结构，在此指本文主体部分在段落、结构方面的建筑之美，和内容上的同中有异。

首先体现在三个分论点“让人文之光照亮民族复兴之路”“让人文之光照亮社会进步之路”“让人文之光照亮公众生活之路”上。构成排比段，结构整饬，同中有异。

倒金字塔，本是指新闻报道重要性依次递减，在此指本文分论点排列顺序，出乎意料，而又在情理之中。学生在议论文写作中，分解论点、拟写分论点时，习惯于由物及人，由小我到大我，由个人到社会、到国家民族、到世界，由物质到精神等，总之多是约定俗成。但这篇文章的三个分论点涉及的层面，从“民族复兴”，到“社会进步”，到“公众生活”，似乎人文精神的重要性在递减，确实有点匪夷所思。

为何不体现层层递进之美？细细忖度，发现这正是作者匠心独具之处，思维缜密高妙之处。由“无穷的远方、无数的人们，都和我有关”（鲁迅语）到“关心粮食和蔬菜”（海子诗），由大我到自我、真我，绝不是人文精神的淡退，相反这样写更接地气，更入人心，更觉贴近生活，既让人颔首赞同，也符合自然逻辑。

2 文明素养

“不可能打工”！流量追捧下的“网红文化病”咋治？

写作关键词：文化癌变　经典层递　气脉中贯

作者：梁言品　人民日报评论　2020 年 4 月 21 日　　点评：徐小平

标题一叹一问，夺目夺心，让思维洞天，訇然中开。“追捧”一词，尽显某些流量观的恶俗。

有人说，每个人都有 15 分钟的成名时间。对周某来说，他的成名就在 2012 年因偷电动车被抓获时，说出“这辈子不可能打工”这句话的一瞬间。然而，如此出名的荒诞剧，数年后竟仍在上演。（摆出“出名荒诞剧”之怪现状。）

这几天，周某刑满释放，接他的除了家人，还有不少网络直播公司。据统计，有 30 多家网红经纪公司、直播平台公司与周某家属接触，甚至有人提出过二三百万元的签约价。虽然周某目前并未“签约出道”，并表示已有生活规划，但是“被追捧”的狂欢真乃咄咄怪事，令人大跌眼镜。（概括周某“被追捧”的狂欢事件，指出这是一种“咄咄怪事”，是一种“网络文化病”，属于议论文的“是什么”部分。）

热度是流量，流量是价值，这是网红世界、网红经济里的一层逻辑。无论周某曾经做过什么说过什么、在服刑期间如何改过自新、未来将如何发展，作为被追捧的“网红”，他都显得有些“被动”。即便有“流量潜质”，也不应被恶意消费。正如人们所担心的，一些直播平台倘若借“不打工”的梗来营销炒作，传播

“坐享其成”的扭曲观念，岂不贻害无穷。这样的“网红”，我们不需要；这样的热度，更应该凉一凉。（分析为什么是“咄咄怪事”：因为这种恶意消费传播了“坐享其成”的扭曲观念，属于议论文的“为什么”部分。）

不是什么热点都能蹭，不是什么流量都能追。疫情期间，就有人推出“新型冠状病毒仿妆”，甚至扮演“肺炎 & 医生”，把伤害当娱乐，引发很多人的“不适感”。诸如此类，将灾难娱乐化、将行为低俗化、将价值扭曲化（三“化”整句，小节奏层递）的言行，纵然能抓住“眼球”，也不可能换来“回眸”。（用有人蹭新冠肺炎疫情热度的低俗行为来进行类比，指出这些都是“纵恶”的表现。“眼球”与“回眸”的借代手法既贴切又形象！）互联网高速发展时代，网红兴起、流量汹涌并没有必然的“原罪”，而为了红、为了火、为了利却突破底线、毁坏三观，则是在“纵恶”。对此，人们应该警醒、警惕并给予警示。（消除“网红文化病”的基本方法是：不突破底线，不毁三观。开启议论文“怎么办”部分的写作。）

“网红”需要流量，更要有文化。其实，“网红”这一庞大群体，纷繁芜杂、参差不齐，有的夸张怪异，有的哗众取宠，有的则有真才实学。近年来，不少腹有诗书气自华的“知识人”“文化人”被追捧为“网红”，传递知识、见识与才识，在很大程度上是有品位、有格调、有价值的典范。在铁打的网络、流水的网红之间，在流量与变现之间，那些得以存留下来的、被记住的并非什么商业能力而是弥足珍贵的文化魅力。（“并非……而是……”，正反分析法，突出文化魅力的弥足珍贵。）只有守正且创新、身正且行直、怀珠且抱玉（且行且排比，可谓字字金声，句句玉振！）的人，以文化“赋能”，“网红”才会变“常红”。（消除“网红文化病”的进一步方法是：在不突破底线不毁三观的基础上，以文化赋能。）

我们不仅需要有文化力的“网红”，而且呼唤营造有生命力的“网红文化”。

（“不仅……而且……”与上段段首句中的“更”，都是层递式分论点的典型用语。）这既是一个行业健康发展所需要的良性氛围，也是“网红经济”“互联网经济”赖以生存的肌体生态。这就要警惕互联网之下的大众狂欢沦为突破底线的盲目疯狂，也要避免商业逐利的需求对网络发展趋势形成裹挟。人们想看到的肯定不是审丑、窥探、炒作、冲击公序良俗的种种不堪，而是分享、协作、鼓励、创新、超越的可能性与可塑性。（“不是……而是……”，再次采用正反分析说理法，强调网红文化必须富有生命力，要承担起应尽的社会责任。）即便是流量，也请“为湖北拼一单”“给白衣天使加油”“借美食给传统文化打个‘call’”的正能量更多一些。抵制网红世界里的“文化癌变”、涵养健康发展的精神气质，需要从每一个作品、每一份创意、每一点责任做起，更需要每个互联网平台不作助攻，承担起应尽的社会责任。（消除“网红文化病”的更进一步方法是：营造有生命力的网红文化，涵养健康发展的正能量。这段的遣词造句及事例列举特别精简！）

出狱后的周某对过往所为直言“后悔”，以后想在家种地。希望他不会在短暂的“被追捧”中迷失，而是能用劳动为自己赢得精彩，走好接下来的人生之路。（结尾提出希望：希望周某能用劳动为自己赢得精彩。“追捧”点题，首尾圆合，收束干净利落。）

总评

这则评论是一篇结构上层层递进的典范议论文。首先主体结构上的“是什么”“为什么”“怎么办”层次清晰，构成了结构上大递进，且详写了“怎么办”，照应了题目中的“咋治”。其次“怎么办”部分的三个分论点更是层层递进：从“不突破三观底线”到“有文化建设”到“有生命力的文化建设”，简直是紧锣密鼓一锤重似一锤，锤锤击打出根治网红“文化癌变”的良音！要想写出深刻的议论文，建议多采用递进式！再则，本文的遣词、造句、叙例也是特别精简，排偶整句的时时闪现增加了说理的气势。比喻、借代、对比、类比等手法的运用也为议论的文采硬核加分，引申、正反、假设等多样论证分析法的运用也让说理“头头是道”。好文，读，多读！

暴雨之下消费灾难，有些企业长点心吧！

写作关键词：营销灾难　破立结合　文气沛然

作者：梁言品　人民日报评论　2021 年 7 月 22 日　　点评：周勇林

话题直指要害，观点明确，态度鲜明，让人快意！“长点心吧”原意为“做事要认真、仔细、谨慎”，“心”除了“细心、耐心”之外，在此还有“同情心”“怜悯心”“良心”“公德心”“同理心”等多重含义。

连日来，河南的雨情、汛情、灾情牵动人心，（由“雨”至“汛”至“灾”，可见形势紧急。）举国关注、各地驰援，奏响了万众一心、众志成城的生命交响。（多用四字短语，铿锵有力，表明行动迅速。从“牵动人心”到“万众一心”体现温暖感人的抗灾力量。本段简述事实。）

在话题热榜中，有一个关于“人间百态”的讨论。被困商场的市民，组成“人墙”合力自救；洪水中抱住大树，社区工作人员用条幅救援；行人不慎被水冲走，市民无惧湍流将人救下（图片式呈现，“自救”是求生，“条幅救援”是助人，“无惧湍流”则是不惧牺牲的无畏与奉献。三幅图既是对首段的具体阐释，也是对灾害面前国人精神风貌的讴歌，与后文某些企业不良行为形成了强烈对比）……细节里的分分秒秒，都意味着生死较量，彰显着中国人的团结，托举着抗灾情的不屈。（句式整齐，气势宏伟。）如此人间百态，激荡着挺得住、扛得下、战得赢的气概。（“如此”作结，情溢于文，多用三字短语，中气十足，慷慨激昂。本段盛赞国人在灾难中的举止及精神。）

然而“人间百态”中，可敬的是精神，可气的是恶俗。（“然而”一转，承上启下。“可敬”“可气”一字之差，对比之下一目了然。）“入住高地，让风雨成为风景”“就算大雨让这座城市颠倒，有车位，无烦恼”“给爱车一个家，臻稀车位，尊驾以待”……这是三家郑州本地房企的广告海报，字里行间散发着无知无畏、无情无理。（举例批驳，有的放矢。“无知”属于见识，“无畏”属于胆识，二者皆备已是先天不足，“无情无理”更是后天德行不修，失德失范，情理难容。）这种陷身于利益之中、游离于灾害之外的做法，实属可恶、可恨、可憎。（四个“无”三个“可”，一锤定音，语意坚决。本段阐述某些企业消费灾难的可耻行为。）

海报一出，随即引致众怒。有的企业已经致歉，有的企业还未回应。无论如何，人们都难以接受消费灾难的言行。（“众怒”的原因即在此。）地势再高，同在一片天，无人能独看不是风景的“风景”；（先扬后抑，灾害之下，无独看“风景”。）车位再好，同立一块地，无人能独享并不珍稀的“臻稀”。（同一片天地，同胞受难，谈何“臻稀”？）搞灾难营销的企业，该长点心了！（直接点名式提醒，振聋发聩。企业营销，更应有“心”：同情心、仁心、爱心、公德心……切不可违背公序良俗，发国难财。本段直接呼告搞灾害营销的企业要有“心”。）

消费灾难，可谓践踏人心。（直接批驳，观点一。）天灾面前，最紧要的是救援，最迫切的是帮助，而不是打生意算盘、做流量文章。（“是……是……而不是……”直截了当，直面现实。）面对受伤的人群、狼藉的家园，谁能没有基本的怜悯心、同情心呢？（反问强化，“怜悯心”“同情心”正是人之常情，更是行事底线。）与捐款捐物的各大企业、各界人士相比，一些轻佻且添乱的企业，不仅暴露了其文化短板和格局缺口，而且难以赢得消费者信赖，实乃弄巧成拙。事实证明，消费灾难者，最先消磨自己；亵渎生命者，最终亵玩前程。这样的教训，应谨记，勿重演。（“消费”—“消磨”，“亵渎”—“亵玩”，一字之差，意义迥异，足见作者炼字之功；“最先”—“最终”，首尾相连，从毁自己到毁前程，印证着“害人者终害己”。）

营销灾难，也是于法有悖。（直接批驳，观点二。）广告法中有明确规定，广告不得“妨碍社会安定，损害社会公共利益”，不得“妨碍社会公共秩序或者违背社会良好风尚”。（引用法律条文，严谨精准，论说有据。）任何广告都不能任性胡来，更别企图打擦边球，公序良俗不允许，法律法规更不允许。重要的是，有德有品的企业，才能称得上是品牌；遵纪守法的企业，才能有靠得住的品质。（何为“品牌”？何为“品质”？此处堪称精辟之论。）人心底线不容挑战，法律红线不容试探，行为不失当、商业不失德，口碑才不失分。（“底线”“红线”是基准，“行为”“商业”是加分项，前四个“不”统一于最后“口碑不失分”。这两段是集中批驳“消费、营销灾难”的失当之处。）

品牌营销本身无可厚非，关键看怎么想、怎么做。（在上文分析问题“明危害”的基础上进而解决问题，提出方案。）营销领域有一个术语叫“借用兴趣”，说的是品牌可以利用与己无关的公共事件来推广宣介。如何找准“兴趣”，如何“借用”得当，考验企业和品牌的品位与旨趣、价值与追求，乃至能折射出其公共责任与未来发展。（“借”亦有道，“借”能鉴人。）面对暴雨，一些企业是这样做的：地图 APP 标注积水点提醒行人，连锁便利店承诺提供避险与商品，酒店价格不升反降，电影院开放影厅留宿群众，企业平台坚持发布互助信息……（手把手授之以渔，耳提面命亲自辅导。企业营销有温度，危难之际有真情。）这是捐款捐物以外的企业行动，充满了关怀与情怀，彰显了道义与担当。现实一再表明：消费灾害终究弄巧成拙，务实有为才能赢得敬意。（直言告诫，提出期许。本段深入探讨品牌营销应有的做法。）

其实，这给我们上了一堂“灾难课”，也应该让更多人修一门“灾难学”，即灾害到来时该怎么看、怎么办。（由具体事件延展开来，并非浮在表面，意义深远。）这并非完全是预防、应急、抢险、救助、重建等技术层面上的，而且应包括心理干预、社会安抚、价值引导等社会学与心理学层面上的内容。（从技术层面上升到社会、心理层面，范围扩大。）在全社会范围内进行更深刻的灾难教育，让更多人掌握防灾救灾技能、拥有科学理性认知，方能让对灾情的关注转化为救助的行动，共同撑起挡风遮雨的安全之伞、爱心之伞。（从“消费灾难”上升到全社会应对灾难的举措，结尾处见微知著，升华主旨。最后一段阐述我们面对灾难时应有的看法和做法。）

总评

时评之文，若能切中时代脉搏，把握舆情民意，继而针砭时弊，有的放矢，那酣畅淋漓之意、无懈可击之理，读起来真叫一个痛快！ 文章标题明目，直取要义“消费灾难”，不枝枝蔓蔓；借小品语言戏谑要“长点心”，一语多义，立场鲜明但身段柔和，并无借党媒之势居高临下，高声断喝，相反劝中有情，诫中有理。文章结构上浑然一体，严密紧凑。先写国人救灾的高尚行动，再立“消费灾难”的靶子进行对比，紧接着批驳该行为的失当，随后提出解决办法，可谓有破有立，思虑周到。尤为可贵的是，文章并非就事论事，而是从一个广告营销的小事上升到全社会面对灾难应有的心态和举措，立意之深，可见一斑。文意如水银泻地，快意酣畅。文章用词直白，褒贬强烈。“可敬”“可气”“可恶”“可恨”“可憎”，态度何其鲜明，让人拍案叫好；消费灾难的行为，是“践踏人心”“于法有悖”，弄巧成拙者，是“亵渎生命”“ 最终亵玩前程”，这些语句掷地有声，正气浩然，读来心神一凛，不亚于醍醐灌顶。此外三字短语的运用，如“挺得住、扛得下、战得赢”“ 应谨记，勿重演”，简短有力，慷慨激昂；再加上整句组合与对比合用，使得表意丰富，气脉恢宏，有飞流直下三千尺直捣黄龙之势。

刑拘吴某凡！顶流不是法外之流

写作关键词：明星艺人　层层递进　语言瑰丽

作者：梁言品　人民日报评论　2021 年 8 月 1 日　　点评：周勇林

开门见山，“刑拘”足见事情严重，叹号一如晴天霹雳，惊人耳目。“顶流”即顶级流量，网络流行词，此处指极出名的人。“不是”断然否定，态度鲜明。

日前，北京市公安局朝阳分局通报：针对网络举报的“吴某凡多次诱骗年轻女性发生性关系”等有关情况，经警方调查，吴某凡（男，30 岁，加拿大籍）因涉嫌强奸罪（点明国籍，说明法不避人；所犯罪行，让人齿冷），目前已被朝阳公安分局依法刑事拘留，案件侦办工作正在进一步开展。（引用官方通报，严肃权威。“多次”“诱骗”行为恶劣，性质严重。）法网恢恢，疏而不漏。该事件终归会在法律框架内得到权威裁定。（第一段引述新闻，为后文议论作铺垫。）

顶流不是法外之流，明星没有法外特权。（“顶流”“明星”，让人想起王子犯法与庶民同罪。）从警方通报看，吴某凡之所以被依法刑拘，是因为在调查后明确“涉嫌强奸罪”。当然，案件侦办还在进一步开展，真相大白有待警方更权威调查，犯罪认定有待司法审判。（“之所以”“是因为”点明因果，逻辑严密。“刑拘”是“涉嫌”，“认定”要“审判”，司法用语表达精准精当。）然而，这不妨碍人们得出一个基本共识，那就是任何涉法问题都要用法律方式解决，任何违法之人都应受到法律惩罚。（“然而”一转，吴某凡事件虽未定罪，但不妨碍“基本共识”。两个“任何……都……”语气强烈，不容反驳。）这也警醒一些明星艺人，流量再大，流不出法律的“五指山”；名气再响，响不过法律的“定音鼓”。（比喻形象，巧用典籍。“五指山”是《西游记》中孙悟空与如来斗法时被镇压之处，在这里和“定音鼓”喻指法律的权威。“响”字顶真，前后相连，语义贯通。“再大”“再响”先退一步，先纵后擒，这两句句式整饬，形象生动。本段紧承第一段，指出法律面前人人平等，明星没有法外特权。）

自律才是自爱，自由更须自重。（转论吴案带出的启示意义，此为观点一。四个“自”一字之差，内涵有别。“自律”是“自爱”的前提，“自由”是“自重”的结果，这些都是侧重个人修养方面。）这对一些曾经违法艺人而言，教训不可谓不深刻。此前，有些明星涉嫌吸毒、偷漏税、赌博等违法犯罪行为，一个重要内在原因就是过于放纵自我、恣意狂妄，其结果除了自毁前程，别无其他。（前车之鉴，后事之师。“放纵自我”必会“自毁前程”。）吴某凡涉嫌强奸罪，对更多明星艺人来说，同样具有深刻的教育意义，从艺必先为人，为人必先修德，修德必先正身，正身必先律己，明星不仅要“慎众”更要“慎独”。（顶真妙用，如针串珠环环相扣，如透镜聚光逐步定焦。由“从艺”到“修德”到“正身”到“律己”，由外到内，一气呵成。只有“正己”才能“正业”。）以良好形象传播正能量，明星艺人才是社会需要的好榜样。（本段强调要修身正己，这是艺人良好形象的基本盘。）

知法尊法、守法敬法，是现代公民的基本操守，明星艺人概莫能外。特别是流量越大，公共示范作用越大，社会责任就该越重。（观点二。文意又进一层，从自身到谈到身外，由正己到守法。）法律是现代社会公共秩序的基本底线，守法不分国籍、不分职业、不分男女。（“基本底线”不容践踏；三个“不分”则是一视同仁。）任何人在中国违法，都会被依法制裁，更谈不上有什么“护身符”“豁免权”。（义正词严，正气凛然。）明星艺人切莫迷失自我，胆敢忘乎所以、以身试法，只会吞下自己种的恶果。（“切莫”告诫真切，“胆敢……只会……”明示后果。）作为公众人物，明星演员需要有更高的尊法追求和守法要求。知法畏法，守牢法律红线，才能不断延长演艺“生命线”。（“守红线”是前提，是因。延长“生命线”是果。本段强调明星艺人要知法守法。）

明星艺人要“善其身”，文娱圈更应“善其群”。（观点三。论说上再深一层，从个体延伸到群体。）吴某凡事件，可谓敲响了警钟：在日益活跃、快速发展的文娱产业中，明星艺人等行业从业者与粉丝观众是发展共同体（没有谁是一座孤岛，“发展共同体”则表明二者利益休戚相关，前途共担，没有特殊公民可以凌驾于他人之上），惩治违法犯罪者，净化文娱环境，于矫正发展方向有益，于维护粉丝权益有利，于促进行业进步有助。（从反面说明惩恶的益处。）其实，越是理性追星，越是文明表达，越能赢得尊重和认可，也越能形成良性互动，这是包括粉丝文化在内的文娱文化应有的成熟。（从正面阐述“成熟”的做法。四个“越”语义绵密，前后紧连。）让粉丝群体不失序、明星言行不失范、行业规范不失守（对象不同，“失”之有异，表述精准），需要既用法律法规、公序良俗引导明星艺人，又用文明导向、理性价值涵养粉丝心态。（“既用……又用……”关涉两方面，中肯全面。对明星艺人侧重法理规则，树立边界，属刚；对粉丝侧重文化情理，疏导涵养，属柔。两手都要抓，都要硬。）文娱圈不该是畸形的“价格高地”而应是正向的“价值高地”，不该成为藏污纳垢的“名利场”而应是阳光向上的“能量场”。（“不该是……应是”对比阐述，导向明确。“价格高地”让人联想文娱圈内的天价片酬、阴阳合同，“价值高地”对标个人德行，作品价值，应能弘扬社会主义正能量。“名利场”转向“能量场”，雅俗有别。人民日报评论里非常善用相似词句，一字或数字之差，含义迥异，形似而神非，精妙至极。本段阐述文娱圈应有做法。）

“法律是最低的道德，道德是最高的法律。”（顶真手法。法律是协调社会的底线，是要求人的行为的最低标准，它通过国家强制力保证实施，具有客观强制性，故而是“最低的道德”；道德是内心的醒悟，通过个体的自我遵守实现，靠的是主观自觉性。人人自律，自然无须用到法律，故而“道德是最高的法律”。）**还是要奉劝明星艺人，“失格偶像”必定会“失速跌落”**（多行不义必自毙），**真正提高从艺从业的门槛和本领，流量明星才不会沦为“流星”。**（“流量明星”指的是拥有众多粉丝的明星，他们能带来巨大的互联网“流量”，但往往没有匹配其热度和影响力的演技或唱功。若不外练本领，内修德行，借机缘靠流量而升星，恐怕是各领风骚三五天，终成“流星”逝苍穹。真乃是其兴也勃焉，其亡也忽焉。结尾强调提升自我是从业正道，为明星艺人指明前行方向。）

总评

明星艺人，不仅自身拥有大量的追捧者，而且其言行也给社会特别是青少年带来巨大影响。近些年来，娱乐圈内乱象四起，个别艺人私德不修，公德掉格，小到行为失检，大到偷税漏税、践踏法规，已到了人神共愤的地步。人们痛恨的除了部分明星艺人失格，还有其背后团队、资本无视人伦、蔑视法律的运作。人民日报评论就此事发声，既对乱象表明态度，又为行业发展指明方向，正本清源，顺应民意，某种程度上也体现了国家的态度和意志。

全文结构有的放矢，层次分明，开篇引述新闻事件，点评后延展开来，先谈明星应内修德行、外守法纪，再谈文娱圈应循规范，说理逐层深入。劝导明星洁身自爱，劝勉粉丝理性追星，劝诫娱乐行业健康发展，论说全面，一个都没少。

语言上瑰丽大气，巧用修辞。“五指山”“定音鼓”“护身符”等比喻的使用增加了行文的生动性；近似词句对比运用，形相似义相远，例如“顶流”与“法外之流”、“流星”与“流量明星”、“价格高地”与“价值高地”，语言隽永，耐人寻味。这些寓意深远的语句散布于文章各处，如群星闪耀生辉，让人着迷。

“敢读书”方有新境界

写作关键词：读书要敢　开宗明义　引证出彩

作者：赵畅　人民日报评论　2015年4月22日　　点评：周勇林

标题即是全文的中心论点，醒目；“敢读书”与“新境界”因果相连，直观。

作家王蒙说过，要敢读书，敢读自己不完全能够把握的书，不要老读比你智商还低的作者的书。（引用著名作家王蒙的话释题，开宗明义。一方面引起读者的阅读兴趣，提出“敢读书”的话题；另一方面引用名人的话作为道理论据，证明中心论点：“敢读书”方有新境界。）此番话语，颇耐人寻味。（首段提出话题“要敢读书”。）

为何言“敢读”？是因为这些书对于读者是“自己不完全能够把握的书”。（下定义。）既然“不完全能够把握”，心里难免会担心和畏惧。其实，就如孩子学走路一样，一开始总会跌跌撞撞。然而，恰恰是跌跌撞撞地不断积累，才能渐渐摆脱大人扶助，学会独立行走。（类比论证，将读者阅读“自己不完全能够把握的书”比作孩子学走路，生动形象。）读书亦然，如果一直“读比自己智商还低的作者的书”，不要说难以进步，说不定连原来的那点知识积累和对于世事的悟性老本，也会因之而销蚀。（在此论述切不可担心畏惧，需要去尝试与实践方有进步。）从这个意义上说，“敢读书，敢读自己不完全能够把握的书”，不啻是一种勇气的体现，亦是一种智慧的表达。（本段阐述“敢读书”的含义。）

手捧一本“自己不完全能够把握的书”，要啃下来（“啃”字突出读之艰难），就得花工夫。不聚精会神、刻苦钻研不行（要费心力），不甘当学生、虚心请教不行（要有心态），不勇于质疑、善于积累不行。（要有方法。此处六个“不”构成双重否定，形成排比，语义强烈，这些也正是“啃读”的具体内涵所在。）“啃”读的过程，就是科学读书、获得知识的过程。这般“啃”读，必引导人由易到难、由低到高获取知识，并渐渐登上智慧的殿堂。（“啃读”也就是“敢读书”表现方式，本段重在说明“啃读”的价值。）

历史学家陈寅恪认为，“曹冲称象”的故事为假。（质疑人所周知的“曹冲称象”，极具有话题性，也拉进与读者的距离，引起兴趣。这里是典型的举例论证法。）依据是当时气候寒冷，孙权控制的南方已经没有亚洲象，又怎么能进贡给汉室大象？暂且不论结论正确与否，调动已有知识并多方求证、作出属于自己的判断，坚持这般读书，不仅会有效地链接知识点，逐渐编织一张庞大的知识网络，还能帮助自己积淀刻苦攻读所必需的坚忍不拔的品质、举一反三的悟性以及善读善成的信念。（借陈寅恪例子，具体有力地论证了读书时调动已有知识并多方求证，能作出属于自己的判断，进而证明了文章的中心论点“‘敢读书’方有新境界”，说服力强。本段侧重谈“啃读”的方法。）

哲人说过：一个境界低的人，讲不出高远的话；一个没有使命感的人，讲不出有责任感的话；一个格局小的人，讲不出大气的话。读书，就要站在“巨人”中间，去体味“高远境界”“责任使命”“大气格局”的内涵。（读书养气，养的就是这些“浩然正气”。）书籍的“巨人”，正是那些“人类各个时期具有承前启后作用的最高智慧的结晶和精神丰碑”。一个人，若能坚持读经典，坚持站在“巨人”的肩膀上观察、思考问题，便能收到事半功倍的效果。（化用牛顿名言“如果我看得更远一点的话，是因为我站在巨人的肩膀上”，说明阅读经典是借“巨人”之力，更能受益。本段论述“敢读书”应选的内容——经典著作。）

“作家重要的是要不断面对有难度的写作。”（茅盾文学奖得主，著名作家迟子建语。）如果说，追求“有难度的写作”是为了“切近理想之境”，那么读“自己不完全能够把握的书”，则是为了拓宽视野，增添见识。生有涯而知无涯（书山有路，知海无涯），只有勤读书，多读敢读自己不完全能够把握的书，才能气象宏阔、满腹经纶。（本段论述“敢读书”的目的：拓宽视野，增添见识。）

真要做一个“敢读书，敢读自己不完全能够把握的书”的人，必须求知若渴，否则便是空话。上世纪 30 年代北大有一句话：“正式生不如旁听生，旁听生不如偷听生。”（“旁听生”是指没有选这个课的北大学生，“偷听生”指根本不是北大的学生。如果“旁听”多是兴趣使然，那么“偷听”则是渴求了。）读书，若能涌现一大批“偷听生”，则善莫大焉！（由“敢读”上升到“渴读”，更进一层。本段论述“敢读书”的条件：必须求知若渴。）

总评

有关“读书”话题，众说纷纭，角度不一，人民日报评论里也选登过多篇美文。本篇时评独出机杼，新颖别致，从“敢读书”的角度来谈，的确是发人之所未发。一个“敢”字，写出了胆识和格局，显得大气通透。开篇直接点题，提出“敢读书”，紧随后三段释含义、论价值、谈方法，透彻地论说了中心“‘敢读书’方有新境界”。行文至此，文章高屋建瓴，再从“怎么办”角度指出：“敢读书”要选内容、要有目的、要有心态。全文外直中通，层次井然，语言上平白可亲，作者并没有借“读书”话题卖弄知识、故作高深，相反娓娓道来，如老友叙话，贴心自然。文章大量引用，不仅没有掉书袋子之嫌，相反圆融一体，处处增辉。引王蒙的话开篇，引哲人的话谈读书要有“境界”“使命”“格局”，引迟子建的话类比“敢读”要有挑战，引北大的话强调“敢读”要有条件，引用论证增强了说理力度，丰富了文章内涵，增加了文章深度。

阅读的陪伴最温情

写作关键词：阅读最香　总分总式　诗意曼妙

作者：丁德良　人民日报评论　2021 年 4 月 23 日　　点评：周勇林

标题温润如玉，情蕴表里，动人心魂。"陪伴"是最长情的告白，相守是最"温情"的承诺，正因有"阅读"相伴，岁月温柔最有情。

爱上阅读，各有各的因由，各有各的精彩。（"爱"含万千，但目的归一。"爱上阅读"直拿结果，放在开篇句首，不由分说，扑怀而来，虽过程万千，皆化作身后云彩。首句浓情厚意，定下基调。）阅读是以认知的力量去探测世界的广袤，借伟岸的灵魂来陪伴心灵的成长。（从客观到主观，从物质到精神，阅读作用之广。）阅读之于个人，如漫漫人生里的灯盏，照亮奋斗之路；阅读之于社会，如历史进程中的星光，辉映壮美的文明之虹。（比喻生动，整句齐整。从个体到群体，阅读功效之大。开篇充满诗意，强调阅读的重要作用。）

先哲有言："人有知学，则有力矣。"（语出东汉哲学家王充的无神论著作《论衡》，"知学"：知识学问。"文吏以理事为力，而儒生以学问为力。""夫壮士力多者，扛鼎揭旗；儒生力多者，博达疏通。"文中引语意思是人有了知识，就有了力量。）阅读是秉心之烛火（秉：拿着，握着），去探访古今智者仁人的精神空间。依靠阅读，我们可以收获超出自身阅历的风景，领略更辽阔、更深邃的精神世界。可以说，人类的思想足迹有多远，阅读的空间就有多广；（化用经典广告语：思想有多远，我们就能走多远。）人类的精神维度有多丰富，阅读的世界就有多瑰丽。有书做伴，生命便不会失色暗淡；

有书壮怀，灵魂便不会孤寂渺小。（阅读广袤无边，阅读丰盈人生。诗性语言，灵动多姿。）每个人的精神成长，人类文明的发展进步，仿佛一场登山，需要阅读这根登山杖的助力。（本段阐述阅读的作用之一：丰富思想，助力成长。）

腹有诗书气自华（出自苏轼的诗《和董传留别》，气：表于外的精神气色。华：丰盈而实美。与“石韫玉而山辉，水怀珠而川媚”有异曲同工之妙），一个人的气质里藏着读过的书、走过的路。阅读是看不见的精神修炼，是为人生绘就底色的事业。（“看不见”是润物无声，“绘就底色”是意义巨大。）阅读往圣哲思，心灵深处不觉增添了参悟世界的思想之力；（于圣贤处悟思想。）阅读唐诗宋词，胸中悄然生发俯仰天地的文化豪情；（在诗词中察文化。）阅读红色经典，感悟革命先辈的家国情怀，心中自然涌起蹈厉抗争的斗争气概和为国为民的奋斗热情。（在经典中陶冶情操。排比句气势宏伟，说明阅读对象不同，收获俱丰。）各类经典著作浓缩了历史的精华、文明的智慧，每读一次都会有新的收获。阅读的回馈是丰厚的，含英咀华不仅口齿生香，思想和心志也会充满澎湃能量。（本段阐述阅读的作用之二：汲取智慧，增添力量。）

阅读是有情怀的文化体验，是有温度的精神旅行。无论世事怎么变化、人生如何起伏，阅读都是我们最好的陪伴。（照应文题。“有情怀”“有温度”造就了“最温情”。）窗前灯下，一段段暖心的故事，湿润了多少儿童的双眸；（暖心感人。）大山深处，一册册趣味无限的绘本，带给多少学子以情感和美感的启迪；（启智生慧。）晚高峰的地铁里，手机中的网络文学，治愈了多少上班族的疲乏困倦；（安神解乏。）医院的病榻前，一卷卷直击心灵的人文经典，让多少病患舒展开紧锁的眉头。（叩击灵魂。四幅画面温情感人，把阅读陪伴的美呈现在我们面前，具体形象，可感可知。前两幅是暖色调，暖心；后两幅是冷色系，治愈；“陪伴”的场景不同，蕴含的“温情”不变。）世间万物往往纷纭不定，人生在世难免起起落落，而阅读的陪伴最恒久也最温情。（世事纷纭，人生起伏，在一个更长的时间尺度上，在一个更广的空间范围里，万物变动皆不定，以此作背景，阅读在时空淘洗下定格，最恒久最动人。诗化的语言营造电影式的画面，对比中显出温情久远。）人们总能在阅读中得到慰藉和滋养，收获内心的充实和温暖。（本段阐述阅读的作用之三：情怀体验，温情陪伴。）

李大钊提出过这样一个生动形象的比喻：“知识是引导人生到光明与真实境界的灯烛。”（引语承上启下，转论知识与书。）书是沟通古今的纽带、交流文明的津梁。（精彩语句。）古今多少梦想与奇迹、伟业与壮举、荣耀与辉煌，都成了历史，写进了书册，成为点亮心中梦想的星星之火，化作驱散严寒的浩荡长风，激发从逆境中奋进的精神动能。（比喻贴切，排比增气势。书籍效能巨大。）思接千载、情通古今，经典以其通达启迪了我们的思想，以其至善滋养了我们的心境，以其壮丽充盈了我们的精神，以其厚重丰富了我们的灵魂。（“通达”“滋养”“充盈”“丰富”写出了经典的魅力。）阅读经典，赋予我们更加豁达睿智、自信从容的奋斗姿态，为我们注入更加笃定刚毅、雄浑强健的前行之力。（本段联系现实分析，阐述阅读经典在当下对人们的现实意义。）

阅读是历史的回望、心灵的净化（明史净心），也是梦想的启示、希望的播撒；（未来引领。）是思想的觉醒、精神的刷新，更是文明的接力、文脉的传承。（文化传承。“是……也是……是……更是……”暗含时间线，由小到大，呼应开头，强调阅读的价值。短句齐整，组合有力，洋洋洒洒如万顷波涛奔涌而来。阅读如此壮阔美妙，为后文作结提供了依据。）因为阅读，我们不断成为更好的自己，也因为阅读，人类不断创造更美的世界。（总结全文，展望未来，升华主题。）

总评

阅读之美，美在何处？本文美在情真，美在文美，美在丰茂。

其一，美在情真。王国维说："有真性情方有新境界。"本文开篇言"爱"，一字定调，境界全出。无论阅读是烛照人生、洞察世界，还是熨帖灵魂、洗礼精神，都是因"爱阅读"而生，故而它能暖人心怀，湿人眼眸；故而它能治愈心灵，给予力量；所以作者言之：阅读的陪伴最温情。

其二，美在文美。"言之无文，行之不远。"若行文面目可憎，定拒人千里之外。本文恰是词美文工：引用王充、苏轼、李大钊语句，使文增色；"文明之虹""星星之火""纽带""津梁""浩荡长风"比喻贴切，写出了阅读和书籍的价值美；排比蓄势，骈散结合，论读经典华章纷出，有"往圣哲思"" 唐诗宋词"" 红色经典"；谈温情多图相连，在"窗前"在"大山"在"地铁"在"病榻"，气势浩荡。文中词句诗化妙曼，多用偶句，上下严整有对仗之美，读后口齿生香。

其三，美在丰茂。本文作为一篇说理性的议论文，不仅富有理性的严密，更有散文的摇曳多姿。领略此文，一如走在春光烂漫的山林小道，文字的优美、思想的深刻、智慧的灵动、人文的温度，正如各色繁花，一一迎来。文章开篇总起谈阅读的作用，主体分三个方面展开详细论述后再联系现实深谈意义，结尾处总结全文，升华主题。除论说文的思维严密之外，我们还能感受到阅读中探寻的美丽、涵养的丰润、陪伴的温情，更能体悟到阅读带来的豁达睿智、自信从容以及注入气骨里的笃定刚毅、雄浑强健。全文理中含情，情中蕴智，丰厚繁茂，自是葳蕤生光。

阅读不是略读和劣读，美文不厌百回读。被美丽文字所温润的生命，灵魂必将饱满；由阅读所富养的精神，定是诗意雍容。本文值得多读熟读。

“大衣哥”家门被踹开之后，不该只有自己去修

写作关键词：法理人情　对比关联　小中见大

作者：邹翔　人民日报评论　2021 年 4 月 30 日　　点评：周勇林

“大衣哥”名人惹眼球，“被踹”惊人心；“只有自己去修”与情理不符，矛盾处留悬念；“不该”表明态度立场。标题信息量大，吸引读者一探究竟。

近期，“大衣哥”朱之文上了网络热搜，但不是因为唱歌，而是因为粉丝把他家院门强行踹开了。（简述事由，“强行踹开”行为恶劣。）事后朱之文表示，“粉丝酒后行为，我可以理解”，并自己买来工具将坏的门修好。（陈述“大衣哥”的举止，形成对比，可见其仁厚。）4 月 18 日山东单县公安局通报，两名涉嫌寻衅滋事的肇事者均被抓获归案并依法行政拘留十日。（法律结果。足见法不容情。）风波已告一段落，但讨论仍在继续，今天我们就来聊聊这个话题。时间回到 2011 年，因身穿一件军大衣而被观众亲切称为“大衣哥”的朱之文，参加央视《星光大道》而走红，次年登上春晚舞台，成为家喻户晓的农民歌手。（时光回溯，“大衣哥”成名及由来。）成名之后的朱之文依旧选择回到农村生活（“农民歌手”名副其实），然而 9 年间村民和粉丝的围观让他不堪其扰。纷至沓来的粉丝提出合影或拍摄需求，朱之文总是笑脸相迎、积极配合。（“不堪其扰”与热忱待人两相对比，既显“大衣哥”质朴仁厚，也为下文议论张本。）然而，品性仁厚不能成为他人得寸进尺的理由。朱之文享有的住宅安宁等

隐私权、财产权、肖像权与名誉权，受到法律保障，不容他人无底线侵犯。（“得寸进尺”“无底线侵犯”是对粉丝不良行为定性，从法律角度替“大衣哥”发声，表明法律保护公民应享权利的立场。）这就是朱之文表示不追究踹门者责任之后，警方依然要依据治安管理处罚法对肇事者进行行政拘留的原因。（情理已恕，法理不容，依法办事，公正公平。第一段阐述事件经过，申述了警方处置的依据。）

值得注意的是，“大衣哥”家门被踹开之前，围观群众无一阻拦，一些人甚至在起哄，等着拍摄这一“劲爆”的时刻。（“无一阻拦”“甚至在起哄”这些令人寒心的看客心态，体现的是道理沦丧，人情冷漠。“等着拍摄”则揭示目的，尽显利欲熏心之态。）有媒体报道，2016 年直播和短视频平台兴起后，每天都会有数十人涌入朱之文的家，拍摄并上传诸如“大衣哥砌墙”“大衣哥烙饼”等生活日常，并从中获取流量和收益。（原来如此！拍摄的背后居然是有利可图。）其中一些人为吸引眼球、增加点击量，甚至产生了偷拍朱之文上厕所、翻墙而入进行拍摄、对其家人肆意造谣等出格乃至违法的举动。（举止粗鄙，行为不堪，为饱私利不择手段。）热度是流量，流量是价值，这是直播和短视频经济里的一层逻辑（揭示根底），但不能为了热度和流量突破原则和底线，不能陷入窥探隐私、恶意消费名人的旋涡。（转折后的两个“不能”划出界限。）给短视频、直播立规矩、划红线，不能仅限于内容生产，在拍摄行为上也要有所规范。（第二段阐述短视频、直播必须有规矩、红线。）

事实上，短视频和直播在农村仍算得上新鲜事物，给农村生活和农业生产带来不少新气象、新变化。例如以短视频形式记录和发现农村的特色美食、美景和人文风情，已成为一些贫困地区实现脱贫的有力抓手。（肯定有利的一面。）但在拥抱新技术的同时，也要对可能造成的负面影响保持高度警惕。（告诫警惕负面。辩证思维。）无论城市还是乡村，短视频、直播都不应成为没有底线、无所顾忌的任性载体。不让直播干扰日常生活、扰乱正常秩序，更需要行之有效的措施和适当的干预及引导。（提出应对措施。第三段阐述短视频、直播之利弊重在除弊。）

踹门风波与一般的粉丝骚扰相比，特殊之处在于肇事者既是粉丝，也是传统意义上的“乡里乡亲”。（“特殊”正因乡情的存在，使人情理难分。）“农村乡里乡亲不讲究”成为一些村民表示“尚可接纳”或“看淡此事”的理由，但这样的说法显然不能让肇事者逃脱法律惩罚。（法律与人情的不同之处。）更令人担忧的是，技术侵蚀传统伦理关系的现象正在发生，一些村民已经将朱之文变成了短视频平台上的“摇钱树”，把传统的乡亲乡谊变成了赤裸裸的利益关系。（乡谊变质，问题严重，也正是新农村发展亟须面对和解决的命题。）有人说这是网络时代、信息技术带来的副产品，毋宁说是农村地区一些法治意识跟不上时代的发展。当地党委政府理当有所作为，纠偏陋俗树文明，普法明规凝正气（依法才能正本清源），才能让朱楼村找回互亲互助、互相尊重、和谐友爱的公序良俗。（第四段阐述在新技术时代下的乡风建设需要政府的作为。）

朱之文在接受采访时经常说：“故土难离，树高千尺不忘根。”（一片情深之处足见“大衣哥”质朴实诚。）电视选秀时代的许多农民歌手慢慢消失在人们的视野里，“大衣哥”不被遗忘，某种程度上正是因为他身上葆有的质朴本色。（对比更显本色。）面对个人努力、技术迭代、时代发展带来的巨大变化，“大衣哥”没飘，村民们也不能飘起来。（“大衣哥”还是原来的“大衣哥”，但有些村民已不是曾经的“乡亲”们。）在变与不变中摒弃落后观念、坚守好的传统，合理利用新技术、携手同心补短板，才能为农村社会发展营造良好的秩序和风尚。（“变”的是“摒弃落后观念”合理利用“新技术”，“不变”的是“坚守好的传统”“营造良好的秩序和风尚”。最后一段发出号召，弃恶存善，用好新技术再使农村风俗淳。）

总评

“大衣哥”是特别的农民歌手，“特别”在他成名前是农民，成名后仍是农民。住在故土，自己种地、挑水、开三轮，他不仅没“飘”，还出巨资为村子修路、盖幼儿园、救济乡亲……保持着善良淳朴的本色。可有些村民“飘”了，他们发现拍“大衣哥”带来的收入甚至高于种地时，乡村风俗的味道再也不是原来的那个配方。文章在行文中多用对比，“大衣哥”的仁厚与肇事者的强横，“大衣哥”的人情与法理的背离，“大衣哥”的不被遗忘与其他农民歌手慢慢消失，“大衣哥”的没飘与村民们的飘，十分直观地让读者看出对与错、是与非，增强了说理的力量。文章并没有在对比中就事论事，而是与之关联到新技术时代乡村建设的大命题上，首先提出对短视频、直播要立规矩、划红线，不得侵犯他人，突破底线；再接着辩证分析短视频、直播的利弊，指出党委政府要除弊兴利树乡村新风。从“大衣哥”一个乡村的事件折射到国家新农村的建设内容，可谓小中见大，意义深远。

3 家国情怀。

时代，在歌声中前进

写作关键词：家国情怀　警策立骨　叙议结合

作者：何鼎鼎　人民日报评论　2019 年 9 月 6 日　　点评：徐建华

展现宏大主题——时代发展，并不面面俱到，而是选择小切口，从“歌声”看“时代”，以小见大，构思巧妙。

让每一首歌激发中华民族伟大复兴的行动力量，就能把我们赤诚的心、火热的爱汇入时代的大合唱。（开篇“激发中华民族伟大复兴的行动力量”，揭示“大情大理”；“汇入”一词，运用比拟，使“赤诚的心”“火热的爱”有形，有动感，有质感。）

最近，一批新出炉的主旋律歌曲又与听众见面：《我们都是追梦人》《复兴的力量》《时代号子》《和祖国在一起》《青春跃起来》……内容各有侧重，词曲风采不同，但无一例外，都唱出了这个时代的关注。（所选歌曲典型，以点带面，有国家、时代的宏大叙事，也有自我、青春的炽烈抒情。）

歌诗合为事而作。（引用新乐府运动口号，自然而不露斧凿之痕；为何不引用上一句“文章合为时而著”？作者在此善于取舍，善于剪辑，因为“歌诗”更能契合、切合、直扣“歌声”，更能为我所用。）主旋律歌曲之所以称为“主旋律”，是因为它总能发出时代的强音，击中人心的“最大公约数”。（热词新语，新颖鲜活；“最大公约数”，意为即能激起所有民众的共鸣、共情的价值观或时代精神；“最大公约数”，借用数学术语，人人心知其意，精准而有意蕴。）“千山万水，奔向天地跑道；你追我赶，风起云涌春潮”，这是《我们都是追梦人》描摹的小康路上的奋进场景；“汗也不白流，累也不白受，实干才能出成就，谁也别吹牛”（善于剪裁，作者善于选择歌词中的名句、金句，一是因为大家耳熟能详；二是“你追我赶”“实干”等暗含主题词，有意点染，使主题像浮雕一样凸显），这是《时代号子》对实干兴邦最质朴的歌咏；“如果不曾长路跋涉，怎知道道路曲折？如果不是跨越江海，哪知道前途壮阔？”这是《乘风破浪再出发》对奋斗历程的回首，对“两个一百年”壮阔征程的展望。（几个分号，醒目清晰，形成并列，构成排比，使句式整饬。）让每一首歌激发中华民族伟大复兴的行动力量，就能把我们赤诚的心、火热的爱汇入时代的大合唱。

一代人有一代人的胸臆，一代人有一代人的旋律。（结构上，承上启下；内容上，堪称警策句。）今天，即便虚拟现实等技术带来综合感官体验，我们依然需要歌曲这种最古老的媒介，依然需要以最直接的方式（世殊时异，但歌声的力量、情感是永恒的；揭示“变”与“不变”，蕴含着辩证法），向山河致敬、为奋斗高歌、为人民喝彩。上世纪40年代，是一曲《南泥湾》，让“艰苦奋斗、自力更生”的精神品格传遍大江南北；60年代，是一曲《边疆处处赛江南》，赞美了兵团屯垦戍边的累累硕果；80年代初，是一曲《在希望的田野上》，唱响西村纺花、东港撒网、北疆播种、南国打场，歌颂了农村生产力的极大解放。（两句一个例子，以简驭繁，有限的篇幅，包含了更为丰富的内容；时代为经，歌曲为纬，构成“时代金曲串串烧”，串联起一代人的记忆，让人不禁联想到那一段激情燃烧的峥嵘岁月，使人“悄焉动容”。）今天，新一代音乐人笔耕不辍，继续写下《脱贫宣言》《金不换银不换》等歌曲，宣示着全面小康“一个都不能少”的决心，书写着对绿水青山的守望。

山川河流稻香，乡关家国故园（语言风格为之一变，六个意象，密集列锦，画面感极强，俨然宋词，诗情画意扑面而来；对仗工整，由大美山河到家国情怀，由景入情，看来雄辩的时评，也可以稍稍宕开一笔，转而描写，正可谓“淡妆浓抹总相宜”），主旋律歌曲的底色是爱国。三年前，有人在香港大学演讲，问及大家的启蒙歌曲（爱国歌曲是启蒙歌曲，似有深意：家国情怀，也是我们每一个人的精神底色），听众席上，先飘来几个微弱的音符："一条大河波浪宽……"没想到，全场很快齐唱起《我的祖国》。（揭示了一代人的体验"通感"：一首金曲沉淀着一代人的记忆，更是承载着赤子之心、家国情怀。）脱口而出的，不仅是共同的文化记忆，更是对这个国家发自心底的身份认同。（每一次吟唱，都是一次"精神升旗"，都是一次家国情怀的砥砺和洗礼。）正所谓"言有尽而意无穷"。很多时候，语言有表达的边界，歌声更能交心也能暖心。（两相对比，突出歌声无远弗届的作用，歌声就是一种彼此心领神会的语言。）呼唤更多打动人心的作品涌现出来，让它们口口相传、代代相传，成为人心的润滑剂，成为情感的黏合剂。

歌以咏志，我们绝不能小觑一首歌中蕴藏的时代力量。去年，深圳博物馆收藏了歌曲《春天的故事》创作手稿。这首歌词，是 1992 年 12 月，作词人蒋开儒一气呵成写就的。蒋开儒受《东方风来满眼春》一文影响，下海闯深圳，很快将所见所闻倾泻笔端（"倾泻"，用词精当，强调作词人"妙手偶得"的灵感，有感于奋发的时代，情动于中而形于言，自然流泻，而非苦吟之作）；《春天的故事》一经传唱，又鼓舞激励了无数改革开放的弄潮儿；今天，中国特色社会主义先行示范区建设再次选择了深圳，改革开放继续书写着伟大且激动人心的乐章。春天的故事，唱出了一曲新词。（相较于其他时代金曲的列举、一笔提及，《春天的故事》一例不惜泼墨，为何？因为这首歌曲开一代风气，甚至成为"改革开放"的代名词。）

时代，在歌声中前进。迎接新中国成立 70 周年的喜庆时刻，面对诸多历史性成就与历史性变革，我们完全应该也能够唱出今日中国的底气与志气，唱出继往开来的中国精神与中国气派。（中国精神、中国气派，如黄钟大吕，奏响时代最强音。）就像

《乘风破浪再出发》所唱的那样：沧海横流，这是中国；海纳百川，这是中国。（对偶工整；两个成语，凸显文化底蕴；而且均以海为喻，“沧海横流”在此比喻时代浪潮中激流勇进的中国精神，“海纳百川”比喻包罗万象、兼容并包的中国气派；与上文一一对应，思维缜密，滴水不漏。）

总评

这篇文章激扬、凸显家国情怀，但绝不是喊口号式的空洞抒情和官腔官调。恰恰得益于作者在评论写作中，灵活运用各种表达方式，尤其是深得叙述和议论之妙，其中“警策立骨、叙议结合”两招，堪为出彩利器，可仿易学。

警策立骨。简言之，即在每段开头，用高度凝练的句子，或在思想内容方面，作为中心句、观点句，或是分论点；在语言风格方面，有文采，有意蕴，令人在一瞥之间心驰神往，攫住眼球，击节赞赏“有才如此”；在思路结构方面，过渡自然，显示文脉。

如“让每一首歌激发中华民族伟大复兴的行动力量，就能把我们赤诚的心、火热的爱汇入时代的大合唱”，“中华民族”“伟大复兴”“时代大合唱”，笔力千钧。又如“一代人有一代人的胸臆，一代人有一代人的旋律”，几个关键词“一代人”“胸臆”“旋律”，宛然“微剧透”，使人一看就明白下文内容。

叙议结合。文章在议论文的叙述、议论方面，也章法纯熟，易于借鉴。

一是叙例简洁，有节制。无论是歌词的截取，还是金曲的选择，每个例子的叙述，仅仅两三句话。简笔叙例，多用排比，加快叙事节奏，使文章具有一种江河直下的气势；同时，一句一例，使文章有限的篇幅包含更多的内容；举例以点带面，更具历史和现实的广度，更容易使读者有一种“观古今于须臾，抚四海于一瞬”的大时空、大视野。

二是先叙后议，这样两部分泾渭分明，不蔓不枝。叙述时注重简洁凝练，议论以扣合点题为务，分工明确，有的放矢，看似机械刻板，但章法谨严，不失为议论文叙议结合的典范。

“梦想清单”照见奋斗征程

写作关键词：梦想清单　以小见大　今昔对比

作者：魏寅　人民日报评论　2019年9月6日　　点评：徐建华

“梦想清单”，设置悬念，使人急于知晓清单上的梦想是什么；以小见大，小小的清单，照见奋斗征程。

家里有台蝴蝶牌缝纫机，已经用了几十年，成了我眼中的老古董。（敝帚自珍，不为怀旧伤逝。其实何止是缝纫机？那些“向之所欣，俯仰之间，已为陈迹”的废弃商品，都是我们迈向新生活、新时代的伟大征程中的一个个身后的“驿站”。）母亲舍不得扔，平常用来缝缝补补，其实不过是有些怀旧：“别看它现在算不上什么稀罕物，想当年，可是家家户户向往的‘三大件’之一。”（一般人民日报评论，往往如海雨天风，而本文一反高屋建瓴式的宏大开篇，先从家里的缝纫机写起，且以深情，岁月回首，宛如叙事抒情散文，从一件过时的物件写起，举重若轻，娓娓道来。怀旧情愫，氤氲弥漫；看来，评论文体除了以理服人，也可以以情动人，拉近距离。激起共情。）

“三大件”，真可谓一个具有时间感的词语。新中国成立以来，随着岁月变迁，内容不断发生着“迭代”——从计划经济时代的“手表、自行车、缝纫机”，到改革开放初期的“彩电、冰箱、洗衣机”；从象征小康生活的“空调、电脑、录像机”，到新世纪的“汽车、商品房、旅游度假”……（句式整饬，列举简洁，宛如时代一瞥，民生掠影；计划经济时代、改革开放初期、小康社会、新世纪，四个时代对应不同的贵重商品，从中可以窥见时代变迁和社会发展，尤其是人们物质生活的日益丰富，物质和精神“水位”的提升。）“三大件”的变迁，见证着翻天覆地的国家变化，映照着日新月异的时代进步。（“见证着……映照着”，动宾句，典型的以小见大笔法，也是人民日报评论的惯用句式和笔法。）

昔时“珍奇华美多贵重”（在此意为“三大件”在当时是奢侈品），今日“飞入寻常百姓家”。（这句引用，妙合无痕，堪称典范。如何引用？入乎其内更要学会出乎其外。“旧时王谢堂前燕，飞入寻常百姓家”，语出《乌衣巷》，原意为燕子见证历史沧桑，有物是人非之感；此句引用足见作者智慧，出乎其外，以意取胜，指出如今随着人们物质生活的日益富足，这些贵重物品已成为寻常百姓日常生活的基本配置。今昔两句诗句引用，构成集句，言简意赅，文采斐然。）光阴流转之中，人们心目中曾经的一些“大件”，逐渐成为生活必需品，甚至历经时间淘洗而终被淘汰。（“淘洗”“淘汰”，一字之差，意思大相径庭，不变中有变化，颇有“一字之师”的意味。）与此同时，新的“大件”顺次补位，成为理想生活的标配、体面生活的标识（“标配”“标识”，遣词造句，整齐中有变化，朗朗上口，易记。）从某种意义上说，“三大件”的每一次更新换代，都对应着老百姓生活品质的进阶，生活理念的升级。（作者惯用对偶句，由浅入深，由物质生活到生活理念。）这个略显怀旧而又常谈常新的词，其实呼应的正是人民日益增长的美好生活需要。（以小见大，“三大件”的变化，映照时代变迁。）从中不难发现，随着腰包变鼓、品位提升、眼界放宽（绝非简单并列，而是逐渐深入），千千万万中国家庭的“梦想清单”，因时代发展而水涨船高。（比喻修辞，形象贴切。）

70 年来，亿万人民砥砺奋进（家国情怀主题最常用词语），勇于造梦，用勤劳、智慧的双手书写了国家和民族发展的壮丽史诗。（豪壮语句，宏大叙事。）在相当意义上说，正是中国人民敢于追梦、把别人眼里的“不可能”变成了“可能”，创造了中国发展进步的人间奇迹。（此第一层，侧重于70年来的国家民族的巨变。）在这一历史进程中，无数人怀揣对生活的憧憬与梦想，不懈奋斗，矢志进取，不断改善着自己的生活。（此第二层，侧重于70年来人民群众的奋斗。）更重要的是，在“中国号”巨轮（比喻贴切）高歌前行的进程中，无数人通过奋斗，不仅实现了自己的梦想，也共同创造了未来的更多可能。从某种意义上说，千万家庭的“梦想清单”，照见着个人的奋斗之路，又从总体上照见了国家的奋斗征程。（合二为一，先分后总；先是国家民族“二重唱”，后是大合唱；梦想清单照亮奋斗征程，再次点题，一咏三叹，凸显激荡始终的主旋律，“一篇之中三致志焉”，深得议论文点题之妙。）

今天的“三大件”究竟是什么？（这是时代之问，也是未来之问，发人深思，从民生改善中，看见社会进步，国家富强。）没有人能给出标准答案，这恰恰从一个侧面反映出时代的发展进步。（没有答案，恰恰是早有答案：发展永无止境，未来无限期待，变是唯一的不变，作者深谙辩证法，在此使文章充满理性思辨。）当大众消费需求由模仿型、同质化、排浪式向差异化、个性化、多元化升级（“三化”，一一对应，语序不可改变，足见思维缜密），当不断翻新的“四大件”“五大件”乃至“N 大件”进入人们的视野，美好生活的内涵变得更加丰富、更有品质。甚至，百姓的消费需求已经超前于产品的供给，悄然带动着产业的升级换代。可以说，正是在多样化、个性化的美好生活需求中，一切更美好的东西被创造出来，不断满足着人们的需要，又不断激励着人们去奋斗、去创造。（类似回环，需求激励人们奋斗、创造的热情，创造出美好幸福生活，水涨船高之后，又不断激励人们奋斗、创造。）

习近平总书记这样铿锵有力地宣示：“中国共产党的追求就是让老百姓生活越来越好”“让老百姓过上好日子是我们一切工作的出发点和落脚点”。（关乎国计更是关系民生，庙堂之声，振奋人心；段首引用总书记关注民生的金句，确实是“平语近人”。）

一起奋斗，向前奔跑，努力追梦，百姓的日子一定会越过越红火，祖国的明天一定会越来越美好。（文章在美好愿景中结束，催人奋进。）

总评

本文是一篇充满家国情怀、时代情愫、心灵悸动的文章，得益于以小见大的巧妙构思和今昔对比的论证方法。

以小见大。要展现“民亦劳止，汔可小康”的全面建设小康社会，要表现国富民强的今日中国，可以从多方面展现，运用广角镜，再现波澜壮阔的奋斗画卷，宛如史诗一样壮美。但作者另辟蹊径，视角独特，仅仅从民生角度来展现。民生角度，作者又进一步切分，选择更小的切口——“三大件”，即每个时代的贵重物品的变化，来表现人民生活日益富足，物质的“水位”日益提升，并表达对美好生活的追求和希冀。这样写，避免了泛泛而谈，1200 字的文章，表现 70 年奋斗征程，不可能走宏大叙事、壮美史诗路线；而选择一点，纵深挖掘，不失为明智之举。

今昔对比。要表现天翻地覆慨而慷的巨变，自然不能不运用对比这一手法。本文今昔对比是贯穿全文的，无处不在。从昔日“珍奇华美多贵重”到今天“飞入寻常百姓家”，从昔日的模仿型、同质化、排浪式到今天的差异化、个性化、多元化。

小小清单，寄寓着朴素的个人梦、家庭梦，汇聚成壮丽、庄严的中国梦，以小见大，今昔对比，使这篇文章既熨帖人心，又激扬人心。

时间的意义，永远是奋斗者赋予的

写作关键词：文正　文渊　文华

作者：李斌　人民日报评论　2020 年 1 月 7 日　　点评：徐建华

“今天，青春是用来奋斗的”，新时代领路人的寄语言犹在耳，唯有奋斗，才能赋予平凡的每一天以壮丽和庄严。

当时间跨入 2020 年，一波“再见 10 年代，你好 20 年代”的讨论吸引众多网友参与。年代感，仿若时间隧道里的航标，把人们的思绪引入温馨的港湾。（家国情怀的如椽大笔，也可以化为“绕指柔”；家国情怀，也可以从拉家常写起，激起“共情”；“时间隧道”“温馨的港湾”，比喻贴切，年代感不应只是出生日期，而应是一代人的精气神、精神风貌。）

时间是奋斗的尺度，是筑梦的空间。（时间是线性的，所以是“尺度”，很好理解；但时间是“空间”，空间是横向的，初读令人费解，细品则觉出语不凡，意为把握时间、惜时如金，方不负峥嵘岁月，梦想的天空才会广阔。）年代感，是特定时间段铭刻在人们心中的特殊印记。老照片莫名戳中泪点，因为上面记录着童稚童趣和青春芳华；老物件勾起联翩回忆，因为其中凝结着生活过往和拼搏经历。（追溯时光，并不在于唏嘘感慨，怀旧伤逝，而在于回首往事时，“并不因碌碌无为而羞耻，不因虚度年华而悔恨”。）回望刚刚过去的 2019 年，国庆盛典意气风发，主题教育抖擞精神（居然可以这样表达，用语奇崛，惟陈言务去；运用拟人修辞手法，“意气风发、抖擞精神”，使人感受火热的时代精神），改革发展稳中有进，闯关夺隘所向披靡（每一用词都动感十足，激扬时代精神），共同沉淀为2019年的历史标识。忆往昔峥嵘岁月，巍巍中华实现了从赶上时代到引领时代（行文时可谓“步步留意，时时小心”，点出“时代”，不忘点题）的伟大跨越，每一个奋斗者都是参与者、见证人。时间塑造了山河也缔造了奇迹，凝固了历史也凝结了精神，描绘了趋势也熔铸了担当。（神来之笔，句式整齐，“塑造”到“缔造”，“凝固”到“凝结”，一字之别，却足见遣词造句的匠心，由实到虚，由浅入深。）

有人感慨，时光老去了岁月，岁月沧桑了容颜。（像散文诗，像怀旧歌词，以情动人，使人动容。）不管是触景生情还是睹物思人（诗词鉴赏术语运用恰当），年代感被屡屡关注，并不仅仅因为我们在“变老”，更多时候是因为时代在“变好”。学者研究发现，改革开放以来，我国发展几乎每10年上一个大台阶：上世纪80年代满足了温饱，90年代家用电器开始普及，到了21世纪，汽车进入千家万户，2010年以来一系列新兴消费爆发式增长。改革发展从经济体制改革递进到全面深化改革，生活水平从解决温饱递进到全面小康，无数人命运伴随国家发展而改变。（从民生改善看国家发展，自豪之情溢于言表。）每一天都是崭新起点，每一年都是鸿篇巨制（细细盘点，哪一年不是硕果累累，可圈可点，日新月异，确实如此），时间是一切成就的土壤。（民生就是这一土壤培育出来的繁华硕果。）无论是“光阴似箭”的催促感，还是“岁月如笔”的充实感（对偶工整，运用引用、比喻等手法，足见作者呕心沥血，语必求工），时间的变化总会在不经意间触发“人生怎样度过”的思考。插队知青，下海经商，逐梦互联网，大众创业、万众创新（四五个字，即概括一个时代，一代人的奋斗，惜墨如金），每代人都有各自人生际遇，但并不妨碍品格与追求的一脉相承，比如苦干实干，比如改革创新，比如勇于追梦。（际遇不同，但奋斗是永远的时代精神，今昔一致，永不褪色。）年代感是似水年华（嵌入名著，语出有典，化用无痕）的情境再现，包含着丰富的情感记忆和生活意义，可以吹散生活迷茫，可以慰藉心灵世界，可以洞悉梦想微光（大量运用修辞：拟物、比喻）。我们无法违抗寒来暑往、春秋代序的时间规律，却可以通过奋斗赢得尊严，通过梦想矫正惰性，通过规划描绘未来，通过改革开拓动能，通过履责收获不凡。（排比，增强气势，宛如宣言；“无法……却可以……”句式，为选择关系常用句式，或先抑后扬，或破而后立；同时温馨提点、建言献策，催人奋进；此种句式可学。）时间是个变量，但主动权掌握在每个人手中。

“黄金时代，不在我们背后，乃在我们面前；不在过去，乃在将来。”（小众金句，契合主题，看来写作在于积累，才能意到笔随，才能以备不时之需。）从回忆中汲取能量，在怀旧中积攒温暖（汲取、积攒，拟物手法化无形为有形，化虚为实，有质感），当人们戴上“年代滤镜”审视过往，其实也是在用“未来视角”定焦当下、谋划前程。（语言风格为之一变，富有理趣，大量专业术语，使表达精密精准。）在信息时代，社会进步正像“摩尔定律”一样，呈现愈发强烈的“时空压缩效应”。年代感指引我们总结过往，为未来储蓄经验智慧、信心决心和筑梦力量。新一年，我们将历史性解决困扰中华民族几千年的绝对贫困问题，实现“民亦劳止，汔可小康”的愿景。新的 10 年，我们将继续推进国家治理体系和治理能力现代化，开启全面建设社会主义现代化国家新征程。最美的风景永远在前，追梦的脚步永远向前。

时间的意义，永远都是被奋斗者赋予的。没有什么比失掉时间更不幸，没有什么比紧握机遇更可贵。（对偶，俨然新骈文，辞采华美，却不以辞害意。）伟大祖国从来没有像今天这样欣欣向荣，伟大人民从来没有像今天这样幸福安康。（热情洋溢，富有感召力。）接续奋斗、砥砺前行，新的奋斗史诗由新时代人完成书写。

总评

忽然想到古代文臣谥号最高为“文正”，又想到“文渊阁”“文华殿”等殿阁大学士等文化常识，突发奇想，何不借用“三文”来概括本文的写作技法?

文正，在此指文章凸显家国情怀，激扬时代最强音，始终与党和国家的伟大征程同频共振。此文如何体现“文正”?

一是年经事纬，无论是2019年度的国庆盛典、主题教育，还是回顾历史，从知青插队，到下海经商，到筑梦互联网，大众创业……作者连点成线，铸就史诗笔法，再现波澜壮阔的发展进程。

二是淬炼出“大情大理”，如“忆往昔峥嵘岁月，巍巍中华实现了从赶上时代到引领时代的伟大跨越，每一个奋斗者都是参与者、见证人。时间塑造了山河也缔造了奇迹，凝固了历史也凝结了精神，描绘了趋势也熔铸了担当”。又如结尾中的“伟大祖国从来没有像今天这样欣欣向荣，伟大人民从来没有像今天这样幸福安康。接续奋斗、砥砺前行，新的奋斗史诗由新时代人完成书写”。这些句子，在全文中立骨，支撑起文章的架构，并且雄浑有力。

三是彰显时代精神，如奋斗、担当，点击时代主题词，如小康社会等。

文渊，即文章内容丰富，言之有物，思维有序，展开有径。宏大主题、家国情怀类作文，最忌空喊口号。如何做到文渊，避免空洞议论?一是捕捉形象，寄寓情感于形象之中。如老照片、老物件等，这些形象使年代感有所附丽。二是铺叙展开，如“国庆盛典意气风发，主题教育抖擞精神”“改革发展稳中有进，闯关夺隘所向披靡”，一句一事，使人感到短短一年，中国社会发展的峥嵘历程。

文华，指文章辞采华美，文句有意蕴。人民日报评论，多为“庙堂之声、雅颂之音”，文章自然足以华国。这首先得益于大量修辞手法的巧妙运用。如比喻，比喻新奇有新意，令人耳目一新。如大量的对偶，文章对偶有几十处之多，这样使得表达丰满充实，意蕴丰富。又如比拟修辞手法的大量运用，使事物、事件都有质感动感，如在眼前，呼之欲出。

在春天里忘我奋斗

写作关键词：春光融融　广角全景　散文笔法

作者：陈鲁民　人民日报评论　2020 年 3 月 31 日　　点评：徐建华

标题诗意盎然；也让人有一种如沐春风的感奋。

“暮春者，春服既成，冠者五六人，童子六七人，浴乎沂，风乎舞雩，咏而归。”（引用贴切，切合时节；春光烂漫，户外郊游，多么和煦动人的图景，也反衬下文疫情期间春天的寂寥。）时已暮春，草长莺飞。突如其来的新冠肺炎疫情，改变了春天的况味，让人们难以扶老携幼赶赴春天之约。然而，对奋斗的人们而言，春色不会远离，春风不会缺席，春天就在身边。（三个短句，表意同中有异，有深化，同时引发深思。）

自农历春节以来，一场疫情防控的人民战争打响。无数白衣战士冒着被感染的危险日夜救死扶伤，广大基层干部、公安干警闻令而动、挺身而出，科研人员、志愿者、环卫工、快递小哥等任劳任怨、各尽其责。（为群体画像，展示各方各面的抗疫力量，展现抗疫广角镜。）正是他们的顽强奋斗与无私奉献，阻击了猖獗的病毒，驱走了可怕的阴霾，为众多患者挽回了生命的春天（照应上文中的“春风不会缺席，春天就在身边”，原来是挽回生命的春天，前面设置悬念，在此揭开，令人豁然开朗），也护卫了经济社会秩序稳定的春天。人们心中的春天，比大自然的春天更有魅力。（频频出现“春天”，每一个“春天”的内涵不尽相同。）

火神山、雷神山医院的五星红旗迎风高展，驰援武汉的军队医护人员的军徽熠熠生辉，一封封请战书上按满了红手印，白衣战士摘下口罩后的紫红勒痕令人泪湿眼角，出院患者劫后重生的红润脸庞给人以信心希望……（此五句，深得叙例之妙：有场景——五星红旗飘扬，有物象——军徽，有人物，有神态，有细节，使人如身临其境，可谓“不隔”。）春色的万紫千红，因为奋斗者的加入更显迷人。（“万紫千红”既是春天的色彩，也是抗疫的调色盘，总括上述抗疫群体、场景的各种色彩：“红旗”的“红”，“军徽”的“金”色，“红手印”的“红”，医护人员的“白衣”“紫红勒痕”，患者的“红润脸庞”，而主色调则是红色，契合春天的色彩，不得不佩服作者匠心独具，诗心慧眼。）在医院救护病房里，在社区防控一线上，有很多“90后”“00后”的年轻人仍在与病毒斗争，用生命护卫生命，用青春抗击风浪。青春花枝招展，正是最美的年龄。然而火线上的青春，没有“对镜贴花黄”（引用妙合无痕，消解了疫情的沉重，也凸显了作者的乐观主义精神），没有呼朋引伴、对酒当歌（不用引号，引用自然，无斧凿之痕，语出有典，增加文化含量），有的是厚厚的防护服，有的是毫不放弃、救死扶伤。（由具体到抽象，由描写记叙到议论，多种表达方式灵活、综合运用。）在患者眼里，他们就是春天的使者。（最简洁的评价，俨然颁奖词，巧用比喻；时时扣住“春天”。）

自然界的春天是等来的，一年四季循环往复；人类社会的春天则是奋斗出来的，一锤一斧雕琢而成。（由物及人，由自然界到人类，逻辑自然；两个“春天”形成鲜明对比，一个是不速之客，一个是主动奋斗，在此突出奋斗的意义。）有人救治病患，浴血奋战；有人站岗值班，后勤保障；有人指挥调度，排兵布阵；更多的人宅在家里，自觉隔离。（为众生画像，堪称抗疫全景图；除了逆行者，作者还将目光投向居家隔离的普通民众，凸显可贵的平凡视角。）大疫当前，井然有序的中国，展现出超乎寻常的众志成城。正是14亿人的勠力奋斗，阻止了病毒入侵的脚步，使疫情防控取得阶段性重要成效，经济社会秩序加快恢复。幸福是奋斗出来的，春天也是奋斗出来的。奋斗的脚步永远向前，驱赶瘟神，防止反弹，我们不获全胜决不收兵。（俨然一场决战，斗志昂扬，抗疫必胜。）

不经历风雨，怎么见彩虹？（化用歌词；开启下文“中国经历的风雨”。）今天的中国，正经历成长的风雨。有风有雨是常态，风雨无阻是心态，风雨兼程是状态。（常态、心态、状态，一字之差，意思耐人寻味，让人服膺于作者遣词造句的艺术；“有风有雨”是客观现实，“风雨无阻”“风雨兼程”是主观努力；句式整齐，堪称金句。）由于参加疫情防控阻击战，很多人错过了大自然的春天，没有欣赏到鸟语花香，特别是那些奋战在一线的医生护士、坚守在抗疫岗位上的干部职工和志愿者。但他们没有辜负韶华，也就没有辜负春光（由自然界的春天到青春，类比自然；错过与收获，对比鲜明），却为更多人带来了希望。这份功劳，配得上所有人的点赞。苦难不是人生的负资产，艰辛不是未来的绊脚石。无论前路是晴是雨，通过超乎寻常的奋斗与贡献，营造充满生机、充满温情的春天，每个人都能成为自己的真心英雄。（这三句评价，逐渐深入：先是就事论事，医护人员抗疫挽救生命，值得点赞；然后缘事而发，阐发人生哲理——苦难的价值和实现自我价值。）

“浩渺行无极，扬帆但信风。”（引用小众，人无我有，惟陈言务去，不得不佩服作者积累丰厚。）疫情带给人们难以平复的冲击和悲痛，抗击疫情中显示出来的千磨万击还坚劲的韧性、越是艰险越向前的斗志（两个句子，由短到长，有简洁到繁复，意蕴越来越丰富，有递进之美），成为一笔宝贵财富，凝聚起踏平坎坷、矢志复兴的磅礴力量。（家国情怀类文章篇末，当有如椽大笔，总结压轴。）2020 年的春天，是一个不平凡的春天，那些在春天里挥洒汗水、忘我付出的人，注定将为历史所铭记。（篇末点题“春天”“忘我付出”，收束有力。）

总评

1. 春光融融。

屈原《离骚》有云：一篇之中三致志焉。这篇《在春天里忘我奋斗》，亦是如此。“春天”出现次数之多，不一而足。但每一次点题，都有不同内涵和作用。

如开篇“暮春者，春服既成……”，在此引用是为反衬疫情期间春的寂寥萧索，其实不止如此，其进愈深，而其见愈奇，是否有这样的深意：通过其乐融融的礼乐大同社会，意在表达当今尤其是抗击新冠肺炎疫情中体现的“经国序民”的制度自信，国人的万众一心。

接下来“春色”“春风”“春天”，一字之差，而意蕴不同。春风，让人联想到“最好的时代”、时代东风；春色，使人联想到全民抗疫姹紫嫣红的色彩：有国旗的红色，手印的红色，逆行出征的白衣白甲，草木蔓发的绿色，共同构成了春天的色彩。

又如由自然界春天，到生命的春天。本文一路读来，处处有春，顿觉春光融融，暖意弥漫。不光是“春”字的频繁点击，而且每一次“春”都是新的。

2. 广角全景。

家国情怀文章如何展现波澜壮阔的历史画面和现实图景，往往可运用广角镜，全景描绘，或铺叙开来。

如“奋战在一线的医生护士、坚守在抗疫岗位上的干部职工和志愿者”“有人救治病患，浴血奋战；有人站岗值班，后勤保障；有人指挥调度，排兵布阵；更多的人宅在家里，自觉隔离”，几乎是一句一例，简洁精要而具有代表性，有抗疫群英谱，有抗疫民众图，展现全民抗疫的感人场景。有时候，宏大主题可以以小见大，通过小故事、细节、个体来表现；但也可以以广写大，“笼天地于形内，挫万物于笔端”。

3. 散文笔法。

本文虽是评论，但无论是标题、开篇，还是全文，都呈现出议论性散文的风格。何也？“动人者，莫先乎情”，本文抒情气息浓郁，字里行间，贯穿始终的离不开一个“情”字。有在春天里忘我奋斗的豪情，有不负峥嵘岁月的青春激情和奋发有为，有对医护人员逆行出征的赞美之情，以及无处不在的躬逢盛世、未来可期的自信。除此之外，文章在评论抗疫精神的同时，往往阐发人生哲理，如“苦难不是人生的负资产，艰辛不是未来的绊脚石”“无论前路是晴是雨，通过超乎寻常的奋斗与贡献，营造充满生机、充满温情的春天，每个人都能成为自己的真心英雄”，相当于画外音，从抗疫中阐发普适哲理。总之，文质兼美，情理兼具，使文章具有散文的韵味。

红军，心中永远的丰碑

写作关键词：丰碑在心　今昔切换　善用比喻

作者：李洪兴　人民日报评论　2019 年 8 月 23 日　　点评：徐建华

人，是丰碑，比喻出人意表，化动为静，使人顿感凝重肃然，使人想到红军烈士的人生厚度、重量——重于泰山。

“人民救星，伟大领袖”，在宁夏回族自治区西吉县单家集单南清真寺门前，一座纪念碑的正面镌刻着八个大字。这座纪念碑建于 1993 年，是单家集全体回族群众自发捐资 2 万余元修建的，2006 年重新修缮，用以纪念 1935 年毛泽东同志带领长征红军经过单家集。（四个数字，真实可信，从人们感念红军至今写起，从现在重修纪念碑写起，睹物思人，具有强烈的现场感；堪称当下“家国情怀＋实用文体”作文的开头典范，引导学生从现场、遗迹、情境入手，神思今昔，设身处地展开联想。）

回族群众为何主动捐钱修碑？（问句紧承上文，引出下文原因；虽然分段，但文脉不断。）这背后，有一个民族团结的感人故事。1935 年 10 月 5 日，毛泽东率中央红军经过单家集，受到当地群众盛情款待，并参观了陕义堂清真寺，与阿訇促膝交谈（这段感人故事，看似平常，实则用意良深，叙例并非客观的“零度叙述”，而是饱蘸情感，笔含春秋，如“盛情款待”“促膝交谈”，均为有意点染，意在表明红军和各族群众亲如一家，军民间鱼水般的深情厚谊。叙例，简洁清楚，“字不得减，乃知其密”），阐明党和红军倡导民族团结的政策，此后红军用实际行动向回族群众践行了党的主张。这支被称为“仁义之师”的红军，在单家集播下革命火种，谱写了民族团结史歌。（这几句，在上文叙例基础上，议论挖掘，揭示红军长征的重大意义。像这样，叙述、议论，隔断隔开，泾渭分明，易于操作。）这一纪念碑，不仅见证了中央红军长征过宁夏的五天四夜，也是传播长征故事、弘扬长征精神的时代印刻。（由长征故事到长征精神，由表及里，由实到虚，逻辑自然。）

纪念碑，是历史的载体，也是精神的象征（载体到象征，由具体到抽象，自然之理也），镌刻着“时间的价值”。长征路上，无数纪念碑如同高扬的火炬（比喻巧妙，化静为动），点亮历史的星空、宣示精神的价值。江西于都，矗立着中央红军长征出发纪念碑，帆形碑身寓意扬帆起航；四川松潘，高耸着中国工农红军长征总纪念碑，碑顶的红军战士双臂高举成“V”字形，象征着胜利；陕西吴起，中央红军长征胜利纪念碑前有 250 级台阶，象征长征二万五千里；宁夏将台堡，中国工农红军长征将台堡会师纪念碑上，三位红军战士塑像代表了胜利会师的红军三个方面军……（俨然是长征纪念大会的“分会场”，如俯瞰山河掠影，空间切换自然；句式整齐，笔法简洁，先是地点，然后是长征史具有历史节点意义的纪念碑——出发地纪念碑、过草地纪念碑、三大主力会师纪念碑——的雕塑造型，最后揭示其寓意。）长征路途二万五千里，纪念碑上写着出发的坚决、战斗的热血、民族的团结、忠诚的信仰、胜利的喜悦。（“写着”坚决、团结、信仰……化抽象无形为具体可感，此时无声胜有声，条分缕析，言之有物，将长征精神阐发得清楚明确。）当人们站立在纪念碑前，如同进入时光隧道，感受红军当年那份非凡的智慧和大无畏的英雄气概。长征作为一次开创新局的伟大远征，以碑铭记，就是把纪念碑立在心中、把精神浇灌在心田。

有字的纪念碑让人肃然起敬，无字的墓碑同样感染人心。（承上启下，让人不禁缅怀那些无名烈士。）在四川巴中的川陕革命根据地红军烈士陵园，安葬着 2.5 万多名红军烈士，大多数都没有姓名，仅留红五角星于墓碑之上。在广西，有一家人守护红军烈士墓达85年，他们说“人们来了，就有地方凭吊烈士了”，而墓前约9米宽的空地也是“长久”的意思。青山埋忠骨，人间正气留。（今人诗句，对仗工整，文气充沛，兼有浩然正气。）丰碑不倒，火种不灭，精神因而永驻。

如果说纪念是延续记忆，那么传承就需要在时代舞台上找到新的坐标。（“新的坐标”，数学术语，具有理性的严谨；“如果说纪念……那么传承……”可作为标配句式，从缅怀先烈到正视当下、展望未来，从纪念到传承到赓续，从“他们”到“我们”，从历史、家国到“自我、真我”，这是当下家国情怀类作文常见的过渡句式、句型，可收藏仿用。）习近平总书记指出，伟大的长征，“这一惊天动地的革命壮举，是中国共产党和红军谱写的壮丽史诗，是中华民族伟大复兴历史进程中的巍峨丰碑”。（“壮举”“史诗”“丰碑”这几个词，力有千钧，看来家国情怀、宏大主题作文，必须有几个这样的“重量级”词语来“压舱”。）当前，在实现“两个一百年”奋斗目标、共圆伟大复兴中国梦的新长征路上，需要价值的共识、信仰的坚守、行动的力量、精神的支撑。（四个名词、四个动词，一一搭配，不可错位；精准严谨，平常中显出功力。）凝聚起理想和信念、守护好初心与使命，从扬帆起航到胜利会师的征程，就不怕任何艰难险阻。

有人说，“红军，是我心中的一座丰碑。”当年，在贵州绥阳，一名红军战士被捕，面对敌人的拷问，他豪迈地说，“我姓红，叫红军”。（以故事起笔，以故事结束，首尾照应；故事揭示了红军战士的坚贞信仰。）红军铸就了丰碑，红军就是丰碑（“铸就丰碑，就是丰碑”，看似大同小异，但绝不重复饶舌，而是递进深化），赓续红军“对新世界的追求和希望”，让我们一起跑好接力赛中我们这一棒，在奋进中继续奋进，赢得一个又一个新的胜利。（文章在期盼、呼吁中结束，具有感召力。这一结尾，足以为当今高考作文发言稿、演讲稿、倡议书等实用文体的范本；“让”字句大有用处。）

总评

容器有形，盛放无限。纪念长征精神的文章，浩如烟海，前人之述备矣。如何写出新意，脱颖而出？本文巧妙地选取了一个有形、有质感的“容器”——长征纪念碑，有开头的回民修建的纪念碑，有出发地纪念碑，有穿越草地纪念碑，有三大主力会师总纪念碑，还有民间散落的大量“无字纪念碑”，纪念碑既是线索，又使长征精神有所附丽。

今昔切换，流转自如。文章通篇都在今昔之间切换。开头聚焦于回民区红军烈士纪念碑现场，时间为 1993 年、2006 年，然后自然回溯到 1935 年红军长征途经此地，播下革命的种子，发动群众，此为今昔切换之一。然后从今日各地纪念碑，联想到长征史，此为今昔切换之二。最后，站在“两个一百年”的历史交汇点和伟大新时代，作者又一次回溯到长征时期一个“小故事、大信仰”，此为今昔切换之三。三次切换，构建了全文清晰骨骼。

善用比喻，无处不在。文章善用修辞手法，尤善运用大量的比喻修辞。具体说来，一是喻体类型的选择，本色自然，与长征的悲壮、纪念碑的肃穆凝重谐调一致。如“这一惊天动地的革命壮举，是中国共产党和红军谱写的壮丽史诗，是中华民族伟大复兴历史进程中的巍峨丰碑”。二是巧用喻体，或化静为动，或化动为静，运用之妙，存乎一心。如“红军是丰碑”“纪念碑为火炬”。三是喻体切合新时代，如“时代舞台上找到新的坐标”等。

守的是人民的心

写作关键词：党史学习　化用无痕　时空跨越

作者：李斌　人民日报评论　2021 年 5 月 17 日　　点评：徐建华

巧用判断，一言立骨，揭示本质，使百年党史滚烫而有温度，熨帖人心。

在湖南韶山的中共韶山特别支部历史陈列馆，烈士英名布满整整一面墙，吸引游览者停下脚步、久久沉思。1925 年，中共韶山特别支部由毛泽东同志亲手建立，是湖南农村第一个党支部，积极参与湖南农民运动、秋收起义，直到抗日战争、解放战争（一个党支部的陈列馆，就是一部微缩的中国革命史），从来没有停止过革命斗争。（开篇今昔对照，切换时空。这是一个永远的党支部，也是一支穿越百年的火炬。）

是什么造就了这样一个党支部？（通过设问，引人深思。）第一任支部书记毛福轩先是领导农民运动，后又参与地下工作，“余为革命奋斗牺牲，对于己身毫不挂虑”。支部委员钟志申变卖家产支持农民协会发展，在写给哥哥的遗书中说：“我牺牲生命，把一切贡献于革命，是为了寻找自由，为了全国人民求得解放。”为人民求解放、谋福祉，刻印下共产党人的情怀，也揭示了我们党何以饱经艰难而不断前进、历经牺牲而不断壮大。（毛福轩、钟志申……一个个不朽的名字，每一位革命英烈，先述其志，后叙其事，先个体，后群体，揭示一代代共产党人的情怀。这一部分思路清晰，先分后总，先点后面，展开有序。）

为人民而生，因人民而兴。（对偶句，简洁凝练，警策立骨，提领下文。）2020 年在湖南召开的基层代表座谈会上，习近平总书记强调：“我们党是全心全意为人民服务的党，坚持立党为公、执政为民，把人民对美好生活的向往作为始终不渝的奋斗目标。在近百年的奋斗历程中，我们党不仅是这么说的，也一直是这么做的。”党的一百年，是党带领人民浴血革命、建设国家的一百年，也是党为了人民矢志践行初心使命的一百年。（三个“一百年”在此交织重合，看来，学习中共党史，就是重温峥嵘的中国革命史、奋斗史。三个“一百年”的宏大交汇，这种典型的史诗笔法，适用于家国情怀等宏大主题。将历史高度凝练浓缩，凸显作者的“良史之才”和睿智洞见。）从福建东山岛的木麻黄到河南兰考县的梧桐树，从大庆油田的泥浆池到响彻戈壁的“争气弹”（运用意象，“体物写志”，使共产党人的情怀有所附丽，避免了空洞的议论和评价；这也是最典范的人民日报评论笔法，精骛八极，视通万里，抚四海于一瞬，灵活切换空间场景，俯瞰壮美山河，列举伟大成就，尤其是“从……到……”句式，简捷易用，用以展现波澜壮阔的时代画卷），共产党人奉献青春、燃烧激情，在中华大地上谱写出无数感人篇章。始终同人民在一起，为人民利益而奋斗，是我们党立党兴党强党的根本出发点和落脚点。

习近平总书记指出：“人民就是江山，共产党打江山、守江山，守的是人民的心，为的是让人民过上好日子。我们党的百年奋斗史就是为人民谋幸福的历史。”（又一次将两部历史重合，将党的宏大历史与人民幸福生活历史交融，让人民在民生改善中，感受党全心全意为人民服务的宗旨，接地气，暖人心。）确立人民代表大会制度保证人民当家作主，不断保障和改善民生维护社会公平，坚持全面从严治党确保始终保持同人民群众的血肉联系……（从三个方面，高度概括了党是如何践行“人民至上”理念的：民主、民生和民本）我们党全心全意为人民服务，努力让人民过上好日子，有理论、路线、方针和政策为指导，有国家治理体系作保障，有坚持不懈的行动作支撑。

（“有……”句式构成排比，为何是这样一种顺序？细细忖度，原来是遵循从理论到实践的顺序，理论为指导，制度是保障，行动是支撑，符合正常逻辑。）环顾世界，没有哪个政党能够像中国共产党这样，在旗帜上鲜明标注“人民至上”（一语双关，表面上指党旗中的镰刀、锤子代表了劳动人民，深层次指党为人民的宗旨），在理念上牢牢坚持“以人民为中心”，在实践上明确要求“把为民造福作为最重要的政绩”。（三句引用，看似大同小异，实则精准精确，不可替换。“人民至上”简洁凝练，因此作为宗旨；“以人民为中心”，突出民本地位，所以作为理念；“把为民造福作为最重要的政绩”，突出践行和民生，因此作为政绩。）

爱民者民恒爱之，敬民者民恒敬之。（化用《孟子》“爱人者人恒爱之，敬人者人恒敬之”，党守住人民的心，是对儒家民本思想的继承和发展。）历史一次又一次表明，赢得人民信任，得到人民支持，党就能够克服任何困难，就能够无往而不胜。人民是历史奇迹的“创造者”，是赶考路上的“阅卷人”，也是我们党、我们国家坚不可摧的“铜墙铁壁”。（三个引号，两个比喻，新颖贴切，通俗易懂。“阅卷人”，表明民意民心是检验党是否执政为民的金标准；“赶考路上”，让人不禁想起中华人民共和国成立前夕毛泽东的“进京赶考论”：“我们不‘做其兴也勃焉、其亡也忽焉’的李自成……”；人民群众是“铜墙铁壁”，让我们想起“众志成城”，十四亿中国人民的力量是坚不可摧的。）

关山万里，初心如磐。（鲜明的对比，时空上的对比，征程万里，马不停蹄，这是“变”，但初心如磐石，岿然不变，在变和不变中，揭示共产党人不忘初心，永葆本色。）旧社会时韶山冲“十户人家九户穷”，如今农家小楼错落有致，风景美不胜收。（从民生角度来表现今昔巨变，突出党支部在新时期带领百姓致富奔小康的先锋模范作用。）“半条被子”故事发生地湖南汝城县沙洲村，大力发展乡村旅游和特优水果种植，成功实现整村脱贫。（结合当下脱贫攻坚、乡村振兴大背景，突出共产党人福祉民生的具体行动。）山乡巨变、山河锦绣的时代画卷，标注着中国发展的历史方位。以党史学习教育为契机，进一步深化对党的性质宗旨的认识，延续百年奋斗向未来，强国步履必将更加铿锵。

总评

党史学习是当前国家政治生活一件大事。党史学习，是否都要千篇一律写：“从一艘游船到一个大党”“百年回首，恰是风华正茂”“从 13 人到 9000 万人大党”……宛如史诗般的宏大壮阔？本文另辟蹊径，引导学习党史，善于以小见大，从湖南韶山冲党支部写起，从革命战争年代的勇于牺牲，到当下的脱贫攻坚、乡村振兴，表现一代代共产党人历久弥新的初心和情怀。这一党支部，就是全国千千万万个基层党支部的典型，这一党支部，一头连着百姓，一头连着国家。这种聚焦式的写法，避免了口号满天飞的空洞无物。

化用无痕，厚重精工。

文章体现出作者精准高妙的概括力。就内容而言，不少段落首句，语出有典，绝不生吞活剥，而是根据新时代、新情境，巧妙化用，丝毫不露斧凿之痕，自然贴切。如“爱民者民恒爱之，敬民者民恒敬之”，切合主题“守住人民的心”。又如“关山万里，初心如磐”，用于回顾历史，展望未来，抚今追昔。又如“为人民而生，因人民而兴”，突出中国共产党立党为公、执政为民。就形式而言，这些段首句，对仗工整，意蕴丰厚，足见作者炼字、炼意的功夫。

纵横交错，时空跨越。

百年党史，本身是个纵向概念，因此文章大体上体现了纵向顺序，如韶山冲党支部经历湖南农民运动、秋收起义、抗日战争、解放战争等不同时期，让这一党支部见证历史，也创造历史。如果仅仅按照线性顺序，难免会像大事年表一样，内容单薄，流于介绍。就好比只有光秃秃的枝干，没有葳蕤扶疏的枝叶。因此作者在纵向线形顺序的同时，善于横向展开，切换时空，如“从福建东山岛的木麻黄到河南兰考县的梧桐树，从大庆油田的泥浆池到响彻戈壁的‘争气弹’”，展现党的领导下，全国人民的奋发有为和党员模范先锋作用。

4

科技创新。

通过网络游戏学历史，是不是正确姿势？

写作关键词：跨界联学　类比论证　中和思辨

作者：康岩　人民日报评论　2020 年 6 月 18 日　　点评：徐小平

以是非问为题，激发读者的权衡思考。

东汉末年，硝烟四起三国争霸。曹孟德破荆州下江陵，舳舻千里，旌旗蔽空；吴蜀联军据长江守天险，惊涛拍岸，战船火焰熊熊……（够文采，课文《赤壁赋》《念奴娇·赤壁怀古》之浓缩版，抓人眼球没商量。）某款网络游戏以赤壁之战为背景，开发了全新对决模式。（全新：经典与游戏碰撞。）令人惊讶的是，此次游戏研发有三位底蕴深厚的学术专家助阵参与，其中就包括被聘为学术顾问的复旦大学文科资深教授葛剑雄。（惊讶：游戏与学术对接。）（本段摆出富有争议的话题：某网络游戏以赤壁之战为背景，开发了全新对决模式，并邀请了学术顾问。）

网游还需要学术顾问？网友对此观点不一（观点不一，话题方有张力），有的说：网络游戏是虚构，不需要请教授。也有的说：葛老师任学术顾问，要不把已经多次卸载的网游再装回来？今天我们就来聊聊这个话题。（“有的说……也有的说……”，权衡思考型作文眼熟的命题。）（本段首先摆出两种对立的观点，为下边辩论张本。）

当历史与娱乐联姻，就涉及历史真实与历史传播的关系问题。（言明争议的焦点。）尽管有人认为，游戏就是游戏，只要价值观念正确，具体内容和手段不妨自由发挥。

（用“尽管”带出反对者的理由。）但从网友对历史专家担任网游学术顾问的讨论来看，许多网友还是对学者能为游戏注入正确的历史价值观，让具体情节符合历史时期基本的历史逻辑和历史细节，抱有更多期待。（又用“但”字一转，言明更多网友的期待：还是有必要为游戏注入正确的历史价值观。）（本段亮明文章的观点：有必要让游戏的具体情节符合基本的历史逻辑和历史细节。）

以历史的眼光看，中国古典文学沿着辞赋、唐诗、宋词、元曲、话本小说的序列一路延展，艺术创作的故事和人物未必一一贴合于史实。（总说：中国古典文学创作未必一一贴合于史实。）《三国演义》作为史书《三国志》的通俗讲述，粗通文字的平民百姓即可领略曹操的狡黠、关羽的仁义、张飞的鲁勇、孔明的睿智。（《三国演义》对历史人物的通俗讲述。）广播电视时代，电波里的评书讲论、电影电视的各种版本改编，潜移默化中传播着中华传统文化中关于善恶是非判断，践行人伦道德，区分忠奸贤愚。（广播电视时代各种文艺作品潜移默化地传播中华传统文化）作为文艺作品，只要故事精彩、导向正确，哪怕不尽合于史实，也无损其艺术价值和美学趣味。对于网络游戏，这个道理同样说得通。（通过文艺作品来类比网络游戏，说明只要故事精彩、导向正确，哪怕不尽合于史实，也无损其价值和趣味。）（本段通过类比论证先阐述网络游戏也不必尽合于史实。这种以退为进的阐述可使论述周密辩证，避免说过头话。）

当然，这并不意味着网络游戏必然与历史传播绝缘。（“当然”一转，开始阐述网络游戏也不必与历史绝缘。）在互联网时代，技术影响无远弗届（无论多远，没有达不到的。届：达到），人与文化媒介建立起了强链接与全融合，网游、网剧也能通过沉浸感和体验感唤醒视听触嗅等全方位感官，在潜移默化中影响玩家。（阐明互联网时代文化传播的特性：潜移默化。）近年来，不少古装剧力求还原历史，在礼仪制度、服饰容装、建筑式样等方面纤毫毕现、于史有据，让观众感受到了历史文化之美。（举古装剧在还原历史上的努力。）这也启发我们：当学术大牛邂逅热捧网游（“学术大牛”“热捧网游”，措辞高级），在价值观的把握之外，从人物性格、风土人情、民俗服饰等细节处，提供文化考据与细节补充，扎实构建一个宏观视野、科学面向、人文关怀兼具的游戏世界，或许也能带给玩家一些历史的知识与启发。（由古装剧的做法类推：网游也可在提供历史文化考据与细节补充上做出自己的努力。）（本段重在阐述网络游戏不必与历史绝缘，同样可在带给玩家一些历史知识与启发上做出自己的努力。）

历史是塑造民族认同、捍卫国家记忆的教育，盛衰兴亡之机都在历史的一言一说、一笔一画（借代很形象）中得以传承和熔铸。（这句话揭示历史教育的意义。）此前，刻意歪曲历史的电视剧、漏洞百出的历史讲座不时出现，让观者颇感不适，让学者颇为不满。（言明当下对待历史的一些不端行为，启发网络游戏要划定好游戏与历史的边界。）这也说明，网络游戏如何划定游戏与历史的边界，是一个尤为重要的命题。既然打出了历史文化的招牌，就要多一分社会责任，让更多人在网络空间里与厚重的文化相互渗透、彼此镶嵌。（“镶嵌”这个词来得神！）（本段阐述网络游戏打开历史文化的正确姿势：要多一分社会责任。）

近年来，中国游戏产业一路高歌猛进，用户增长曲线日渐上扬，网络游戏对社会公众尤其是青年人的影响力不容小觑。（“高歌猛进”“日渐上扬”，显示网络游戏的影响力日益增大。）如何打破网络游戏被“污名化”的现状，完善游戏的主题观念、改善游戏的内容价值、提升游戏的制作品位，需要制作方、平台方下一番功夫。（网络游戏存在被“污名化”的现状。）邀请学术名家走出象牙塔，成为历史文化的宣传员，从而激发网络游戏的内容价值，不失为一种有益的尝试。（结尾段归结：网络游戏如能正确打开历史文化，则可有效打破其被“污名化”的现状。）

总评

本文重在阐述网络游戏打开历史文化的正确姿势，那就是：虽不必完全合于史实，但也最好能注入正确的历史价值观，让具体情节符合历史时期基本的历史逻辑和历史细节。这种观点比较思辨——既不主张与史实全黏，也不主张与史实全脱，与词的换片写法很相似，可谓实事求是、客观中肯，富有中和之美。在对两种对立的观点进行权衡思考时，作者也不是片面绝对，而是先肯定对立一方观点一定的可取处，然后再集中论证己方观点的可行性：这种写法可避免说过头话，使论述更周全缜密。同时文章还多处采用类比论证，用文艺作品对历史的传播、古装剧还原历史的做法等来类推网络游戏打开历史文化的正确姿势，这样写就显得自然亲和、通俗易懂。就这个话题还补充一笔：据说日本光荣公司的《三国志》系列，每一位三国人物都有列传，还分别标注了哪些是正史记载，哪些是演义美化；法国育碧的刺客信条系列也是把史实尽可能还原在游戏里……这些做法值得借鉴。

2G 退场：是技术更迭，也与记忆挥别

写作关键词：手机通信　一线贯珠　春秋笔法

作者：杨翘楚　人民日报评论　2020 年 11 月 17 日　　点评：周勇林

“退场”意味着告别，故而照应后面的“挥别”，它是伴随着技术的迭代而“退”，又蕴含因果，加之与“记忆”勾连，词义丰富。“迭”与“别”押韵，读之朗朗上口。

最近，有通信运营商宣布，最快到明年底实现 2G 通信网的全面退网，同时 3G 也将逐渐淡出，最终形成 4G+5G 的极简目标网。消息一出，引来不少讨论：“我人生的第一台手机终于要变成砖头了”“好怀念那个短信不只是验证码的时代”“老人机用户未来怎么办”……今天，我们就来聊聊这件事。（第一段谈手机网络升级引发讨论。）

时代洪流滚滚向前，移动网络的更新换代也是行业发展的必然。今天，并不迅捷的 2G 网络占用着优质频段，一定程度上影响了通信发展的空间，还因为不菲的维护费用给通信企业带去不小的负担。（原因一：耗费资源。）此外，2G 网络的安全性也饱受诟病，“假基站”等电信诈骗趁虚而入，让人焦头烂额。（原因二：安全性差。）从这个角度来说，逐步关停 2G 服务正是通信业的瘦身健体之策。（第二段讲关停 2G 的原因。）

从世界范围来看，电信发展通常也伴随着“优胜劣汰”。2009 年，彼时还是 3G 的“美好时代”，日本几家电信公司就早早地停掉了 2G 服务，随后芬兰、韩国等国家也相继关闭了这一网络。（“优胜劣汰”下的关停是行业常规。）当然，相比于一关了之，国内 2G 全面退网的节奏可谓循序渐进。今年 5 月，工信部表示，加快 5G 新基建的任务之一，就是推动 2G、3G 的迁移转网。通信运营商也表态，2G 用户未来可免费换卡，“轻松一步”就能跟上时代潮流。在升级换代的冷峻之外，不忘公平普惠的温情，这场谢幕才不至于太过仓促。（“循序渐进”“迁移转网”“免费换卡”，体现出了“温情”。历史终归告别，但记忆不会褪色。第三段讲 2G 退网采取的措施。）

只不过，对很多人来说，2G 退网不只是一种技术的更迭，更是一份记忆的挥别。（第四段承上启下，谈“记忆的挥别”。这是总起句，统领下面第五段至第七段。）

1995 年，是接入国际互联网的第二年，我国开始了 GSM 制式 2G 网络的建设。还记得那个时候，“大哥大”只能支持语音通话功能。虽然经常会信号不佳、串号串台，但就是几斤重的黑色硬壳，超越了通信功能本身，成为一个时代的象征。（当时对于个人而言，“大哥大”是身份地位财富的象征，对于社会而言，“大哥大”意味着进入一个移动通信的时代。）彼时彼刻，有事打传呼、IC 卡回拨，是更多人兼顾经济与便捷的通信选择。（记忆之一：早期的移动通信群体图。）

千禧年后，体积更小、价格更低、待机时间更长的手机进入千家万户，越来越多的人养成了随时随地时刻联络的习惯。从硬核的直板机、炫酷的翻盖机再到随机附送电子笔的触屏手机，输入与交流变得越来越顺畅。（“千家万户”“越来越多”“越来越顺畅”可见短短数年，国人在通信上翻天覆地的变化。这既是时代科技的进步，也是人们生活富足的体现。手机这种“旧时王谢堂前燕”，已“飞入寻常百姓家”。）也正是在那个诺基亚风头一时无两的年代，短小精悍却连载不停的“短信文学”应运而生；

每个月几块钱的“手机报”带来不一样的阅读体验；咳嗽声不一定是谁病了，也可能是新的好友申请；课堂上传来的“滴滴滴滴”，成了一代人难忘的青春记忆。（这些正是 2G 时代有关手机的记忆特征。记忆之二：2G 时代大众的手机使用图。）

从 3G 推广到 4G 普及，再到 5G 兴起，人们关注的焦点从“流量够不够用”变成“速度够不够快”，即时通信、手机网购、移动支付、电子竞技也从美好的设想变成了经济版图的重要部分。（越过 2G 后的时代更美好。）更重要的是，往日里那个希望能够“越过长城，走向世界”的国家，也在无数的挑战与坚持后，完成了在通信标准上“3G 登台、4G 并跑、5G 领跑”的历史性跨越。（一部移动通信史，也是中国的奋斗追赶超越领跑史。记忆之三：中国移动通信的发展图。）

时至今日，从短信、微信到拍照、购物，握在手里的方寸屏，甚至被称为“身体延伸的一部分”；从文字消息、图文直播再到短视频、实时互动，移动网络改变着人与人互动的形态，重塑着人们感知世界的方式。（作为人体的“外挂器官”，手机已与人们密不可分。）然而无论技术如何变迁，对真挚的渴望、对远方的关怀、对未知的好奇、对便捷的追求，一直都未曾改变。在这个意义上说，手机也好，移动网络也罢，它们是通信工具，更是情感载体。（技术在变，但蕴含背后的人们的需求不变。第八段讲以手机为代表的通信技术中的“变”与“不变”。）

在 2G 退场的时候，不妨想想那部闪烁着“E”的手机，看看斑驳的往事，翻翻尘封的回忆，或许会别有一番滋味涌上心头。（这“滋味”，除了个人记忆的差异，更含有对时代、国家、社会发展的咏叹。）这正是：通信翻天覆地，依依挥别 2G。昔日鲜活往事，未来足资回忆。（最后一段照应开头，呼应文题。重申 2G 退场，记忆上头。）

总评

上世纪 50 年代流行一句话："楼上楼下，电灯电话。"作为人们对美好生活的期待，它在 60 年代、70 年代、80 年代广为人知，可到了 90 年代后，它就不香了。因为手机来了。文章借"2G 退场"这一个片段来写，展现的是一个广大的时空场景，这里有技术的发展，也有时代的记忆，如此全面的内容，该如何组织？作者巧妙地利用"手机"这一物件，串联起了文章各个部分：网络的更迭、记忆的图景、当下的通信。由首到尾，一线贯通，可谓严谨精妙！除此之外，文章里还做到了"器、术、道"的统一。"器"是手机，"术"是通信技术，"道"是国家的发展。手机的进化与变化，网络 2G 到 5G 的迭代，反映的是通信技术的进步，故而"器"是"术"的表征。《孙子兵法》云："道为术之灵，术为道之体。""术"是"道"的体征，"道"是核心和灵魂，那么文中谈及通信技术的退场升级，用意何在？"道"在何处？原来这都是匠心安排：从手机的角度折射出技术，从技术的角度折射出一个国家的兴盛、百姓的富足。改革开放后的励精图治带来了 5G 领跑，社会高速稳定的发展带来记忆的跨越。2G 在退场，但这段发展的辉煌不会退场；记忆可挥别，但这个民族的自信和隆昌的国运，无法告别。这正是：前途似海，来日方长！与天不老，与国无疆！全文没有通过感情强烈的词语或议论性的语句直白表达这一主题，而是在叙写中不动声色，通过"器""术""道"的相统一阐明了主旨，可谓运用之妙，存乎一心。

太阳也能人造？我们离终极能源梦想还有多远？

写作关键词：新型能源　叙议结合　严谨准确

作者：吴月辉　人民日报评论　2021 年 6 月 8 日　　点评：周勇林

两处设问吸人眼球：第一问惊动人心，话题瞩目，让人觉得不可思议，难以置信；第二问涉及应用，又关“终极”梦想，让人无限期待之余又留下悬念。

5 月 28 日凌晨 3 时 02 分，在中科院合肥物质科学研究院控制大厅，当大屏幕上的数字突破 100 秒时，在场所有人都兴奋不已、欢呼雀跃。（时间精确、地点明确、数字严密，这是一重大历史时刻，画面感体现出了见证的时刻。）基于 40 多年努力（奋斗时间之长），有“人造太阳”之称的全超导托卡马克核聚变实验装置（EAST）创造了新的世界纪录（功绩之高），成功实现可重复的 1.2 亿摄氏度 101 秒和 1.6 亿摄氏度 20 秒等离子体运行，向核聚变能源应用迈出重要一步。（“可重复”意义重大，说明是可控的。用具体数字说话，描述所取得的成就。）今天，我们就来聊聊这个话题。（第一段简述我国“人造太阳”实验取得巨大成功。）

我们常说，万物生长靠太阳。在太阳内部无时无刻不在发生着核聚变，为大自然带来最普遍的能量来源。（一个“靠”说明太阳能源的重要性。）从上世纪 50 年代开始，人们就发现这种核聚变能具有很多优点，是人类未来理想的清洁能源之一。比如，它的原料储量极其丰富，因为其主要燃料是存在于海水之中的氘和氚。（优点一：原料丰富。）一升海水提取的氘能产生的聚变能源，相当于 300 升汽油。（优点二：能量密度高。）另外，氘和氚反应的生成物是氦气，没有放射性，对环境无害。（优点三：环保无害。）而且，一旦造成反应的等离子体熄灭，聚变反应会终止，因此聚变燃料的保存运输、聚变电站的运行都比较安全。（优点四：安全可靠。第二段阐述核聚变能的优势。）

那么，这么好的能源如何才能为我们人类所获取并利用？（这是人类共同关注的问题。）科学家们想到一个好办法，就是在地球上建造一套核聚变装置，像太阳一样发生核聚变反应，从而源源不断地产生能量。（“源源不断”表明一旦实现，功在千秋。）这种大科学装置也被称为“人造太阳”。随后，利用这种装置产生核聚变能的科学可行性也得到了进一步的验证。（理论设想需要实践“验证”，“可行性”不代表“成功性”。第三段指出利用核聚变能的装置是“人造太阳”。）

然而，要真正实现核聚变发电并不容易，最大的两个难点是实现上亿摄氏度点火和稳定长时间约束控制，这中间涉及大量需要解决的理论和实践问题。（可谓困难重重。）据科研人员介绍，想实现聚变反应，首先温度要达到 1 亿摄氏度以上（温度之高超出想象），使聚变燃料完全电离，并在保证等离子体密度的前提下，将高温等离子体维持相对足够长的时间，不泄漏不逃逸（技术要求苛刻），才可能释放出足够多的能量。为攻克这两大难关，几十年来，各国科学家一直在不断进行探索和实验。（“各国科学家”“几十年”说明全人类在攻关，耗时之长，足见其技术之尖端，困难之大，对比下可见我国研究取得的进步与成就之大。第四段阐述核聚变发电的两大难点。）

由我国自主设计和建造的 EAST，是目前地球上已建成并运行的“人造太阳”

装置之一，它的主机部分高 11 米、直径达 8 米、重约 400 吨，曾多次创造出等离子体运行的世界纪录。（“曾多次”意味着业绩辉煌。）此次，EAST 实验首次在国际上采用全金属主动水冷第一壁、高性能钨偏滤器等关键技术，刷新世界纪录，意味着人类让核聚变成为未来清洁新能源的努力，又取得了一次突破性进展。（“首次”“刷新世界纪录”“突破性进展”，说明我国技术的先进性。第五段介绍我国“人造太阳”装置 EAST。）

可控核聚变技术不仅仅考验着一个国家的物理水平，同时也考验着一个国家的综合实力，比如精加工零件技术、常温超导技术、高能粒子束技术等。近年来，中国不断在多个领域取得突破性进展，这为我们的核聚变技术打下了坚实基础（真是“为有源头活水来”），让中国迅速成为可控核聚变研究的强国。（第六段阐述我国能成为可控核聚变研究强国的原因。）

此外，尽管“聚变发电”的梦想仍然遥远，但伴随着聚变研究带来的衍生和伴随技术，比如真空、射频、强磁场等技术已经广泛应用，无论是在科技前沿，还是民生领域，都展现出了无可比拟的优势，给科学研究和民众生活带来很大改变。（第七段讲聚变研究带来的益处。）

“可控核聚变”被视为人类的终极能源梦想，如果能够实现，将彻底改写人类的能源版图。（“终极”“彻底改写”可见实现“可控核聚变”技术带来的翻天覆地式的变革。）托卡马克核聚变实验装置被公认为是探索、解决未来稳态聚变反应堆工程及物理问题的最有效的途径，是地球寻找聚变能源出路的希望。（“公认”是共识，“最有效”是效率。说明此种研究方向的正确性。）未来，如果能较长时间维持 1 亿摄氏度的高温，实现接近 1000 秒的放电时间，将证明人类距离解决核聚变商业化应用的步伐更进一步。（联系我们现已取得的成就，感觉未来可期。第八段阐明可控核聚变研究的巨大现实意义。）

每一秒的增长，在科学上都具有极高的难度，背后是科研人员夜以继日的艰苦攻关。让我们期待，在世界各国科学家的共同努力下，核聚变能可以早日为人类所掌握和利用，实现清洁能源的梦想，让“人造太阳”也能温暖大地。这正是：“人造太阳”放光芒，能源梦想正点亮。（最后一段期待科技攻关核聚变能造福人类。）

总评

人类社会的进步史，也可以说是一部能源利用进化史。从早期的钻木取火到化石能源、电能，再到核裂变能源，每一步都是在攀爬科技的高峰。如果人类掌握利用核聚变技术，那么全世界的能源痛点即将消除，前景何其美好！全文在谈论“终极能源”这个问题时，思维严密，层次清晰。首先由我国“人造太阳”实验成功引出核聚变能，接着介绍它的优势、利用的途径与技术难点，再阐述我国 EAST 取得的成就及原因，最后阐述聚变能利用的巨大意义。在谈论核聚变这个顶尖技术时，文章并不高深晦涩，相反用语平实，采用大量的叙述为议论作了铺垫。例如详述核聚变能的优点来论证其“理想清洁”；仔细阐述核聚变发电的两大难点、我国“人造太阳”装置，对比之下论说我国技术的先进性，做到了叙议相结合。此外，全文表述严谨准确，对实验的结果、取得的成就、EAST 的介绍，多用数字来说话，精准可信。“是人类未来理想的清洁能源之一”“已建成并运行的‘人造太阳’装置之一”“‘可控核聚变’被视为……实验装置被公认为……”，再加上大量的“如果……将……”的句式表达，无一不体现了行文用词的公允、谨严。

中国航天人的浪漫，是把满天神话变成现实

写作关键词：深空探索　例证典型　立意高远

作者：钟于　人民日报评论　2021 年 5 月 18 日　　点评：周勇林

“浪漫”的本义是富有诗意，充满幻想。中国航天人把充满幻想的神话变成了现实，何其壮观！此等壮举最诗意，这才是真正的“浪漫”。“浪漫”一词在文题中语义丰赡，既含诗意又含夸赞。

经过长达近 7 个月的“奔火”之旅和 3 个月的“环火”探测（具体数字说明时间之久，任务艰巨，若有一丝差错，定会功亏一篑），5 月 15 日早晨，“天问一号”成功着陆，火星首次留下中国人的印迹，中国航天再次迎来历史性时刻！（这是中国人的骄傲，也是中国航天的高光时刻。“首次”强调意义重大，“再次”说明成就很多。）而随着“天问一号”成功“落火”，那些背后耕耘的航天人也走入公众视野。今天，我们就来聊聊这些仰望星空、脚踏实地的航天人。（历史性的伟绩由人书写，首段由幕前的辉煌关注到幕后的主体，引出论说对象中国航天人。）

“遂古之初，谁传道之？上下未形，何由考之？”（出自屈原《楚辞》中《天问》篇，意思是：天地之始，远古之初，是谁将道传递这个宇宙？天地宇宙都没有形成，更何况于人了，那么我们作为人类，用什么样的认知角度去考察这个传道者是谁呢？）从古至今，人们对宇宙的追问、对天地的探寻从未停止过。“天问”是梦想与激情的产物，

也是勇气和坚持的结果（2020年4月24日，中国行星探测任务被正式命名为“天问系列”），串联着过去、现在和未来，开启了一场穿越时空的对话，寄托着国人对遥远星空和未知宇宙的无尽憧憬。（“是……也是……”强调来之不易，“串联”“开启”“寄托”点明作用巨大。第二段点明“天问一号”成功的重大意义。）

寻找答案，需要天马行空的想象，更离不开脚踏实地的探索。（分论点一。写人，离不开绘精神。此处“想象”与“探索”对举，既仰望星空，又“脚踏实地”。）在“天问一号”开启长途跋涉之前，中国的航天人走过了更远的路程。一组数字最为直观真切：“10年前筹划，千军万马为之奋斗了6年，我们在发射场坚守了110天，在北京航天飞行控制中心坚持了202天（凡事预则立，数字表明筹划久，奋斗历程长，坚持时间长），取得首战告捷就是环绕火星，之后到今天又坚守了93天”，可谓是“十年磨一剑”。（第三段阐述成功的原因之一是脚踏实地探索。）

成如容易却艰辛。一朝圆梦，背后是成千上万航天人日日夜夜的钻研攻关、细密筹谋。（分论点二。天下大事必作于细，天下难事必作于易。一件浩瀚的工程，凝结其中的必然有“成千上万”人“日日夜夜”的付出。）数据显示，自上世纪60年代，人类开启火星探测活动以来，只有53%的任务成功或部分成功；（成功率之低。）着陆任务中，成功率不到50%。（一次性成功完成探测和着陆任务，成功率变成26.5%，可见难度之大。）“天问一号”计划通过一次发射，同时实现“绕、着、巡”三大任务，既要实现环绕，又要实现着陆，还要实现巡视，这在国际上尚属首次。（一次发射要完成三大任务，这简直是不可能完成的任务，“国际上尚属首次”表明了取得的成就之大。）“着”是三大任务的第二步，也是最具挑战性的一步。此前一些失败的火星探测任务，大多在此“折戟”。（借他人失败案例，说明任务凶险。）程序复杂、环环相扣，这意味着，任何一个环节出现细微的偏差，结果都可能差之千里，可谓险象环生，背后的压力亦可想而知。（失之毫厘，谬以千里；疾风知劲草，危难识英雄。任务越是艰巨，越显中国航天人的坚毅；越是前人未走过的路，越显中国航天人的担当。第四段阐述成功的原因之二是日夜的钻研筹谋。）

“天问一号”顺利着陆的那一刻，北京航天飞行控制中心里，不少人激动落泪，其中一位是我国首次火星探测任务工程的总设计师张荣桥。这是喜极而泣，也是如释重负（泪是庆贺，也是释放），张荣桥说这眼泪“又甜又咸”。（“甜”是喜悦，“咸”是艰辛。）镜头中，一闪而过的单人床（为科研抛家弃舍）、写满数据的黑板（与科研“摸爬滚打”），连同他脚上的布鞋、头上的斑斑白发（“布鞋”是生活简朴，“白发”是献出了青春，这四物象勾勒出航天英雄的日常形象），让航天人能吃苦、能战斗、能奉献的精神愈加熠熠生辉，让人无比动容。（借点概面，通过对张荣桥的描写，写出航天人群体的“能吃苦、能战斗、能奉献”的精神。正如鲁迅所言：“我们从古以来，就有埋头苦干的人，有拼命硬干的人……这就是中国的脊梁。”典型例证一。）

在这一众激动者中，控制中心也有一位姑娘异常平静、镇定，引起了网友关注。（同中有异，异在神态，异在性别。此处刻画第二个人物，也是对航天群体进一步画像。）她是“90 后”鲍硕，是该中心组建 40 年来的第一位女调度。“嫦娥五号”“天问一号”的总调度都由她担纲。（“90 后”意味着年轻，“第一位”意味着航天队伍人员结构的新变化，“总调度”说明年轻人担起重任。）“天问一号”成功着陆后，控制中心掌声、欢呼声此起彼伏，热闹异常。而她始终保持稳定的语速，准确地发出一条条指令，收获许多网友点赞。（广阔背景中的人物特写，突出了她专注、专业、专心的特点。）她说，“这个岗位上 40 年来都没有过女生，我一定要开个好头”。（引语展现了年轻群体的精神，更是巾帼不让须眉的气概。此是典型例证二。）其实，近年来的航天领域，一直不乏“80 后”“90 后”的青春身影，也不缺像鲍硕这样的巾帼英雄。（“不乏”“不缺”展现了英雄辈出，长江后浪推前浪之势。）从激动落泪的总设计师，到淡定指挥的“90 后”女调度，他们勾勒出一代代航天人奋斗的群像，也用实力证明，为国出力，不分年龄，更不分性别。（第五、六两段通过对个体和群体画像，展现中国航天人为国出力的精神风貌，为上文的分论点提供了有力支撑。）

有人说“中国航天人的浪漫是把满天神话变成现实”，的确，从“嫦娥”问月、“北斗”指路到“天宫”揽胜、“天问”探火，这些年来，在一代代中国航天人的埋头苦干、接续奋斗下，浪漫想象和硬核科技不断碰撞，我们的脚步不断迈向宇宙深处、更深处，一点点揭开古老神话中宇宙的神秘面纱。（正是“苦干”才能把“浪漫想象”显影成现实，才能让我们脚步迈向星辰大海。）待到“祝融号”火星车出巡，火星的第一手资料将呈现在大家面前，让我们一起期待吧。（大功告成，更待凯旋，美妙可触，美景可期，文末洋溢着自豪与期盼。结尾盛赞中国航天人的功劳。）

总评

“浪漫”，是一件怡人可心的美。“浪漫”也分层次：“我能想到最浪漫的事，就是和你一起慢慢变老”，情歌里咏唱的是个人的“浪漫”；“上可九天揽月，下可五洋捉鳖”，是中国科技人的浪漫；“中华儿女多奇志，敢教日月换新天”，是咱们国家民族的浪漫。中国的崛起，国人的自豪，离不开代代科技人为国出力、为国效命的忘我付出。文章通过对中国航天人的描写，展现的就是这种可贵的精神。文章精心挑选了总设计师张荣桥和“90 后”女调度鲍硕两个人物事例，选例典型，十分具有说服力，展现的是整个航天人群体，从老到少，从男到女 ，从上级到下级，用奉献托举起中国的航天梦，通过这些事例也论证了“一朝圆梦，背后是成千上万航天人日日夜夜的钻研攻关、细密筹谋”的观点。此外，文章在立意上别有特色，其一是勾连古今，把梦想神话与现实未来相串联，更显丰富和底蕴。其二是赞誉中国航天人，没有堆砌事迹，而是巧妙地把成就壮举内化成“浪漫”：科研本苦，“航天人能吃苦、能战斗、能奉献”是精神上的浪漫；神话遥远，变成现实，是事业上的浪漫；代代苦干，为国出力，这是一个团体的浪漫……从“浪漫”角度立意，既富于诗意，又饱含实义。

时速600公里的高速磁浮列车来了，我们离“贴地飞行”还有多远？

写作关键词：高速铁路　巧用对比　气脉和畅

作者：张凡　人民日报评论　2021年7月3日　　点评：周勇林

数字“600”震撼人心，“贴地飞行”形象贴切，设问引悬念，在期盼中激发读者兴趣。

最近，一条铁路领域的消息引发广泛关注——我国磁悬浮列车研发再迎新突破，时速600公里的高速磁浮试验样车在上海成功试跑。（“再”说明又一次，体现了我国科技的日新月异。）看到这一消息，可能很多人心里都有不少问号：时速600公里的高速磁浮，安全吗？我国已经是高铁大国，为什么还要研发高速磁浮？样车试跑成功，离商业应用还有多远？（三问层层递进，从最受关注的“安全”到产业发展到社会应用。）今天，我们就来聊聊这个话题。（首段引新闻来阐述话题。）

提到高速磁浮列车，很多人会将其行驶比喻为“贴地飞行”。这种“飞”一样的速度，主要是源于磁浮技术，可以使列车克服重力悬浮或吸浮于轨道上，不会产生轮轨摩擦，只受空气阻力影响，从而实现超高速的运行。（点明能“飞”的技术原理。）上世纪末，当德国埃姆斯兰磁浮试验线、日本山梨磁浮试验线上的列车，以令人震惊的400至500公里的时速飞驰时，整个世界对列车速度极限的认识再一次被刷新。（引述史实，数据惊人，既说明了磁悬浮技术的先进性，也为后文的“中国速度”做了心理锚定。）而对于当时铁路平均运行时速仅 60.3 公里、最高时速仅 160 公里的中国来说，这样的“超速列车”，更是激荡着人们无尽的想象。（对比中有差距，缩小这差距恰是中国人奋斗的方向。第二段阐述高速磁浮列车运行原理及历史。）

所以，当初建设京沪高铁的设想出现后，“京沪高速铁路是否可以采用磁悬浮技术”的疑问，一时间成为众多人关注的焦点，而激烈的“磁轮之争”更是持续了近 7 年之久。（关注之久，争论之长，表现了人们的热情。）虽然最终磁浮技术因为造价、技术掌握程度、与现有铁路体系兼容性等问题而“落败”，但磁浮列车所承载的中国人对更快速度的追求、对打造便捷高效交通体系的梦想一直在延续，对磁浮交通技术的国产化和创新研究一直在进行。正是因为多年的坚持，才有了今天的突破。（客观落败，梦想不败。）从没有一寸高铁到高铁里程世界最长，从时速 350 公里的高铁时代，到今天时速 600 公里的高速磁浮带来“磁浮时代”的全新想象，中国铁路在不断提速、不断超越中，书写着让世界惊叹的奇迹。（正是这种求真求新的精神，让中国高铁成为中国名片，代表着一个民族的品牌。第三段阐述中国高速磁浮的发展历史。）

如今，我国高速铁路遍布全国，在已经拥有相对完善的高速铁路网的情况下，为什么还要研制时速 600 公里的高速磁浮？（全世界 No.1 的中国高速铁路已是最强，何要更强？疑问句更能体现中国人永不停歇的追求精神。）从技术上来说，高速磁浮拥有着更快运输速度、更强适应能力、安全、受气候条件影响更小等多种优势；从实际需求来说，它也具有着丰富的应用场景。比如，应用于“走廊化”交通，在大型城市之间或城市群之间形成高速走廊；再比如，应用于“通勤化”交通，实现城市群内部相邻城市的城际连接，打造半小时通勤圈、一小时都市圈等。特别是随着今天我们大力推动城市群建设、推动区域协同发展，对更高速度的运输系统其实也存在着更强的需求。（第四段讲我国研制高速磁浮的原因。）

与十几年前那次“败北”相比，今天我们推动高速磁浮，显然有着更强的自信。（信心来源于实力。）2003 年上海磁浮线运行时，技术几乎全是“德国进口”，而如今我国运行的中低速磁浮铁路，比如长沙磁浮，已经是百分百的“中国出品”。现在，高速磁浮试验样车成功试跑，更见证着我们在技术上的迈进，增强着继续推动项目实施的信心。（从进口到国产，见证的是国家的进步。）但这是否意味着我们要大面积建设高速磁浮，甚至取代现有高铁网络？答案可能也并非如此。正如当前交通业内所达成的共识：高速磁浮和高铁网络并不会产生冲突。（相融相合，各领风骚。）在可预见的未来，人们更倾向于认为，高速磁浮是对现有交通网络的一种补充，它可以填补飞机和高铁之间的速度空白，形成差异化的服务。（高速磁浮的应用价值。第五段讲我国发展高速磁浮的技术自信及应用价值。）

速度，是铁路发展的重要标志，高速磁浮项目更是大国抢夺的战略性新兴产业制高点。（意义重大，上升到国家战略层面。）如今，不少国家都正在研发自己的磁浮系统，马斯克更是在设计推进 1000 公里时速的胶囊列车。（竞争激烈，形势严峻，我们迟缓不得。）而磁浮技术，也刻印在我们前进的征程上。去年印发的《交通强国建设纲要》里提出，合理统筹安排时速 600 公里级高速磁悬浮系统的技术储备研发；在《长江三角洲区域一体化发展规划纲要》里写道，积极审慎开展沪杭等磁悬浮项目规划研究。（引用权威文件，说明我国在积极行动。）“合理统筹安排”“积极审慎”，也代表着我们今天对待磁浮技术的态度。（态度落实才会推动行动，相比于之前的“七年之争”，突出了我国在抢夺战略性新兴产业制高点上的决心和力度。）我们既要追逐“更快、更强”的梦想，加强对可能引发交通产业变革的前瞻性、颠覆性技术的研究，同时也要审慎的行动，为技术的发展应用寻找到最合适的空间。（梦想是蓝图，理智作引导，慎行是步骤，展现出中国人勇攀科技高峰的稳健身影。第六段讲我国发展高速磁浮的态度与策略。）

今天，我们离乘坐一条真正能“飞起来”的磁浮线可能还有一定距离，但我们守望梦想、不断超越的努力，从未远离。这正是：“飞行”列车近在前，磁浮技术谱新篇。（“距离”恰是“努力”的空间，也是梦想的留白。文末信心满满，激情满怀，让人振奋。尾段阐述我们一直在努力。）

总评

截至 2021 年底，我国高速铁路运营里程超过 4 万公里，占世界总量的三分之二以上，总里程比第二名到第十名加起来的和还要多。我们在这篇文章里看到的是它如何自我革新、永不止步。中国高铁走向世界，擦亮了“中国速度”的名片。之所以能有这一天，从我国高速磁浮的研制也可窥一斑。行文中采用了大量对比，国外对比国内——时速 400 多公里的“超速列车”对比我们的均速“60.3”；自己对比自己——过去最高 160 到现在 600，过去技术“德国进口”到现在百分之百“中国出品”，过去论争“7 年之久”到现在“积极审慎”。在对比中我们看到了中国的进步、追赶的脚步、领跑的舞步，更能领略这背后中国人奋斗的精神和逐梦的自信。此外，文章娓娓道来，气脉相连。开头提出高速磁浮后，接着介绍原理和历史，再谈及我国研制，最后讲我们的态度与策略，整体上思路清晰通畅，结构凝练有力。

科学琴键也演奏着人文旋律

写作关键词：科学人文　二元思辨　段落架构

作者：喻思南　人民日报评论　2022年1月13日　　点评：徐小平

比喻通灵，二元和谐，神来之笔。

近日，在中国科学院发布的“中国天眼”最新成果中，一段来自宇宙深处的“声波”——快速射电暴（FRB）触动了人们的浪漫想象，甚至有网友说：“外星人给我们唱小曲”；与此同时，也引发了人们对生命的思考，科学与人文产生了奇妙的碰撞。（由对宇宙声波的浪漫想象，开启科学与人文的奇妙碰撞，用料新鲜，引入自然。）事实上，从发现引力波到“看到”黑洞，从古生物探秘到现代基因突破，剖开层层专业术语就会发现，科学研究在增进人们知识的同时，还是人们认识世界、理解自己的桥梁（连用“从……到……”，表明科学在表达知识的“真”同时也在演绎着生命的“美”），科学的琴键也演奏着人文的旋律。（首段点面结合，由宇宙深处的“声波”引发人们对生命的思考导入，进而拓展出一系列科学研究对人们认识世界的引导，顺势提出论点：科学的琴键也演奏着人文的旋律。）

科学有大美。科学以客观自然世界为研究对象，其人文意蕴，首先在于它拓展了人们的审美空间。（首先提出科学的人文意蕴在于它拓展了人们的审美空间。）如果说以文学、音乐为代表的艺术创作，打开的是感性审美世界，科学活动则将美延伸到理性世界，给人以智性的享受。（“如果……则……”句通过与艺术对比指明科学带给人的是智性的审美。）数学是科学描绘世界的主要语言，数学家兼哲学家罗素认为：“数学，如果我们正确地看它，它不但拥有真理，而且也具有至高的美。”（用数学家兼哲学家罗素的话有力地证明了科学拥有大美。）大到宇宙星云，小到基本粒子，长如百亿年，短到一瞬间，都能用简洁的方程式呈现。这些方程就像美妙的诗篇，用最浓缩的“语言”，表达了无边无际的时空存在。（用最浓缩表达最丰富，用最有限表达最无限，这正是一种艺术大美。）正如有人赞叹的，数学家创立的公式犹如但丁《神曲》中的诗句，黎曼几何与钢琴协奏曲一样优美。（将数学比作诗句，比作乐曲，回应了题目。）（本段采用对比论证、引用论证、比喻论证阐述了科学能带给人智性的大美。）

更为重要的是，科学追求卓越，这一丰富心灵、感受审美的过程，本身就与人文相通。（进一步阐明科学追求卓越也与人文相通。）科学研究的魅力在于揭开表面上的纷繁杂乱，发现现象背后的一致性规律，找出自然宇宙中的和谐统一。（科学研究的魅力在于化繁为简，合众归一。）它带给人的幸福感源于探索自然、验证未知的兴奋、终见光明的满足，以及发现真理时的不朽之感。这份体验是非世俗、超功利的，由于契合了人对真善美的情感需求，因而是迷人的、永恒的。（科学研究追求卓越的过程中带给人的那种兴奋、满足、不朽的幸福体验是超功利的，因而也是审美的。）从这一点看，科学研究带来的心灵享受和震撼，足以和那些伟大的艺术作品相媲美。（本段进一步阐述科学研究追求卓越的非功利性能带给人心灵享受和震撼。）

流连于艺术人文之中，并不有碍于科学研究，相反往往还是创新的源泉。（反过来，艺术人文也能促进科学创新。）早年，不少科学家也是优秀的作家或艺术家。现代学科高度分工后，如今在科学、艺术两方面均取得高成就的难度很大，可热爱艺术似乎是很多科学大师共同的心灵秘密。（“心灵密码”，足见艺术对科学的启迪）以音乐和物理学为例，爱因斯坦曾如是阐述艺术和科学的关系。他说，音乐创造和物理研究的起源不同，可是被共同的目标联系着，这就是对未知的探求。（爱因斯坦的事例证明音乐与物理都有着对未知的探求。）钱学森曾把在科学研究做出成绩的原因，归功于夫人——著名女高音歌唱家蒋英，因为她给了自己诗情画意，从而更深刻地了解了人生，在科研道路上避免了形而上学和机械论。（钱学森的事例证明音乐可以避免科学研究陷入形而上学和机械论。）法国文豪福楼拜说，“科学与艺术在山脚分手，在山顶重逢”。（采用比喻、拟人，生动形象地说明了科学与人文都追求卓越，都助力于人的全面发展。）可见，科学与人文展现都是人们追求崇高、卓越的精神，是对超越生命有限性的向往，它们的内核一致，统一于人的全面发展之中。（本段主要采用事例论证阐述了艺术人文往往能促进科学创新，两者统一于人的全面发展中。）

进而言之，在求索未知阶梯上不断攀登，艺术与科学可以相互激发。（更进一层，艺术与科学还可以互相激发，承接上文“在山顶重逢”的意脉。）原创性的科学发现、颠覆性的科学创新、“从 0 到 1”的科学突破，都需要激发想象力、创造力，获得电光火石（应为“电光石火”，指闪电和燧石的火光，比喻事物转瞬即逝）般的灵感。而这，离不开科学与人文的携手同行。（科学需要艺术激发想象力、创造力。）当前，我们正走在建设世界科技强国的征程上。无论是探索未知奥秘，还是攻克“卡脖子”难题，无论是加强基础研究，还是提供科技解决方案，都离不开科学精神的支撑，而科学精神则需要人文精神的滋养。（艺术人文需要科学精神作支撑。）促进科学与人文融合，不仅能树立科技为民、科技向善的价值导向和人文温度，更能为科技创新带来丰富的源头活水。（尾段解决问题，指出科技与人文不仅可以互相激发，而且两者融合，将会有助于科学的向善、向美、向新。）

总评

“科学与人文”属于关系型话题，且属于“有此有彼”的并列共存式关系。对于这种关系，可以着重阐述它们的相辅相成。比如这篇评论，首先重点阐述科学也富有人文性：一是可以带来智性的大美，二是可以带来追求卓越的享受；随后阐述艺术人文往往也能促进科学创新；最后合二为一，指出科技与人文不仅可以互相激发，而且科技与人文融合，将会有助于科学的向善、向美、向新。在二者关系中，以人文对科学的影响为重点。类似的高考话题比如“相信自己与善于听取别人意见”“自我认识和客观评价”“谦虚与表现”“平凡与自豪”“水的灵动与山的沉稳”“疫情中的距离与联系”等，都可以借鉴下这篇评论的写法。且这篇评论的倒数第二段，可谓高标议论段。先是论点句、阐释句，紧接着是爱因斯坦、钱学森两个例证句，随后用福楼拜的引证句承上启下，最后用“可见”句对前面例证和引证进行阐释与归结。如此架构，使得段落既富有“科学”的严谨，亦富有“人文”的丰美。

5

青春后浪。

奔涌吧，时代大潮中的青年“后浪”！

写作关键词：呼唤青春　写法青春　演讲青春

作者：项思田　人民日报评论　2020 年 5 月 4 日　　点评：徐小平

呼告一声，比喻一出，文题气势便如“黄河之水天上来”了！

青春何谓？青年何为？（连续发问，振聋发聩，回环押韵，朗朗上口。）这是每个时代的发问，每位青年都矢志追求着答案。（开头便发出灵魂之问，将“青年”与“时代”定格，呼应题目。）五四青年节之际，Bilibili 网站发布了一个“献给新一代的演讲”——《后浪》，犹如给青年们的一封信，激荡起青春之声。（选取青年人比较关注的网站和事情，以便一下就能抓住他们的心。）“所有的知识、见识、智慧和艺术，像是专门为你们准备的礼物”“从小你们就在自由探索自己的兴趣”“年轻的身体，容得下更多元的文化、审美和价值观”……（选取《后浪》中的经典语句，突出“礼物”“自由”“包容”这三个关键点，为下文伏笔。）这是最好的时代，这也是最好的青春。（对偶句将“时代”与“青春”巧妙地勾连了。）时代的馈赠、个人的探索，汇聚成青春的蓬勃、生命的丰盛。（一句之内两对偶，这酣畅！）一次与青年的对话，让人沉思青春的价值、成长的意义。（本段开门见山，抖出说话的由头——《后浪》，亮出说话的重点——青春的价值、成长的意义。）

青年，总是与时代同行。（分论点一）中国青年始终满怀对祖国和人民的赤子之心，为人民战斗、为祖国献身、为幸福生活奋斗，谱写了一曲又一曲壮丽的青春之歌。（连用三个“为”字句，确立青年与时代同行的三个指向，开启下边事例论述的侧重点。）面对近代以来的民族危亡，青年们前赴后继投入到追求真理、追求进步（四字短语精警有力。下同）的斗争，实现了中国人民和中华民族近代以来第一次全面觉醒；（近代青年，救亡图存。）面对新中国成立初期百废待兴，有志青年冲破重重阻碍回到祖国怀抱，投身建设、兴学助教；（现代青年，投身建设。）面对改革开放的大江大河，青年们选择了远方，风雨兼程，砥砺奋进。（当代青年，砥砺奋进。）有人说，一个国家最好看的风景是这个国家的年轻人。（“有人说”句，引人遐想。）毫无疑问（这个词增强了态度的鲜明性），青年是整个社会力量中最积极、最有生气的力量，国家的希望在青年，民族的未来在青年。新时代的青年，遇到了中华民族发展的最好时期；青年的新时代，也收获了建功立业的人生机遇。时代托举起青年，青年也定不会辜负时代。（“毫无疑问”之后，逼出四组强大的对偶词句，强化了青年与时代的律动，洋溢着说话者的殷殷期盼，并呼应了段首分论点。）（本段回溯了青年与时代同行的历程，发出了青年一定不要辜负时代的倡议。）

今天的青年，拥有了更大的舞台，也拥有了更多的可能。（分论点二）“天上的日月星辰是一张网，地上纵横的道路是一张网，爱情和家庭是一张网……文明世界就是一张网。”（引用诗歌《网》，既添文趣也为下文张本。）联结万物的互联网，描绘出这样一幅青春的图景：（这个过渡自然巧妙。）B 站 UP 主“努力生活的菜老师”在山区小学支教，用镜头记录教与学的点滴；一群古琴爱好者身穿中国古代服饰演奏乐器，古今融合，传统文化有了现代表达；一位在荷兰的留学生用视频传递学习方法，屏幕内外都是分享的乐趣……（三个事例各有侧重：支教教师、古琴爱好者、留学生，身份兼顾；镜头记录、古今融合、视频分享，做法多样。）自信的、开放的、包容的、专业的（这几个修饰语排比出当今青年的无限可能与活力，极具有鼓舞性）青年人，正在用自己的生活态度、世界眼光打造一个活力四溢、创造无限的新天地。（本段重在阐述今天的青年拥有了更多的可能，也在努力打造自己的新天地。）

今天的青年，也以更积极、更主动（两个“更”字，彰显风流）的姿态，去实现自己的价值、寻求自身的存在。（分论点三）今年，一场突如其来的新冠肺炎疫情冲击神州大地，青年一代成为闪耀（这个词照应前面的“更积极、更主动”）的群体。4.2 万多名援鄂医务人员中，有 1.2 万多名是“90 后”，其中相当一部分是“95 后”“00 后”；（数字雄辩）武汉关闭离汉通道“暂停”后，一位小伙子拿起相机，记录疫情下的城市，对外展现一个真实的战疫侧面；（“关闭”之后的“拿起”，“积极主动”可见。）一位“90 后”程序员用计算机仿真模拟演示，告诉人们“为什么还不能出门”，直观有趣地科普防疫知识……（仿真模拟科普防疫知识，“闪耀”可见。）那些父母眼中的孩子，成了国家的中坚力量，更是未来的发展希望。磨炼是青年最好的“成长礼”，实践是青年最好的“墩苗田（扎实农作物幼苗根系的田地）”。（这两句可谓警策。）唯有从实践活动中锤炼、从生活养分中汲取、从探索求知中发现（承上句再用排比诠释“磨炼”与“实践”），才能在拼搏奋斗的“自我燃烧”（“拼搏奋斗”即自我燃烧，在修饰中反复，造句巧妙。下同）中实现向上向善的“自我构筑”，站在奇迹的肩膀上缔造新的奇迹（“奇迹”构筑，反复之妙！）。（采用“唯有……才……”的条件分析法言明青年只有在拼搏奋斗中才能缔造奇迹。）（本段重在阐述今天的青年正在更积极、主动地实现自己的价值，同时言明磨炼与实践对于青年的重要意义。）

伙伴们，我们赞美青春，也常常会听到鞭策之声。（一声呼告，提醒了注意力，也巧妙过渡了话题。）从“莫让青春染暮气”到“精致的利己主义”，从“娱乐的自我消费”到“空心病”“焦虑症”……每一代年轻人的成长都或多或少地伴随着质疑、批评。（采用“从……到……”的句式罗列出各种鞭策之声，这种罗列是高度概括的，是需要积累很多素材才可做到的。）对于青年，这也是自省、反思的机会。换个角度去理解、去审示，这也可以成为成长的滋养。（两个“也”字提醒一种换角度思考。）欣慰的是，每代人都不会让人失望，那些质疑声成了“矫正器”、那些批评声成了“清醒剂”（两个“成了”的暗喻很贴切），可爱的年轻人用自己选择的方式为热爱的生活添彩，把人们的期待变成了前进的动力。（这段写得很有必要，也很有现实针对性，文章的匠心也在于此：言“后浪”要听得进去“前浪”的鞭策之声，就此将“前浪”与“后浪”巧妙地勾连了起来，表明成长需要薪火相传。）

相信吧，青年人！（反复呼告）你的气质代表着时代气质，你的风貌塑造着未来面貌。鲁迅曾言：“你们所多的是生力，遇见深林，可以辟成平地的，遇见旷野，可以栽种树木的，遇见沙漠，可以开掘井泉的。”（经典名言在此必须闪现，这是一种蓄势待发。）无论在日常生活、工作岗位还是网络空间，青年们若不能像山一样静止，就该像风一般飞扬（用比喻巧妙地道出人生或沉稳或灵动的两种状态），用智慧的、创造的、实干的、革新的、担当的姿态，播下一颗颗执着奋进、创新包容、开放多元的种子。（这两个句子多排比性的修饰短语，犹如铿锵的鼓点，把演说逐渐推向高潮，使演说散发出强大的感召力。）作为“人生之王”的你我，迎着绚丽的“人生之春”，一定能在时代年轮上刻下“人生之华”。（什么叫“妙语连珠”？这就叫！）（这段极力呼吁青年人要为时代和未来奋力前行，留下自己青春的光彩。）

时代的大潮奔涌，后浪推前浪，青年就是立于潮头的“后浪”。（此句点题）在这个属于青年的节日里，我们用欣赏和赞许的眼光看待青年的创新创造；也相信，走在时代前列的青年奋进者、开拓者、奉献者，生气勃发、高歌猛进，在劈波斩浪中开拓前进、在披荆斩棘中开辟天地，为驱动中华民族加速迈向伟大复兴凝聚起蓬勃力量！（连续的排比对偶，犹如一浪推涌一浪，真正从文章气势上照应了后浪的“奔涌”之态！）（结尾段点题，收束在昂扬的青春呐喊声中。）

总评

这是一篇呼唤青春、写法青春、容不得你不青春的可以作演讲稿范例的评论。首先它呼唤青春，层层推进：从“青年总是与时代同行”到“今天的青年拥有了更多的可能”到“今天的青年正在更积极、主动地实现自己的价值”，再到“后浪也要听得进前浪的鞭策之声”，论述不断深入且注意转换角度，这就使得自己的演说时时闪耀着理性思辨的光芒，而且段首句即中心句，有利于读者听众迅速把握演说的思路。再就是它的写法也很青春。开篇就用热门演讲——《后浪》，圈住青年的心。行文中，还时不时蹦出“青年人”“伙伴们”的呼告来提醒读者听众的注意力，并采用第二人称的对话语气来增强演说的亲和力；也时不时涌出一些排比对偶来，形成天风海雨般强大感召力；更时不时闪现出比喻拟人来，使说理更鲜活灵动。更有那些长短结合、整散结合的句式，使得演讲语言抑扬顿挫、摇曳生姿。最后达到的效果就是——容不得你不青春！当然，一切逻辑和言辞的技巧都是建立在情感的真挚上，所谓“修辞立其诚”，当你读到或听到这篇演讲词一般的评论时，你会不会感到一位心中有火、眼中有光的“前浪”抑或“后浪”就立于了眼前呢？好文，多读！读好！

消除百年时差，他们就是我们同龄人

写作关键词：建党百年　青春同框　微观视角

作者：徐之　人民日报评论　2021年6月13日　　点评：徐小平

以百年党史布景，将前浪后浪同框，亲和力、感染力立现。

当下，第24届上海国际电影节正火热举行。在中国共产党的诞生地、中国电影的发祥地（两“地”叠唱，意义倍增），本届上海国际电影节以电影《1921》作为开幕影片，展现着这一“初心之地”的红色印记，也表达着对百年前一群风华正茂的“点火者”的深情礼赞。（“初心之地”“点火者”，专用引号，意味隽永，使人联想到先驱者丹柯之初心如磐，化心为火，用铁的意志引领黑森林里的人们走向光明大草原。）（本段阐述第24届上海国际电影节以电影《1921》作为开幕影片并概括其意义所在。）

《1921》以细腻的故事和细节，展现中国共产党成立这一“开天辟地”大事件的过程。阅读马克思主义文献时求知若渴的神情，罢工抗议中愤怒的呐喊，谈及革命理想时神采飞扬的面庞……构成了当时中共一大参会人员最生动的模样。（《1921》中的“小”：求知如渴的神情、愤怒的呐喊、神采飞扬的面庞。电影语言之立体多感。）宏阔的历史中，既有大江大河，也有暗流涌动，共同汇就一个时代的景深（“景深”这个词好，巧妙写出了小大之辩、明暗之交）。大历史中的小细节，更能给予人们深刻透彻的领悟与震撼人心的力量。（“大行”顾及“细谨”，更能动人肺腑。）（本段阐述《1921》能以小细节展现大事件。）

虽说电影是艺术与现实的交汇，却足以使荧屏前的观众与历史人物产生感同身受的链接。（前用“交汇”，后用“链接”，形神兼备。）百年前，正是这样一群平均年龄不过 28 岁的年轻人，怀抱着坚定的信仰，从五湖四海而来，肩负着救亡图存的使命，突破各方势力的阻挠，相聚在上海，让一个新的革命火种“在沉沉黑夜的中国大地上点燃起来了”。（古希腊神话中，普罗米修斯盗取火种拯救了人类；百年前的中华大地上，一群青年人又成了点燃中国大地的火种；而刚刚离我们而去的“杂交水稻之父”袁隆平一生追寻的信念就是成为一颗“影响世界的种子”……）他们中，有的人为革命身陷囹圄，却不改救亡图存初心；有的人冒着被抓的风险，重返被查封的印刷厂印刷杂志以启民智、聚民心；有的人投身工人运动，领导劳动人民群众奋起抗争，头破血流也不后退一步……（三句排比，三种聚焦——不忘初心的、启迪民智的、领导群众的，三人成“众”，众志成城！）历史已经足够波澜壮阔，不需要复杂的表达，即便以平实的镜头语言呈现也能有强大的感染力。（平地惊雷方发聩，“镜头语言”这个词高级！）（本段阐述百年前的这群年轻人如何点亮救亡图存的革命火种。）

从 1921 年到 2021 年，中国共产党走过了整整一百年的历程。如果将这百年时光折叠（“折叠”百年时光，比拟之妙也），与活跃在历史上的革命先烈见上一面，就会发现在这一时期他们也只是和你我同龄的年轻人。他们以青年之热血和无畏为国家和民族奋斗着，也感染和指引着一代代青年树立远大志向，继续奋斗前行。（“感染”与“指引”，摆渡今昔的万能词，为下边“今日”伏笔。）今日，无数年轻的身影依然活跃在国家和民族最需要的地方。在乡村振兴的舞台上，驻村干部双脚扎进泥土，挥洒着青春的汗水与智慧；建设科技强国的道路上，青年科技工作者潜心钻研，助力九天揽月、深海探秘梦想成真……（“乡村振兴”“科技强国”

是时代的强音，是最需要挥洒青春汗水的主战场。）尽管我们不能一一唤出他们的名字，但这丝毫不影响我们心怀敬意。来自各行各业的年轻人，在自己的岗位勉力耕耘，汇聚成了强国富民、推动社会进步的力量。（本段阐述百年后的青年对“同龄人”精神的薪火赓续。）

投身革命历史洪流使人伟大，但回归生活，他们也是你我一般的平凡人，有鲜活的性格和饱满的情绪。（好一个“平凡与伟大”的辩证法。）影片里，志同道合的革命者也会因为具体问题的分歧争得面红耳赤；在回忆起高中举人的同乡面对封建强权却无法抬头做人时，何叔衡也会委屈流泪；刘仁静等年轻人初到上海，也会被繁华夜晚吸引，对新鲜事物充满了好奇……（“面红耳赤”“委屈流泪”“充满好奇”……正是在议论文中能巧妙运用记叙文的“画龙”之法，才使议论之“点睛”能成功腾飞。）正是因为有了这些真实的情感流露，伟大的形象变得更加有血有肉，我们也更能知道他们以平凡之小我，投身伟大之事业的不易。（人物越是有血有肉，就越是能让人感到“把我们的血肉筑成我们新的长城”的可贵！）百年岁月苦难辉煌，百年初心历久弥坚，从改变中国命运，到挺起中国脊梁，再到书写中国奇迹（“改变”“挺起”“书写”——正如鲁迅所说，青年人“所多的是生力”，有一股“初生牛犊般天真而新鲜的锐气”），一代代青年奋斗的身影同样打动了无数人，也让人们更加珍惜今日生活的来之不易。（本段阐述改变中国命运、书写中国奇迹的人其实都是很平凡的年轻人。）

青年是最富有朝气、最富有梦想的力量，肩负着国家和民族的希望。（青年力、少年气、儿童心，都是世间的洪荒之力。）创造新的历史，是致敬历史最好的方式。（此句可作“历史”的注脚。）今天，我们不用面对烽火硝烟，也鲜少会有生死抉择，但伟大出自平凡、平凡造就伟大，把每一项平凡工作做好就是不平凡。在自己的岗位兢

兢业业，发光发热，正是创造伟大事业的第一步。（在平凡的岗位上发光发热，连萤火虫也能成就夜的美丽！）（末段收束在用平凡缔造不平凡的殷殷期盼中。）

总评

在建党百年众多宏大论述中，这篇评论让人眼前一亮。首先它极具感染力。作者用“消除时差”“链接”“折叠”等表述，巧妙将百年前的青年与当代青年同框，用微观视角来观照宏大事件，用同理同情同位的方法贴着青年跑，让当代青年感同身受，在潜移默化中去“勉力耕耘，汇聚成了强国富民、推动社会进步的力量”。其次，论述极富辩证性。有小大之辩，作者高度肯定电影《1921》用小细节反映大事件大历史的智慧和真诚；有伟大与平凡之辩，指出百年前的青年“以平凡之小我，投身伟大之事业的不易”，继而鞭策当代青年“把每一项平凡工作做好就是不平凡”；还有新旧传承之辩，百年前的青年点燃了救亡图存的“火种”，百年后的青年又成了“发光发热”的中国奇迹，成为“创造新的历史，是致敬历史最好的方式”的最佳注脚。

举国战疫，“90 后”书写担当

写作关键词：青春担当　举例艺术　点面结合

作者：徐驭尧　人民日报评论　2020 年 2 月 14 日　　点评：张丽丽

用“90后”这一出生时间借代年青一代战疫英雄，突出“青年”的身份。用“书写”将青年战疫英雄在战疫过程中的伟业具象化、可视化，形象生动。

被汗水渍得发白起皱的双手，是男护士王涛一天未曾休息的忙碌；雨中站得笔挺的身姿，是正在火神山医院执勤警察燕占飞的守护；照片中依旧阳光灿烂的笑容，是药剂师宋英杰给世界留下的最后一瞥。（排例，“发白起皱的双手”“雨中站得笔挺的身姿”“照片中依旧阳光灿烂的笑容”，用疫情下典型人物、典型场面下典型细节的放大，来凸显“90 后”的伟大牺牲。）王涛、燕占飞、宋英杰……这些身影，都有一个共同的名字——“90 后”。（将一个个鲜活的典型人物归总为一个群体，并以他们都出生在 90 年代以后这个共同特性借代，阐释标题中“90 后”的含义。）（本段开篇入题，生动刻画出“90 后”在疫情期间的无私奉献。）

在人们的意识里，“90 后”是一个常常与“自我”“个性”相联系的代际群体。他们成长于中国经济快速崛起的时代，在最好的时代舞台上追求着属于自己的人生（揭示“90后”这一群体给人的“自我”“个性”的一般印象。）——听着说唱、刷着B站、追着动漫（“听着”“刷着”“追着”，动词的连用呼应前文，活化出“90 后”跳脱、个性化的独特追求），在长辈们的护佑下，他们的成长之路一帆风顺，他们有充分的空间发展自己的兴趣，追求自己的爱好，形成自己的个性。（本段写出人们对“90 后”的一般印象。)

但是，面对严峻的疫情，这群曾经最具个性的青年（揭示出上一段对于本段的支撑作用——为此处“青年”的定语“最具个性的”张本），甘愿将自己视为最平凡的个体，汇入抗疫的大军之中。（与前文构成对比，“最个性”与“最平凡”对举，体现出“90 后”个性化外表下内隐的责任、担当。）披上白衣，曾经的兴趣与爱好放下了，他们就是捍卫群众生命健康的白衣天使；穿上警服，曾经的个性与张扬不见了，他们就是守护城市安全防线的钢铁战士；戴上袖章，曾经的自由与不羁消失了，他们就是维系社区运行的基层干部（“白衣”“警服”“袖章”指明他们的职业，“披上”对“放下”，“穿上”对“不见”，“戴上”对“消失”，动态化的描写凸显“90 后”对祖国的忠诚，对职业道德的坚守。）……因为（因果论证，进一步扣题），他们的基因里本就刻写着责任担当，血管里本就涌动着家国情怀。（“血管”里“涌动着”不可能涌动的“家国情怀”，用移就的手法，强调家国情怀是中国人民包括“90 后”刻进基因和血肉的不可磨灭的情怀，语言表达力、感染力强，蕴含无穷诗意。）（本段写疫情期间“90 后”的变化，体现出“90 后”的责任、担当。）

纵观抗疫战场，无论是身在前线，还是守护家乡；无论是抗击疫情，还是恢复生产，“90 后”奋战的身影无处不在。（“纵观……，无论是……，还是……，无论是……，还是……”关联词的连续运用，体现出“90 后”奋战的战场范围之广，体现出他们的贡献之大。）当国家需要他们时，这群青年没有临阵退缩，而是选择迎难而上。这些青年知道，正是国家的发展给个性发展以机会，正是社会安定给青春绽放以舞台。（连用“正是……”的判断句式，凸显国家发展、社会安定和青春、个性的依存关系。）所有的个性张扬，所有的个人成长，都与国家的稳定、安全、发展紧密联系。（“所有的……所有的……”句式连用进一步强调“90 后”的个性张扬、个人成长与国家的紧密关系。）战“疫”，是保家卫国的战斗，也是守护自己生活微光的战斗。（提出本段论点。）

举国战疫之时，“90 后”镌刻下属于他们的时代印记。（提出本段论点。）“我们并不是想做英雄，此刻我们只是想为这个城市做点什么。”一对“90 后”年轻情侣在日记中写下这样一句话，道出了这个群体朴素的信念：岂曰无衣，与子同袍。（出自《诗经 · 秦风 · 无衣》，此处引用用以表现青年们不畏艰难、团结互助的精神。）“请组织考验我！”深圳 6 名抗疫一线的“90 后”递交了入党申请书，勇斗新冠病毒筑牢信仰的基石。一位“90 后”主播捐款 1.5 亿元，更多的“90 后”加入志愿者队伍，书写着疫情之下的凡人善举（排例，在典型事例描写中巧妙聚焦事件细节：日记中的一句话、递交入党申请书、捐款 1.5 亿元，增强事例的说服力与情感表现力）……几年之后，几十年之后，人们回望这段时光，“90 后”守护与抗疫的故事一定会成为令人感佩的历史书写；而这一代“90 后”在和后辈追忆青春岁月时，今天的选择也必将是他们珍藏永久的生命体验。（虚实结合，畅想这一代“90 后”的历史功绩和此次抗疫对他们今后人生道路的重要意义，呼应开头“举国战疫之时，‘90 后’镌刻下属于他们的时代印记”的观点。）

正如一位“90 后”所说：“我们是能担当的一代，是值得信赖的一代。”（用一位“90 后”的话承上启下，自然而巧妙，将疫情下的“90 后”推及“能担当的一代”“值得信赖的一代”，由点及面、点面结合将思维推向更广、更深的领域。）脱贫攻坚的战场上，像黄文秀一样的“90 后”披星戴月，把爱与希望种在贫困群众心中；凉山森林火灾中，24 位“90 后”消防战士勇敢逆行，用生命诠释了烈火青春；在这场战疫中，“90 后”掷地有声，“‘非典’那一年，我还是个孩子，是你们冲在第一线，为我们遮风挡雨。现在，该是我们去扛起重担的时候了”。（不同的时间、相同的情境，今昔对比，写出“90后”责任、担当精神谱系的来源。）（排例，先后列举脱贫攻坚战场上、凉山森林火灾中和在这场战疫中的“90后”的典型事例证明“90后”“是能担当的一代，是值得信赖的一代”。）**内心奔涌着爱国情怀，肩头扛着责任担当，“90后”用自己的行动证明，他们已经是我们伟大民族精神的青春载体。**（呼应、总结前文，概括、升华本段论点。）

揆诸（揆，度也；诸，之于。出自《说文》。揆诸，就是从……思考、度量的意思）**历史，在中华民族的历史上，在五四运动以来的百年奋进史中，广大青年总是能将自身命运和国家命运相联系，勇于挑起时代赋予的责任，用自己血脉中涌动的澎湃力量奏响一曲青春之歌。**（立足中华文明史，回溯中国青年精神发展的历史，热情讴歌勇担时代、家国重任的广大中国青年。）**如今，“90后”的这一代青年将这首歌奏响在汉江之畔，让世界、让历史听到他们的嘹亮歌声。**（结尾用比喻的修辞方式，长短句式错综运用，用词遣句气势恢宏，语言豪放刚毅，与充满青春力量的写作内容完美配合，表达对“90后”青年的热情肯定与赞美。）

总评

1. 青春担当。在抗击新冠肺炎疫情这场没有硝烟的战争中，原本一直被认为是“垮掉的一代”的“90后”却义无反顾地冲上了生死未卜的战场。面对这场时间紧迫、任务繁重且充满危险的战争，他们坚定勇敢，亮出了新时代青年人敢于担当的底色。当初在长辈们庇护之下的幼苗，如今已成长为参天大树，成为保卫国家、守护人民的中坚力量。“青年兴则国家兴，青年强则国家强。青年一代有理想、有本领、有担当，国家就有前途，民族就有希望。”

2. 举例艺术。

（1）本文运用大量典型事例，但其中一大特色就是不是单纯叙述事例，而是善于抓住典型事例中的典型细节，从而提高事例的可信度，并增强语言的感染力，提升文章的艺术性。

（2）本文大量使用排例，叙例高度概括，精练准确，且所选事例尽量避免片面化、平面化，选取不同时期、不同领域的典型人物、典型事例、典型细节，力求立体丰富，使得文章语言气势磅礴，并使素材丰富、论据充分、论证有力。同时也提醒我们要关注时事，多积累、多思考，才能在写作议论文时信手拈来、游刃有余、妙笔生花。

3. 点面结合。本文在叙述事例的时候，总是选取不同领域的典型人物为“点”，大量罗列，串连成“面”。在这样的“点面结合”中，将各行各业、形形色色的“90后”汇成一个大的群体，从中概括、归纳出这个青年群体“书写担当”的精神特质。

让青春在奋斗中绽放绚丽之花

写作关键词：奋斗青春　逻辑严密　妙用修辞

作者：杨昊　人民日报评论　2021 年 5 月 14 日　　点评：张丽丽

将中国青年为国奋斗的累累硕果比作“绚丽之花”，用明丽的画面强化奋斗的青春的价值，使得语言生动形象，富有感染力。

在前不久公布的“中国青年五四奖章”名单里（引用社会热点新闻，关注时事，从现实生活中找到“青春在奋斗中绽放绚丽之花”的实例构成排例，巧妙入题，并使语言气势磅礴、素材丰富、论据充分、论证有力），我们看到：内蒙古自治区呼和浩特市消防救援支队玉泉区大队南二环路站站长巴特尔，14 年来参与 4500 余场灭火救援，闪耀无私“火焰蓝”；海军特级飞行员王勇创新舰载战斗机飞行员培养模式，彰显热血“迷彩绿”；福建省漳州市公安局巡特警支队直属大队组建平安志愿者队伍 29.4 万人，增添亮丽“志愿红”……在青春绚丽多彩的调色盘中，每一种颜色都有属于自己的美，正像各行各业中涌现出的有为青年，他们奔跑在时代前列，在奋斗中增长才干、实现价值，生动展现了新时代青年的风采。（“火焰蓝”“迷彩绿”“志愿红”，以“身份 + 颜色”的统一格式，用借代的手法形象地写出了消防员、飞行员、志愿者用青春奋斗所焕发的精神华光，并与后文的“调色盘”结合在一起，构成想象奇特的比喻，体现出语言瑰丽的艺术性。）（本段提出文章的中心观点，中国青年“奔跑在时代前列，在奋斗中增长才干、实现价值，生动展现了新时代青年的风采”。）

习近平总书记深刻指出，青年是整个社会力量中最积极、最有生气的力量，国家的希望在青年，民族的未来在青年。（提出本段观点。）无论过去、现在还是未来，青年始终是实现中华民族伟大复兴的先锋力量。新时代为广大青年实现青春梦想提供了更多可能，也提出了更高要求。坚定理想信念，锤炼过硬本领，把个人理想融入国家发展伟业，广大青年方能闯出广阔天地、干出不凡业绩。（“坚定理想信念，锤炼过硬本领，把个人理想融入国家发展伟业”，对应本文中心观点中“时代青年”独特的特征之一。）

从“砍头不要紧，只要主义真”的坚定执着，到“愿拼热血卫吾华”的英勇奋斗，再到“哪里艰苦，我就应该到哪里去”的默默奉献（用“从……到……再到……”的句式，辅以典型人物的深入人心的名言警句，连点成面，精练却生动有力地刻画了拥有理想信念的中国共产党员的伟大奋斗历程。）……党的历史就是一部理想信念的生动教材。（将党的历史比作“教材”，体现本文以史为鉴、以史明智来立论的基本原则，生动形象。）从党的百年非凡历程中汲取营养和动力，把理想信念建立在对科学理论的理性认同上，建立在对历史规律的正确认识上，建立在对基本国情的准确把握上，不断增强道路自信、理论自信、制度自信、文化自信，当代青年方能不负韶华、砥砺前行，成为堪当民族复兴重任的时代新人。（对应本文中心观点中“时代青年”独特的特征之二：“不断增强道路自信、理论自信、制度自信、文化自信。”特征一与特征二，告诉我们“新时代青年”是什么，并提出对“新时代青年”的要求，论证思路十分缜密。）（提出本段观点。当代青年要不断增强道路自信、理论自信、制度自信、文化自信，成为堪当民族复兴重任的时代新人。）

如今，知识更新速度不断加快、社会分工日益细化，新技术新模式新业态层出不穷，唯有勤奋学习、增长本领，才能为青春搏击积蓄能量。（提出本段观点。）（“唯有……才能……”句式，提示我们作者在阐释清楚了“新时代青年”这一概念后，开始阐述“新时代青年”应该“怎么做”才能“让青春在奋斗中绽放绚丽之花”，承上启下，巧妙过渡。）中科院古脊椎动物与古人类研究所研究员付巧妹甘坐“冷板凳”，专注探索人类群体的起源与演化问题；中国航天科技集团有限公司第六研究院7103厂高级技师何小虎多年来解决火箭发动机加工难题65项，在长征五号、天问一号等任务中作出突出贡献；上海盛东国际集装箱码头有限公司桥吊司机张彦扎根港区码头一线，带领团队7次刷新集装箱桥吊单机和船时量作业效率的世界纪录……越来越多的青年在各自的专业领域精耕细作、精益求精，用严细深实的专业能力、坚持不懈的努力奋斗为青春写下生动注脚，不仅实现了自己的人生价值，也为国家发展和社会进步不断贡献才智。（排例，且叙例与析例十分契合。“中科院古脊椎动物与古人类研究所研究员”“中国航天科技集团有限公司第六研究院7103厂高级技师”“上海盛东国际集装箱码头有限公司桥吊司机”，呼应论点分析中“各自的专业领域”；“甘坐‘冷板凳’”“多年来”“带领团队7次刷新”对应论点分析中“坚持不懈的努力奋斗”。叙例完全对应析例需要，一针见血、论证充分、一气呵成。）

实现青春梦想，要把个人的理想追求融入党和国家事业之中，在党和人民最需要的地方绽放青春。（提出本段观点。）习近平总书记强调：“‘得其大者可以兼其小。’（北宋欧阳修语，意思是指人要有远大的志向，才能获得稳定的利益，眼光要放长远些。）只有把人生理想融入国家和民族的事业中，才能最终成就一番事业。”（出自2013年5月，习近平给北京大学考古文博学院2009级本科团支部全体同学回信。）从打赢脱贫攻坚战的青年驻村第一书记，到“80后”“90后”最美逆行者坚守在抗击新冠肺炎疫情的一线，当代中国青年有着极强的民族自信心和责任担当。当个人奋斗与国家发展同频共振，广大青年就能在实现出彩人生的同时为国家发展作出突出贡献。（呼应前文论点，明确“新时代青年”要把个人理想融入国家发展伟业的重要意义。）

在清华大学考察时，习近平总书记强调："当代中国青年是与新时代同向同行、共同前进的一代，生逢盛世，肩负重任。"（文末引用习近平总书记的名言，既能有力佐证自己的观点，又能显示作者的文化底蕴和深厚积淀，让人眼前一亮，过目难忘。）立大志、明大德、成大才、担大任，让青春在为祖国、为民族、为人民、为人类的不懈奋斗中绽放绚丽之花，广大青年必能用青春和汗水创造出让世界刮目相看的新奇迹，中华民族伟大复兴的中国梦终将在一代代青年的接力奋斗中变为现实。（用凝练、简洁，长短句结合的语句重新点题，画龙点睛。我们应学习这种在文章结尾紧扣标题、点题点旨的方法，避免文不对题的问题发生。）

总评

1. 奋斗青春。马克思曾说过："青春的光辉，理想的钥匙，生命的意义，乃至人类的生存、发展……全包含在这两个字之中——奋斗！"只有奋斗，把青春奋斗融入党和人民事业，才能实现个人的价值；只有奋斗，才能实现我们中华民族伟大复兴的中国梦。

2. 逻辑严密。本文中心观点是"新时代青年在奋斗中增长才干、实现价值"，为了充分论证这个观点，作者先从解释概念"新时代青年"入手，明确定义"新时代青年"是什么，然后再阐述这样的"新时代青年"该"怎么做"才能在奋斗中增长才干、实现价值，在结构上相应表现为：开门见山，提出观点——解释新时代青年"是什么"——新时代青年该"怎么做"这样的纵向逻辑展开，论证严谨、逻辑严密、结构清晰。

3. 妙用修辞。精彩的议论一定是形象生动的，尽管议论应当凭借其强大的逻辑力量征服读者，但它并不排斥形象生动。本文的开头就十分巧妙，借代和比喻这两种修辞手法的综合运用，形象地刻画了各行各业的有为青年在奋斗中增长才干、实现价值的画面。这样新颖活泼的议论性文字使得文章文质兼美、情理并具，让文章的逻辑力量得到更大程度的发挥。

向青春的力量致敬

写作关键词：致敬青春　口小格高　溯古论今

作者：党报评论君　人民日报评论　2019 年 4 月 24 日　　点评：张丽丽

中国青年，燃烧自己的青春、血肉，奋力托举祖国母亲，让中华民族屹立于世界民族之林。本文用满怀深情的文字，带领我们向青春致敬。

从五四运动出发，中国以奋勇之姿创造了举世瞩目的伟大奇迹，用青春的力量铸就了青春的中国。

青春理想，青春活力，青春奋斗，是中国精神和中国力量的生命力所在。（“青春理想，青春活力，青春奋斗”就是对“青春力量”的具体阐释，为下文的论述张本。）

北京，五四大街，沙滩红楼。（从“北京”到“五四大街”“沙滩红楼”，由面到点，运用电影特写镜头式的技法，由远及近、逐步聚焦，放大五四运动发生的场景，别开生面，新颖别致。）春风拂过红墙绿柳（将“五四运动”的影响比作“春风”。“墙”着一“红”字，“柳”着一“绿”字，色彩明丽的修饰给人以生机勃勃的感觉，呼应“青春力量”的内涵，并为下文为什么能“拂动”青年的思绪作铺垫），也拂动着到此参观的青年们的思绪（用“拂动”来修饰原本不可能“拂动”的思绪，用比拟的手法写出五四运动对现代青年的深刻影响，化抽象结论为具体场景，新颖生动），让人穿越百年风云，回想起那个风雷激荡的时代。（本段简介五四运动的社会影响，明确“青春力量”的内涵，带领我们反思五四运动的深刻意义。）

今年是五四运动 100 周年。近日，中共中央政治局就五四运动的历史意义和时代价值举行第十四次集体学习。习近平总书记指出，“安排这次中央政治局集体学习，目的是重温 100 年前那段激情燃烧的岁月，加深对五四运动历史意义和时代价值的认识”。只有深刻揭示五四运动对当代中国发展进步的深远影响，深入揭示新时代发扬五四精神的意义和要求，深刻把握当代中国青年运动的发展规律，才能使五四精神成为激励人民奋勇前进的精神力量。（“只有……才”句式，明确了“五四运动”的深远影响。“深刻揭示”“深入揭示”“深刻把握”连用，强调了对五四运动的理解和反思的具体要求：不能流于形式、浮于表面，而要踏实落实，深刻理解。）（本段用习近平总书记的话揭示五四运动的历史意义和时代价值。）

五四是现代中国的青春记忆。（为“五四”定性，将“五四”与“青春”紧密联系起来。）100 年前爆发的五四运动，是一场以先进青年知识分子为先锋、广大人民群众参加的彻底反帝反封建的伟大爱国革命运动。正如习近平总书记所强调的：“要坚持大历史观，把五四运动放到中华民族 5000 多年文明史、中国人民近代以来 170 多年斗争史、中国共产党 90 多年奋斗史中来认识和把握。”（引用习近平总书记的语言，明确研究五四运动的历史意义和时代价值的学术活动的方法论。）真正弄清楚为什么五四运动对当代中国发展进步具有如此重大而深远的影响，弄清楚为什么马克思主义能够成为中国革命、建设、改革事业的指导思想，弄清楚为什么中国共产党能够担负起领导人民实现民族独立、人民解放和国家富强、人民幸福的历史重任，弄清楚为什么社会主义能够在中国落地生根并不断完善发展，我们就能以史为鉴、以史为师，坚定中国特色社会主义道路自信、理论自信、制度自信、文化自信。（四个“弄清楚”连用，用排比的句式更明确地指出了研究、反思“五四运动对当代中国发展进步具有如此重大而深远的影响”原因的主要内容。）（本段将“五四运动”定义为“现代中国的青春记忆”，并指出要坚持大历史观来研究五四运动对当代中国发展进步具有重大而深远影响的原因。）

从五四运动出发，中国以奋勇之姿创造了举世瞩目的伟大奇迹，用青春的力量铸就了青春的中国。（本段的中心论点。）正如习近平总书记所言，“五四运动以来，在中国共产党领导下，一代又一代有志青年‘以青春之我，创建青春之家庭，青春之国家，青春之民族，青春之人类，青春之地球，青春之宇宙’，在救亡图存、振兴中华的历史洪流中谱写了一曲曲感天动地的青春乐章”。（习近平总书记的话中引用了中国最早的马克思主义者之一、中国共产党的主要创始人之一李大钊 1916 年发表在《新青年》上一篇文章中的一段话，不断重复出现的“青春”二字强调了青春力量的重要意义。）

回首五四百年，让我们致敬青春的力量。（本段的中心论点，呼应标题。）这样的青春身影早已被历史铭记：长征路上，小战士背着识字板，衣衫褴褛但不忘为革命胜利读书识字；抗战时期，无数青年宁为玉碎不为瓦全，只为光复河山；建设年代，荒漠戈壁之中多少青春光荣绽放（青春“绽放”，用比拟的手法，将青春的光荣显现与花朵绽放的画面联系在一起，更添生机焕发之力量感与光荣），让“蘑菇云”腾空而起；改革开放初期，天安门前的一句“小平您好”，是青年群体对改革开放最由衷的支持。（按照时间顺序，用排例的形式列举不同时代的“青春力量”，体现广大青年与时代的紧密联系和推动时代发展的重要贡献。）从南下弄潮的“闯海人”，到勇闯浦东的“八百壮士”，从抗震救灾中的青年官兵到北京奥运的青年志愿者，时代召唤各有不同，青春力量一脉相承。（承上启下，“从……到……”句式的连用，以点连面，从例证过渡到对青春力量的礼赞。）历经一代代人传承、发扬与积淀，五四精神成为百年来中国青年与国家前途命运同频共振的鲜明标识，成为 960 多万平方公里土地上青春力量的“不竭动力”。（五四精神成为青春力量的“不竭动力”，用比喻的手法凸显五四精神对于中国青年的重要意义，是中国青年的精神源泉。）

回首五四百年，让我们鼓荡青春的激情。（本段的中心论点。）**“青年最要紧的精神，是要与命运奋斗。”**（作者引用革命先烈恽代英的这句名言，承上启下并总结全文，提醒我们每一个时代的青年有每一个时代青年的责任，今天的我们虽然不必再为拯救民族危亡而奋斗，但是我们还有新的历史使命，那就是为实现中华民族伟大复兴的中国梦而奋斗！我们要勇敢地担起属于我们的责任。）**今天，时代的鼓点更加激越。**（用借喻的修辞手法写出了时代的振奋，时代对我们年轻人的召唤。）**回首看，五四百年来的历史浩荡前行；立足当下，“百年未有之大变局”波澜壮阔；再向前看，“两个一百年”奋斗目标重任在肩。**（“回首看”“立足当下”“再向前看”，时代在变化，不变的是青年对于时代、家国的使命担当。）**青年一代有理想、有本领、有担当，国家就有前途，民族就有希望。面对活力无限的“流动中国”，面向民族复兴的壮阔征途，当代青年建功立业的舞台无比广阔、梦想成真的前景无比光明，更需要敢于有梦、勇于追梦、勤于圆梦，把爱国情、强国志、报国行自觉融入坚持和发展中国特色社会主义事业、建设社会主义现代化强国、实现中华民族伟大复兴的奋斗之中，在知行合一中主动担当作为，不负韶华，不辱使命。**（“流动”，好一个充满动感、蕴含张力的词语。正如习总书记在《在庆祝改革开放四十周年大会上的讲话》中所说：“江河之所以能冲开绝壁夺隘而出，是因其积聚了千里奔涌、万壑归流的洪荒伟力。”立足新时代，中国正以“流动”的姿态勇往直前，而新时代的青年也要以奔跑的姿态匹配时代的发展，助力祖国迅猛发展，大好中国前途无量！）

“青年兴则国家兴，青年强则国家强。”（本段的中心论点，引自习近平总书记的讲话。）**青春理想，青春活力，青春奋斗，是中国精神和中国力量的生命力所在。广大青年始终秉承家国天下的情怀，勇担民族复兴的大任，保持自强不息的姿态，中国**

就永远年轻。（长短句的交错运用，增强了论证的气势，并使语言产生了一种生动的节奏、灵动的韵律。）

青春之五四，青春之中国。100 年，五四精魂不老，中国风华正茂。（收束全文，呼应文章写作副标题——“写在五四运动一百周年之际”，用拟人的手法，将中国比作风华正茂的少年，表达对祖国的美好祝愿。）

总评

1. 致敬青春。中国的青年学子，无论在哪个时代，都努力担负时代赋予的神圣使命，不断历练成长，让青春在时代的广阔天地中绽放，让人生在奋进追逐中展现勇敢奔跑的英姿。我们当代的青年，要好好学习、研读历史，对五四青春力量有更深入的理解，然后将我们的青春融入祖国改革开放的大潮中，绽放在实现中国梦伟大的征程上，以此致敬我们的青春力量。

2. 口小格高。“青春”作为文学领域永恒的母题，总是容易引起人们无限的遐想，在文学史上，讴歌青春、赞美青春的名篇佳作也是层出不穷。所以，在写这一主题类别的文章时，很难跳出既有的藩篱，以至于千人一腔、千人一面的地步。但是这篇范文却独出心裁、独树一帜，将“青春”这一大话题转化为小切口，用阐释关键词的方法，在第二段开头就用“五四是现代中国的青春记忆”一句，明确自己对本篇文章中“青春”一次的具体界定，把“青春”这个抽象的概念具体化，将之与中国近代文学史上以青年学生为主力的“五四运动”相结合，以对“五四运动”的细致剖析为小小的切口，带领我们回溯那段波澜壮阔的历史图景，给我们带来了大格局、大视野。

3. 溯古论今。文章在对历史的追忆，对革命青春力量先驱的致敬中提炼“中国青年”的具体内涵，并用以观照、对接现当代中国发展历程中广大青年的奋斗史，肯定“中国青年”这一群体由古至今的先进性和在中国发展进程中的重要功绩，并借此提出对现代青年的殷切希望。文章在小而微的切口中，结合五四运动，体现出了波澜壮阔的历史纵深感，增强了文章的深度。

对高分学考古指指点点的人，大概不懂得“梦想”

写作关键词：解密梦想　视角新颖　理性之光

作者：孙超　人民日报评论　2020 年 8 月 5 日　　点评：张丽丽

观点鲜明，铿锵有力。“指指点点”明确了作者的批判态度。

近日，湖南耒阳的农家女孩钟芳蓉火了。父母外出打工 7 年，作为留守女孩的她早早自立自强，在高考中考出了文科全省第四名的优异成绩并报考北京大学。按理说，这样的高分，专业还不是随便挑？但钟芳蓉偏偏选择了相对冷门的考古专业。网友们议论纷纷，有人支持她的选择，有人认为她应该选择更热门的专业。今天我们就来聊聊这个话题。（热点入题，揭露矛盾，直截了当。）

历经近百年风雨的北京大学考古文博学院，是中国近代考古学教育的发源地。这里群星璀璨，马衡、苏秉琦、宿白、邹衡、严文明、李伯谦……哪一个不是学术大家？（考古“大家”云集，无须赘叙，自然体现出北大考古的魅力。）从仰韶文化到龙山文化，再到商周考古，哪一项重大考古工程少了北大考古人的身影？（北大考古成就斐然，考古魅力加倍。）作为一名热爱历史的学生，向往这样的学术圣地，年纪轻轻的钟芳蓉眼光独到。

但“吃瓜群众”（表示对事情不了解，围观某事物的人们）不这么看。他们算着毕业生平均年薪，盯着“风口”上的专业（竞争激烈的行业，但是这类行业往往意味着更多的机遇）。有的推荐多重背景、交叉学科，有的鼓励当“斜杠青年”（指的是一群不再满足“专一职业”的生活方式，而选择拥有多重职业和身份的多元生活的人群）、跨界达人，也有不少“过来人”现身说法、积极“劝退”（“三有”分说，具体展示旁观者们的世俗理念），一言以蔽之，事事以经济理性为考量、以显达于世为坐标。（总括，将人生的奋斗目标比作坐标，提炼出世俗观念的精髓：金钱和名利。）

在泥沙俱下（泥土和沙子都跟着流下来，比喻好坏不同的人或事物混杂在一起）的评论中，一些人并未触及自己日常经验之外的世界，试图用自己的经验之谈（与坐井观天的青蛙无异）甚至一厢情愿（充分说明了作者对这些人的态度）对钟芳蓉指指点点。可是他们忘记了，在每一个稚嫩心灵的天平上，还有一样重要的东西，那就是梦想。

“不忘初心，做胸怀天下的新青年。”这是被称作“敦煌的女儿”（充满深情的赞誉是人们对樊锦诗最大的肯定）的樊锦诗写给钟芳蓉的寄语。

“我希望能追随（‘追随’一词，除了尊重，更多的是认可）您的脚步，去选择北大，选择为考古献身，也希望找到心灵的归处（在钟芳蓉的心里，专业即梦想、信仰，扣题，为下文张本）。”这是钟芳蓉给樊锦诗回信中的一句话。

一位挥别校园献身敦煌近一个甲子的“老北大”，和一位即将踏入燕园大门的“新北大”隔空对话（新、老北大学子一起书写的是北大精神的一脉相承），讲述着关于心灵和梦想的故事。更有很多考古科研院所在微博上与钟芳蓉互动并送来书本和纪念品。有网友感慨：难道，这就是梦想相互激荡的感觉？（人生难求一知己，志同道合的人在一起“激荡”梦想，犹如高手在一起“华山论剑”，令人心驰神往。）

十八九岁的年龄，正是“做梦”的时候。（承上启下，文章开始转入谈“梦想”。）年轻人对于梦想，常常有两种不切实际的姿态。有时是只盯着白月光、红玫瑰，却看不到现实的荆棘。（一种是只仰望星空的理想主义。）一旦受挫，有的又走向另一个极端——沦为市侩主义（善于钻营的利己主义）的俗人，将精致利己作为人生准则。（一种是破罐子破摔之后的精致利己主义。）（年轻人的梦想也是经典的“月亮与六便士”式的矛盾，这也是作者写这篇文章的目的，即为年轻人纠正梦想观。）

其实，梦想有时是稚嫩的。（人间清醒，客观真实。）学考古先要学什么，又分哪些方向？热爱历史的钟芳蓉未必一一知晓。想要登堂入室，与前辈看齐，想必还要经历一番试炼。（对于梦想的激情也要经历现实的考验。）

梦想有时也经不起考验。（果，语承上文。）选择太多，诱惑太多，困难也太多（三多为因）。不是谁都可以坚守斗室几十年，冷板凳上读古书。也不是谁都可以上山下海，一铲一锹觅踪迹。（两个“不是”，将困难具体化、细节化。）更何况长安居，大不易。（递进更显其难。）在现实压力下中途退出的，并不鲜见，这也让人们对钟芳蓉坚守梦想有了一份期待。

对于许许多多在为是否要坚守梦想而苦恼的人来说，因为钟芳蓉选专业这件“小事”引发的大讨论，或许正是重新审视梦想的机会。（笔锋一转，由浅入深，由钟芳蓉事件开始“审视梦想”。）

审视梦想，或许可以通过读书。（“或许可以”揭示分论点一。）在这最无忧无虑的假期，读一读前辈推荐的书，读那些比高中教材探微钩玄（探索微妙的事理，探求精深的道理）的大书。当然，读完之后，收获的或许不光是欣喜，还有严谨带来的枯燥以及专业门槛带来的阅读挫败。（和梦想相遇，跨过兴奋期之后还有漫长的磨合期，两者都经历过，才符合“审视”的意味。）

审视梦想，或许可以多去壮游，结交同好，体味人间。（“或许可以”揭示分论点二。）社会也是一个大学，知人论世，人情练达，皆是文章。几十年前走出湘西的沈从文也曾从市井、船夫、行伍中收获精神养分。当然，体验之后，收获的或许不光是对未来的期盼，可能还多了一丝丝焦虑？（同样是收获与风险并存。）这样的体验太正常不过。或许，正是这样，审视之于人生才具有意义。（经历并审视，才会对坚持的梦想有更真实的体悟，或许从此两别，抑或更加坚定。）

在送给钟芳蓉的书中，有一本樊锦诗的传记，名字就叫《我心归处是敦煌》。没错，樊锦诗在敦煌，守护了一辈子的梦想，找到了心灵的归宿。但是真正读过这本书的人会知道，故事还有另外一面。初到敦煌，樊锦诗的“幻想在现实中苏醒”（是对梦想产生怀疑的诗意表达），少年时代的美丽梦想一度破灭。她也曾想过放弃和逃离。但是，在对时代重任与个人梦想的反复审视中，她最终选择了留下，从此越发坚定，把自己的一辈子都交给了敦煌。（樊锦诗女士的一生就是对审视梦想的意义的最佳注解。）

世界上只有一种英雄主义，就是看清生活真相之后依然热爱生活。（英雄主义其实没有那么虚无，就藏在每个人的生活里。）同样，在触碰了梦想的荆棘（比喻的修辞将实现梦想的难度形象化）后，依然选择梦想，那么这样的抉择必定会伴随一生，任何人都无法动摇。（“必定”“任何”，绝对肯定词的连用凸显了对梦想的坚定，具体地阐释了审视梦想之于人生的意义。）

经历了“否定之否定”的认识（事物的辩证发展就是经过两次否定，即“肯定—否定—否定之否定”三个阶段，形成一个周期。其中否定之否定阶段仿佛是向原来出发点的回复。但这是在更好阶段的回复，是扬弃的结果。也就是说，世间万物都是螺旋式上升的。对应到实践论中的方法论：前途是光明的，道路是曲折的），对艰难和诱惑都已有所提防、有所“免疫”，这会比仅凭一腔热血的人更加坚定地一往无前。（总结上文，进一步升华。）我们尊重钟芳蓉的选择，哪怕她未来会发生改变，甚至会选择放弃。

（显示作者态度的坦然、观念的豁达。说明作者的态度，只是就钟芳蓉的事件阐述自己关于梦想的理解，并无意过问他人的人生，也可以接受任何的结果。毕竟，梦想需要亲自去审视。）毕竟，外界的关注和讨论，不应该成为一个人人生之路上的限制。但无论如何，以开放的心态审视梦想，以积极的行动迎接梦想，或许更能找到让自己无怨无悔的选择。（全文的精华，告诉我们应如何对待梦想。）

这正是应了苏东坡的那句词：“试问岭南应不好，却道：此心安处是吾乡。”（引用古诗文，强调了审视梦想，找到心灵归处的重要意义。）

总评

1. 青春之梦。关于梦想，青年人总会有许多瑰丽的幻想，仿佛自带滤镜，去掉了种种残酷的现实坎坷。于是，梦想总是那么容易破灭，以至于人们渐渐开始不再相信梦想。本文就带领大家揭示关于梦想的真谛，破解大家关于青春之梦的迷思，让越来越多的人能够重获梦想的力量。

2. 视角新颖。恰逢高考放榜，钟芳蓉事件一时之间便成为当时社会关注度最高的舆论话题，人们众说纷纭，但大多不脱肯定或否定这两种基本态度。但本文作者却从这样的社会热点中，告诉我们不要一味地肯定或否定梦想，而要遵循有关梦想的规律，梦想会面临现实的考验，我们要学会审视梦想，审视过后，有的人可能会放弃梦想，这也无可厚非；但如果有人即使已经感受到了现实生活的种种压力，而仍然能够坚守梦想，那么就会获得梦想的力量。所以，“我们要以开放的心态审视梦想，以积极的行动迎接梦想”，这样才能找到让自己无怨无悔的选择。这才是梦想真正的力量。

3. 理性之光。作者立论，并没有一味地肯定，也没用一味地批判，而是用温情的眼光直指我们认识的盲区，透过钟芳蓉事件为我们讲述关于梦想的审视哲学：尊重任何一种可能的存在，不避讳任何可能的负面因素，用公正客观的笔调拨开迷雾，让我们获得真正的精神力量。

6

五育并举

在冬奥绽放中国浪漫，在冰雪里感受“温暖”

写作关键词：温暖冬奥　叙例广角　议论景深

作者：沈若冲　人民日报评论　2022 年 2 月 8 日　　点评：徐小平

“绽放浪漫”之比拟美，“冰雪温暖”之反差感，让题目特别吸睛。

“北京——你是怎么做到的？开幕式，从第一秒就这么美！”俄罗斯《体育快报》记者尤里·戈雷沙克在报道中这样写道。（先声夺人法为开头赋彩增值。）若干年之后，当人们重温奥林匹克运动的发展轨迹，一定会记得北京这座“双奥之城”绽放的精彩，也一定会铭记 2022 年冬奥会如期开幕的时刻。（穿越时空联想法巧妙映衬当下之精彩。）当迎风摇曳的小草传递春天的消息，当晶莹剔透的奥运五环破冰而出，当来自奥林匹亚山的圣火划过鸟巢夜空，人们为奥林匹克精神所感动，更为在新冠肺炎疫情之下的紧密团结所动容。（镜头快闪快进，排比且歌且行，让人无法不“感动”与“动容”。）（开头在当下的盛况与未来的铭记中巧妙展现了北京冬奥会的精彩。）

对北京冬奥会开幕式的印象，许多人都有自己的关键词，比如科技感，比如低碳、环保，但最深刻的无疑是“温暖”二字。（欲擒故纵法映衬出冬奥的十分“温暖”。）这个温暖不只是各国运动员身着的羽绒服，不仅仅是腾空而起的烟火，更在于开幕式所传递出来的理念和精神，格外温暖人心。（“不只……不仅仅……更在于……”，由外景逼出内核）手手相传的五星红旗，见证 56 个民族心手相连的团结；冰球运动员挥杆击破坚冰，象征体育具有打破隔阂的力量；引导牌聚合而成的硕大雪花，体现“世界大同、天下一家”的主题；孩子手持闪闪发光的白鸽组成心形，讲述“一鸽不能少”的中国浪漫……（手传国旗、挥杆破冰、聚合雪花、白鸽组心，撷取四个典型镜头，共同传达奥林匹克“更团结”的温暖理念）这些温暖的瞬间，传递了奥林匹克的理念，展现了在奥运五环下的团结、和平、友谊，也一次次扣人心弦、戳中泪点。（本段阐述了北京冬奥会传递出来的团结、和平、友谊的理念格外温暖人心。）

当然，温暖也来自开幕式上的人。没有明星大腕，没有人山人海，邀请普通人来表演，这是贯穿整场开幕式的基调。（可谓宏大叙事下的微观视角、滂滂大潮中的朵朵浪花）总共 3000 名演员中 95% 是青少年，是开幕式演出一大亮点。来自河北阜平县乡村小学“马兰花合唱团”演唱的天籁之音，令人难忘；（44 个孩子用希腊语演唱奥林匹克会歌《奥林匹克颂》）国旗卫士脸颊流下的泪水，述说着爱的深沉与清澈；（令人想到陈祥榕的“清澈的爱，只为中国”）担任现场引导员的志愿者，用真诚的笑容、诚挚的问候，赢得各国运动员的赞誉；（这些青春的志愿“微火，”让“中国红”映照了“冰雪白”）来自首都数十所大中小学的学生表演的“行进式广场舞”，展现着青春的活力和风采。（运动力拉满的中国正在实现“让世界凝聚成一朵花”的愿景）如果说开幕式节目编排更多是导演组的匠心独运，那么从这些普通人身上则能看到中国年轻一代的自信自强、向阳生长。（让人想到“雪场凌空”的谷爱凌，“一鸣惊人”的苏翊鸣，“龙腾虎跃”的李文龙……）（本段阐述北京冬奥会的温暖也来自开幕式上的普通人。）

宏大叙事历来是奥运会开幕式的“主调”。无论是记忆犹新的北京奥运会，还是 8 年前的索契冬奥会，抑或是半年前的东京奥运会，都恨不得把民族历史和文化全部搬上舞台，这样的做法有其道理，这样的心态也能够理解。（宏大叙事恰似阳春白雪，适合云端唱响。）但事实上，把目光聚焦到国家发展进步中每个普通人的喜怒哀乐，让每一个人真正成为这场体育盛会的主角，又何尝不是一种“温暖叙事”？（微观视角又如下里巴人，适合全民哼唱。）它构成我们理解世界的方式，也打开世界重新认识中国的窗口，从中读懂的是一个真实、具体、生动的中国，是一个自信、开放、行进的中国，也是一个可以温暖世界的中国。（在“很人民”中去“很中国”，更能彰显大国的自信与风流，也更能体现奥林匹克的“一个也不能少”的理念。）（本段阐述让普通人成为奥运会开幕式主角的意义所在。）

某种意义上，“温暖”不仅是冬奥会所传递的，也是当下世界迫切需要的。（宕开一笔，让“温暖”更具景深。）疫情阴霾尚未散去，无论是共克时艰、战胜疫情，还是化解分歧、消弭冲突，都需要“更团结”，需要“一起向未来”。（疫情当下，冲突当头，很需要“温暖”。）开幕式上播放的短片《未来的冠军》里，一个不到 1 岁的萌娃和一只狗狗一起滑雪的场景，让人会心一笑。正如导演张艺谋说：“很多萌娃在参与冰雪运动的时候，跌倒了，再爬起来，最后展现了自己最好的一面，这很像我们人类前进的脚步。”（“一起向未来”的这份温暖，永远是跌跌撞撞的人类最坚强的脚步声。）而一场以冰雪为主题的冬奥会，遇上春回大地、万物复苏的中国农历立春，我们赋予冬奥以温暖的含义，也传达了鲜明的中国理念：紧密团结、锲而不舍，就能迎来春天。（正值立春，正值奔向伟大复兴的中国梦，“温暖”也是中国理念的折射。）（本段阐述“温暖”也是当下世界所迫切需要的。）

冬奥会开幕式上，一位外国运动员被中国志愿者的热情打动，专门录制视频说“那个对我说‘欢迎来到中国’的人，每每想到这里，我真的忍不住哭了”。北京冬奥会是体育精神的书写，也是艰难时刻中国送给世界的礼物。（冬奥逢上中国的“立春”，“春雷响，万物长”“春风如贵客，一到便繁华”，是不是意味着北京冬奥带给世界的一种破冰？）**带着这份礼物和感动出发，我们力量倍增、信心满满。**（结尾提到外国运动员的感动，呼应了开头俄罗斯记者的惊叹，说明北京冬奥会将会给世界注入信心与力量。）

总评

议论比较宏大的客体，选好切入点是很重要的。选好了，便可避免陷入平滑俗滥，达到四两拨千斤之效。比如有篇评论议论“脱贫攻坚”这个宏大主题，就聚焦于“春运母亲”这个侧影，通过“路”的变化来巧妙演绎。本文也属于很会找抓手的典型，它以“温暖”为切入点来盘活文脉，如此既可扣住奥运会“更团结”的理念，也可传达出奥运会全民全运的属性，更可响应世界疫情当下所需和“一起向未来”的中国愿景，使得评论具有很强的针对性，同时也有了一定“景深”，在很多书写冬奥会开幕式的评论中可谓别开生面。作者在叙例时还有意采用广角镜头，比如选取手传国旗、击破坚冰、聚合雪花、白鸽成心等典型细节，又引入“马兰花合唱团”的演唱、国旗卫士的泪水、志愿者的微笑、大中小学生的广场舞、萌娃的滑雪等特写镜头，笔触顾及行行业业，涉及各色人等，如汉代大赋一般铺陈渲染，如此便能尽显冬奥会绽放出的中国浪漫，在论述节奏上也呈现出“温暖”，称得上是“纵横凌云笔，文章涌春潮”了。

“学渣俱乐部”vs“黄金座位带”？啥座位才是好座位

写作关键词：透视座位　结构范式　由浅入深

作者：李洪兴　人民日报评论　2020年3月30日　　点评：张丽丽

用竞技游戏对抗的新颖方式拟题，“学渣”和“俱乐部”连用，用比喻、反讽的修辞使文字更加生动形象。标题用疑问句设置悬念，更好地激发读者阅读兴趣。

“担心在后排影响学习”“担心孩子受周边同学影响”“担心孩子距离老师太远”（引用调查结果罗列社会热点问题，言简意赅，快速入题，笔力老辣。）……最近，有媒体调查发现，部分家长对孩子的座位问题非常关心，怎么排座、和谁同桌、师生距离等成为关切。座位好与学习好，是否具有正相关性，值得辨析。（本段提出思考，带领读者探索“座位好”与“学习好”之间的辩证关系。）

应该看到，基于学生个体差异，如身高、视力、性格等，坐在靠前或靠后、中心或两边，学习效果不可避免会有差异。（“基于学生个体差异”告诉我们座位好坏与学习效果之间的联系只是个别现象，不能上升为一个整体性问题。）为此，不少家长认为“座次影响名次”，以至于出现所谓“黄金座位”一说。（“应该看到”“不可避免”“不少家长”体现出作者在阐述这一问题时客观、公正、不偏不倚、实事求是的态度。）只是（转折连词提示我们段意的重点落在文段的后半部分），这种认知是把学习问题简单化归因，关注焦点有失偏颇。理性看待座位，合理帮助学生学习，有效引导孩子成长，才是老师与家长最应该关注的事。（本段提出解决前文所说的“座位好坏”与“学习效果”之间的问题的正确方法，即“理性看待座位，合理帮助学生学习”。）

立足教育角度，座位并非物理意义上的座椅板凳，而承担了更多功能和价值。（提出本段论点，强调了“座位”承担的更多功能和价值。）比如，传统“秧苗式”（用比喻的修辞手法命名，形象生动又一目了然）座位编排，是有效率的摆放方式，老师往往是课堂“焦点”（将老师比作“焦点”，强调了“秧苗式”座位编排方式里老师的中心地位）；又如，“小组式”摆放，有利于同学间交流研讨，容易营造轻松的课堂环境。（用两个事例呼应观点句中座位的“功能”。）不同的座位编排方式，折射出不同的教育理念，这也是课堂改革探索的一部分。（呼应观点句中座位的“价值”。）课堂上没有固定不变的座位，定期左右轮换、前后调整、根据学生特殊情况进行微调等，已经是很多学校的惯常做法。学校和老师科学合理编排座位，让家长放心、让学生舒心；家长充分信任学校和老师，帮助孩子聚焦于学习主业，才能少关注“坐在哪儿”，多关注“怎么学”，促进在和谐有序的环境中提高学业水平。（总结提升，揭示“座位”背后所蕴含的更深层次的价值意义。编排座位的方式合理，才能让家长将眼光从“坐在哪儿”转到“怎么学”，让学生在和谐有序的环境中提高学业水平。）

透过座位看教育，反映出一个重要的教育课题，即如何协调好教育教学空间。（提出本段论点，作者透过现象看本质，将一般民众对于座位的浅层认识转入更深层次的学术思考的维度，体现作者深厚的学术修养。）对课堂布局来说，座位编排形式、学生座位关系、师生互动方式构成了课堂空间。很多家长关心的座位问题，其实是孩子在教室里的学习空间问题。（从更理论化的角度提出座位问题的本质是“孩子在教室里的学习空间问题”。）有人认为，教室不是一个单一均匀的空间立方体，而是许多相互连接的微环境组成的。这对学校和老师提出了更高要求，如何根据学习内容、学习合作、教学需要来安排座位，而不是让学生一成不变地坐着。在开放空间、以灵活方式、用多元手段，巧妙地安排课堂、完成教学，尽量让不同孩子在自己座位上都能有收获、有进步（座位安排的终极目标），家长也就不必在意座位问题了。（指出家长焦虑的症结之所在，表面上看是座位问题，但都是为了让孩子能有收获、有进步。）

透过家长关心座位看教育，也反映出一个新命题，即家长如何找到合理的教育参与空间。（提出本段论点。由浅入深，由座位看教育。）不少老师认为（为下面观点的提出作了范围上的限制，表明并不是绝对正确的结论，体现出语言的客观、准确），家长采用各种方式对排座位进行干预，是对孩子教育的过度参与。（“各种方式”让我们很容易联想到生活中在座位问题上的种种乱象，对应后面的“过度参与”。这个结论的得出，似乎给了没有头绪的家长们当头一棒。）座位没有优劣之分，只有适合与否（驳论之后，提出自己的观点，有醍醐灌顶之感），要从课堂整体、同学关系与孩子个体中逐渐摸索。家长认为的“黄金座位”未必适合孩子，也未必适合课堂（两个“未必”，用词准确、表意委婉）。学习好不好，主要取决于学习习惯、学习方法、专注能力、自我管理、家校氛围等等。这对家长来说，与其想办法“选座位”，不如陪伴孩子“养习惯”（“与其……不如……”，选择关系关联词的运用，准确地表达了作者在这个问题上的态度，恰如其分），求真务实地引导孩子、适度有效地参与管理、科学理性地建言献策（“求真务实”“适度有效”“科学理性”，其实对家长要求很高，也是家长真正需要努力的方向，为家长正确参与孩子学习活动给出了方向性的引导），才有助于孩子在适合、适宜的环境中学习成长。教育不是单方面一厢情愿地干预，而是多方面互帮互助地合作，如此就能让学习空间更大、学习天地更广。（呼应本段观点，重在对家长关心座位这一现象所折射出的“教育”理念进行深入探讨。指出教育不是单方面一厢情愿地干预，而是多方面互帮互助地合作。）

教育是育人的，有空间的教育才是好教育。这意味着，教育教学离不开空间感，教室座位安排需要灵活多变地调整空间布局，老师家长也要在合情合理、科学规律的基础上参与引导，给学生留出足够的学习空间、成长空间，实现汲取知识与进步发展的共赢。只要用心、得法，无论坐在哪里，都是“黄金座位”，都能学有所得、学有所用、学有所成。（总结全文，照应标题。教室座位安排需要灵活多变地调整空间布局，老师家长也要在合情合理、科学规律的基础上参与引导，让孩子无论坐在哪里，都是“黄金座位”。）

总评

1. 透视座位。孩子的座位本来应该是一件小事，但现实生活中，却成了一个困扰众多家长的“大问题”。本文作者将睿智的眼光聚焦于这一现象，告诉我们，教室里一个小小的座位牵动的正是长久以来家长们始终难以释怀的教育焦虑。作者从理论的高度透视座位问题所折射出的教育问题，并提出相应建议。

2. 结构范式。本文采用了典型的议论文结构，首先以社会热点问题入题，然后阐释关于“座位”问题的浅层思考，继而以小见大，探讨“座位问题”所反映出的深层问题。全文主体部分段落都采用“开头提出问题 + 阐释 + 议论”的结构，是议论文的典范格式，我们应好好揣摩，学习借鉴。

3. 由浅入深。本文的最大亮点体现在逻辑思维的品质上，作者善于以小见大，由平常人的视角拓展开去，将读者引入到学术、理论的层面上，如第四段将对座位问题的看法上升到如何协调好教育教学空间这个教育课题上，到第五段再对接到透过家长关心座位看教育这个大的教育命题，思维由浅入深、层层深入，体现出作者缜密的逻辑思考。

都智能时代了，为何还要提倡劳动教育？

写作关键词：劳动教育　多元论证　逻辑严密

作者：张凡　人民日报评论　2020 年 4 月 10 日　　点评：张丽丽

设问入题，用时代的进步性和劳动教育的基础性对比，揭示剧烈的矛盾冲突，激发读者的阅读兴趣。

不久前，中共中央、国务院发布了《关于全面加强新时代大中小学劳动教育的意见》，对加强劳动教育进行了全面部署，编织出新时代劳动教育的实施图景。都智能时代了，为什么要加强劳动教育？（呼应标题，提出文章中心论点。）如何上好劳动教育这门课？《意见》发布以来，相关讨论热度不减，今天我们就来聊聊这个话题。（顺势引入，水到渠成。）

“炒一份余老师同款蛋炒饭”（炒饭劳动）、以“抗疫加油”为主题进行一场水果拼盘大比拼（水果拼盘劳动）、养护一盆绿植作为特殊的开学礼物（养护绿植劳动）、制作一个手工包送给妈妈（手工劳动）……疫情之下，学生们经历“加长版”假期；这段特殊的成长时光，也成为进行劳动教育的大好机会。（由劳动对接劳动教育。）一些学校开启“厨艺云课堂”“线上手工课”等，引导学生们开展形式多样的家务劳动实践。一份份特别的“作业”，让“宅生活”变得丰富多彩，也让学生们在一餐一饭、一丝一线中，感受到劳动的滋味、体会到劳动的价值。（“云课堂”“线上”等词体现出智能时代的特性，在“智能时代”用“智能”的方式引导学生们进行家务劳动实践，让学生们感受到劳动的滋味、体会到劳动的价值，这就是智能时代还要提倡劳动教育的原因。）（列举疫情之下引导学生进行家务劳动的事例说明劳动的意义。）

《尚书·无逸篇》说：“不知稼穑之艰难，乃逸乃谚。”（意为不知道种庄稼的艰辛，就会贪图享乐，狂妄粗暴。）的确（“的确”一词，提示后文即将阐释前文名句，借以得出自己想要论证的观点），没有挥洒过劳动的汗水，没有体味过劳动的艰辛，就很难真正理解劳动的内涵、珍视劳动的价值。环顾我们周边，青少年“不识稼穑”的现象，并不罕见。（联系实际，列举现实生活中青少年缺少劳动的现象。）他们或许脱口就可吟出“田家少闲月，五月人倍忙”的诗句，或许也早已在网络世界中畅行无阻，但却因为“课业忙”“没时间”“不重视”等原因，越来越少有机会走进“实践的课堂”。也正因此（“也正因此”与上文“等原因”呼应，因果论证来体现近年来劳动教育被弱化的现实），近年来一些青少年中出现了不珍视劳动成果、不想劳动、不会劳动等现象，凸显着劳动教育被淡化、被弱化的现实。

“离开劳动，不可能有真正的教育。”（承上启下，提出本段论点。）教育家苏霍姆林斯基的话（引用论证），至今依然能给我们以深刻启示。劳动教育是学生成长的必要途径，具有树德、增智、强体、育美的综合育人价值。（用判断句式为劳动教育下定义。）如果（在明确了劳动教育的定义后，继而用假设论证的方法凸显劳动教育缺位的严重后果）劳动教育一再缺位，影响的是教育的多元性，损害的是学生综合素质的养成。也正因此（因果论证，进一步强调让学生参加日常劳动的重要意义，结论的得出水到渠成），在系统的文化知识学习之外，有目的、有计划地组织学生参加日常生活劳动、生产劳动和服务型劳动，让他们在一蔬一食、一伸手一弯腰（四个“一”，凸显劳动教育在生活中之普遍）的家务劳动中提升生活技能，在学工学农等劳作中感受劳动成果的来之不易，在公益劳动、志愿服务中增进社会责任担当（三个“在……中”结构，体现了劳动与生活对接的领域之广，从劳动中的收获之多），才能真正培养起学生正确的劳动价值观和良好的劳动品质，一层层夯实成长的基石。（比喻论证，形象生动地体现劳动教育的价值和意义。）

不过，也有人疑问，如今智能化时代已经在加速到来，我们还有必要大力提倡劳动教育吗？（照应文题，用“驳论”的方式为下文论述的展开树靶子。）其实，劳动教育对于我们人生的成长来说，不仅意味着劳动技能的提升，更意味着劳动精神的培育。（提出本段论点，立论，针对上文他人的疑问，提出针对性的回答“大力提倡劳动教育对于我们人生成长有着重要意义”。）从农耕社会“耕读传家久”的传统，到现代社会“劳动创造幸福”的箴言（从古到今，从时间的纵深上体现劳动在我们社会生活中始终不变的重要意义），时代在变，劳动的形式在变，但劳动的精神内核始终未变。路遥在《平凡的世界》中这样写道：“劳动，是人生的第一堂课。只有劳动才可能使人在生活中强大。”（引用论证，体现出路遥对劳动的歌颂，路遥还在后面动情地说：“不论什么人，最终还是要崇尚那些能用双手创造生活的劳动者。”）今天，我们大力提倡劳动教育，就是要让广大青少年在动手实践、出力流汗中播撒崇尚劳动的种子，在接受锻炼、磨炼意志中涵养不懈奋斗的精神，因为“人世间的一切幸福都是要靠辛勤的劳动来创造的”（习近平总书记“解码”幸福）。（具体阐释“劳动教育”在智能时代的重要意义。）

伟大出自平凡，平凡造就伟大。（提出本段论点。）很多时候，给我们最深感动的，正是那些最平凡的劳动者。疫情期间，武汉环卫工人李兰萍，凌晨 4 点就起床工作，她说这点儿苦不算啥，“干干净净，大家才不害病”；社区封锁时，快递小哥朱洪涛成为“流动的风景”（美好的景象才能称为“风景”，将送快递的小哥比作“流动的风景”，结合他的职业特点生动形象地表现出劳动使人的美好精神得以彰显的观点），每天60多公里，他不仅送包裹，还当社区采购员、给老奶奶买药，他说“只要我们还在跑，武汉就不会停下来”……在他们身上，“劳动最光荣、劳动最崇高、劳动最伟大、劳动最美丽”的道理是如此生动。（“生动”一词，意为“具有活力而使人感动”，凸显前文列举的事例对“劳动最光荣、劳动最崇高、劳动最伟大、劳动最美丽”的道理的阐释。）这样的劳动精神，让人拥有面对困难的勇气、冲破黑暗的力量，正是我们每一人都应汲取的成长养分，也是我们的国家能够一次又一次穿越风雨的精神动力。（“正是……，也是……”递进句更进一步强调了劳动精神对于个人、国家的非凡意义。）

如今，我们越来越认同劳动教育在人生发展中的重要意义，但劳动教育这门“必修课”，要真正从课程表上的一种价值召唤成为砥砺成长的广阔天地，可能还有很长的路要走。（承上启下，指出劳动教育在实际生活中的实际问题“是什么”，不能仅让劳动教育成为一种价值认同，而要将它落实到实际生活的方方面面。）现实中，学业压力、考核评价、安全问题等，都是劳动教育前行的阻力。（为什么，阐释问题产生的原因。）不让劳动教育流于形式，就需要社会、学校、家长齐心协力创造更多有利条件，让青少年真正走进生活的课堂，走进劳动的现场，多识草木鸟兽之名，多知稼穑农桑之事，在扎根大地的劳动中触摸智能时代也无法改变的世间运行法则，并展现风采、感受快乐、实现成长。（阐释怎么解决问题。）这正是：教育莫停“纸面”上，劳动淬炼真成长。

总评

1. 劳动教育。智能时代，繁荣鼎盛，但也产生了一些新问题，比如劳动教育的缺失，在人工智能（AI）看似可以替代一切的当下，反而愈发凸显了这个问题对我们宝贵的传统文明的伤害。本文将视线聚焦于现代社会所忽略的“劳动教育”这一领域，针对这样一个“文明病”，强调了“劳动教育”在现代教育中被淡化、被弱化的社会现实，阐述了劳动教育在人生发展中的重要意义。谈古论今，在劳动价值缺失的今天大声疾呼，召唤劳动精神的回归。

2. 多元论证。论证手法单一，只会使用例证法，是议论文写作中最常见的问题，容易使文章显得幼稚。要想在考场上得到高分甚至是满分，首先要学会的，就是多种论证手法的综合运用。本文在这一方面给我们作出了很好的示范。除了最常见的举例论证，以第四段为例，就先后运用了引用论证、假设论证、因果论证、比喻论证四种论证手法，使文章显得材料丰富，并且增强了文字的论证力度。学生们一定要好好体悟，加强训练，才能在写作时挥洒自如。

3. 逻辑严密。本文围绕观点层层论述，先围绕“劳动”这个关键词提出“没有挥洒过劳动的汗水，没有体味过劳动的艰辛，就很难真正理解劳动的内涵、珍视劳动的价值”的观点，接着又从“劳动”这个概念拓展到“劳动教育”，提出“离开劳动，不可能有真正的教育”的观点，继而又加上“智能时代已经在加速到来”的时代特点，完美对接“都智能时代了，为何还要提倡劳动教育”的中心观点，论证过程完整，思维缜密，是议论文的典范。

美育绝不是“无用”，而有实实在在的“大用”

写作关键词：解密美育　递进结构　先驳后立

作者：马苏薇　人民日报评论　2020 年 10 月 28 日　　点评：张丽丽

对比立论，直抒胸臆，朴实无华却振聋发聩。

美是纯洁道德、丰富精神的重要源泉。（定义美的重要意义。）中办、国办近日印发《关于全面加强和改进新时代学校美育工作的意见》，提出以提高学生审美和人文素养为目标，把美育纳入各级各类学校人才培养全过程，贯穿学校教育各学段。（文件内容体现了美育教育的重要性。）这一重要文件，明确了新时代学校美育为什么做、做什么、怎么做，强化了学校美育的育人功能，对引导全社会重视美育的价值、营造共同促进学校美育发展的社会氛围，具有重要示范带动意义。（强调了这一文件在明确新时代学校美育为什么做、做什么、怎么做方面的重要意义，为下文纵向结构的展开张本。）（开头明确本文探讨的问题：新时代学校美育教育的重要性。）

党的十八大以来，以习近平同志为核心的党中央高度重视学校美育工作，把学校美育工作摆在更加突出位置，作出一系列重大决策部署，推动学校美育实现了跨越式发展。（肯定了学校美育已获得的成绩。）但总体看，美育仍然是整个教育事业中有待加强的环节，学校美育在改革发展中表现出了三个不适应（用转折连词将重点放在文段的后半部分，强调学校美育在改革发展中的问题，具体阐释为什么要重视美育）：

学校美育与素质教育的要求还不相适应；与推进教育现代化的要求还不相适应；与全面实现小康社会和两个百年目标还不相适应。因此（因果论证，逻辑清晰，条理清楚），需要找准突破口和落脚点，力争在课程教学、教师队伍、条件改善、评价机制等方面现有工作的基础上，提出进一步的改革举措。（承上启下，将话题转入下一个问题，即新时代美育工作要做什么，要提出进一步的改革举措。）（本段呼应开头所提出的“为什么”要在新时代重视美育工作，即学校美育在改革发展中存在一些问题“表现出了三个不适应”。）

对此，《意见》确立了学校美育工作坚持三项原则（提出本段论点，呼应开头所提出的“怎么做”，第一，要坚持三项原则）：“坚持正确方向”——引领学生树立正确的历史观、民族观、国家观、文化观，陶冶高尚情操，塑造美好心灵，增强文化自信。“坚持面向全体”——健全面向人人的学校美育育人机制，缩小城乡差距和校际差距，让所有在校学生都享有接受美育的机会。“坚持改革创新”——全面深化学校美育综合改革，形成充满活力、多方协作、开放高效的学校美育新格局。（三个“坚持”的句式，与第一句中心句构成总分结构，在文段内部构成横向并列结构，使文章思路清晰，条理分明；并使议论气韵酣畅，增强了议论的说服力。）

如何上好美育课？（提出本段论点，呼应开头所提出的“怎么做”，第二，要上好美育课。）首先要认清美育的目标。（在论证“如何上好美育课”这一论点时，出现“首先”这样的词，明确本段内部也是按照纵向的逻辑顺序在展开。）将美育等同于技能教育，认为美育可能增加学生负担，都是对美育的严重误解。（先树靶子，提出“将美育等同于技能教育，认为美育可能增加学生负担”的错误观点，然后加以否定“都是对美育的严重误解”。用驳论的方式论证观点。）美育是审美教育、情操教育、心灵教育，也是丰富想象力和培养创新意识的教育。（用判断句对“美育”这个概念下定义，先驳后立，在驳倒错误观点后，马上提出自己对于“美育”的观点。）对于广大学子来说，在专业美育教师的指导下，参与大合唱、集体舞、课本剧等艺术实践活动，不仅能丰富体验，还可拓宽视野；走进博物馆、科技馆、大自然等奇妙世界，不仅能激发个体对历史、文化和生命的敬畏，更能进一步追寻人生的价值与境界。（“不仅能……还可……，不仅能……更能……”递进关系复句的连用进一步凸显了美育的重要性，增强观点说服力。）美育注重的是全面提升学生感受美、表现美、鉴赏美、创造美的能力，加强美育理应与加强德育、智育、体育、劳动教育相互融合起来。（本段呼应开头所提出的“怎么做”，“加强美育理应与加强德育、智育、体育、劳动教育相互融合起来”。）

加强美育的渗透与融合，学校美育课程建设是重点。（提出本段论点，回答“如何”上好美育课，要建设好学校美育课程。）《意见》紧紧抓住课程这一关键要素和环节，从学科融合、学段衔接、目标整合、教材贯通四个方面提出了实施构想，同时，围绕学校美育教学，提出了五个方面的具体改革举措：开齐开足上好美育课、构建以学生发展为中心的教学模式、普及面向人人的美育实践活动、推进美育评价改革、促进高校艺术学科创新发展。以美育人非一日之功，尤需脚踏实地、久久为功。目前，学校美育已经实现从城市扩展到乡村，从单一鉴赏转为综合实践，从线下探索到线上共享，从校园走向家庭、社会等一系列巨大转变。但也应看到，强化美育薄弱环节，需要学校及社会各界群策群力，为全面加强和改进新时代学校美育工作提供切实支持。（对文段进行总结概括，具体回答“如何上好体育课”，“需要学校及社会各界群策群力，为全面加强和改进新时代学校美育工作提供切实支持”。）

美育绝不是“无用”，而有实实在在的“大用”。（引用标题，重申全文中心论点。）物理学家钱学森雅好书画，园林学家、古建筑学家陈从周热爱文学，农业学家袁隆平喜欢小提琴，他们在享受美的同时创造美，以杰出的综合素养在各自领域斩获殊

荣。（排比举例，以钱学森、陈从周、袁隆平这样深入人心的学术巨擘为例，进一步补充说明美育的“大用”。）**新时代新征程，呼唤全面发展的栋梁之材，呼唤能够担当民族复兴大任的时代新人。当美育的种子播进每个幼小的心灵，一朵朵美好的青春之花终将绽放于中华大地。**（用比喻的修辞手法形象生动地说明重视美育教育的重要意义，“花开大地”的画面描摹也饱含生机与活力，用文学修辞的手法进一步增强了文章的语言表现力，淡化了本文理论性过强，论述相对单调、枯燥的语言风格。）

总评

1. 解密美育。本文将视线聚焦于时常为社会所忽略的“美育”这一领域，阐释“美育”的概念，指出了“美育”在教育领域中存在感不强的社会问题，反复重申美育对国家、社会的重要意义。

2. 递进结构。针对“美育有大用”这个中心观点，文章开头提出“新时代学校美育为什么做、做什么、怎么做”的问题，然后主体部分呼应开头的观点，遵循“为什么—做什么—怎么做”的纵向议论结构来组织全文，条理清晰、逻辑缜密。

3. 先驳后立。在文段内部也同时采取了“先驳后立”的论证结构。“驳论”，即先给出一个错误的观点，然后对这一观点进行批驳，通过论述证明其错误所在。在“驳论”完成之后，随即给出正确的观点，这叫作“立论”。采用这种论证结构，先驳后立，从揭露批评入手，再转入正面论述，显得水到渠成。鲁迅先生的《拿来主义》就是采用“先驳后立”结构的典范，大家可以阅读、借鉴，好好领悟。

让孩子早一点关灯睡觉

写作关键词：一夜好眠　温情批判　结构典范

作者：张凡　人民日报评论　2019年1月29日　　点评：张丽丽

题目即论点，旗帜鲜明且饱含深情。

对于不少中小学生来说，这个寒假并不轻松。“几乎每科的学习任务都很重，孩子每天晚上都睡得挺晚”“11点没睡觉的大有人在，即使你12点在群里问点儿事也不用担心没有人回答你”……来自家长与学生的“诉苦”，让中小学生课业负担重、睡眠不足的问题再次引发人们关注。（引入话题，学生与家长的“诉苦”体现问题的普遍性。）（提出问题：本段用学生和家长的“诉苦”引发人们关注中小学生课业负担重、睡眠不足的问题。）

早在2008年，教育部印发的《中小学健康教育指导纲要》就已要求，小学生每天睡眠时间10个小时，初中生9个小时，高中生8个小时。但从实际看，中小学生睡眠时间无法得到充分保障。去年12月发布的《2018年中小学生减负调查报告》显示，仅有23.99%的学生可以睡到自然醒，高达76.01%的学生要由闹钟或他人叫醒；甚至有29.26%的学生睡眠时间不到8小时就被叫醒，到了小学六年级这一比例更是达到39.5%。（运用道理论证、对比论证的手法，引用大量数据，将教育部规定的学生睡眠时间和中小学生实际的睡眠时间进行对比，论证“中小学生睡眠时间无法得到充分保障”的观点，论证语言细致严谨。）睡眠不足、身体素质下降、“小胖墩”“小眼镜”（运用借代的修辞手法，用“小胖墩”“小眼镜”来指代睡眠不足、身体素质下降的广大中小学生，使论证语言更加生动形象。）越来越多，成为教育领域的重点问题、难点问题。（本段语言细致严谨之余也不乏生动形象，值得学习。）（明确、阐释问题：本段承接上文，引用大量数据，将小学生课业负担重、睡眠不足的问题具体化。）

孩子们睡得越来越晚，除了一些人是因为玩手机、打游戏等主动晚睡外，更主要的原因还是学业负担过重。（“除了……更”句式的运用，并没有将孩子们睡得越来越晚的原因完全归结于学业负担过重，使论点的表述更加精准。）记得以前，很多人总会说，小时候多好啊，无忧无虑的；而如今，听到更多的反而是，现在的孩子太辛苦了，压力太大。（对比论证，折射现实问题。）话语上的转变，折射着现实的问题。当下，“一个学期做半尺多厚的卷子”“一个假期上七八个补习班”，是不少学生的常态；升学的压力、学校之间的竞争、父母的教育焦虑，施加到学生身上，也让他们难言轻松。而这些因素共同作用，导致孩子们房间里的灯总是亮到深夜，孩子们的世界，也少了点云彩、花朵、鸟叫虫鸣（用“云彩、花朵、鸟叫虫鸣”描绘理想的孩子们的世界，用散文化的场景描写替代单纯枯燥的议论语言，在注重文章的理趣之外又增加了文章的文采）。（分析问题：本段分析造成这个问题的主要原因是学业负担过重。）

一位中学老师曾如此说道，如果学生睡眠得不到满足、体质在下降、近视在增加，那我们的教育就难言成功。的确，教育不仅要“文明其精神”，也要“强健其体魄”（引用毛泽东《体育之研究》里的名言：“近人有言曰：文明其精神，野蛮其体魄。此言是也。欲文明其精神，先自野蛮其体魄；苟野蛮其体魄矣，则文明之精神随之。”增强文章的文采和论证的说服力），如若体质健康无法保证，又何谈知识之精进、文明之培养、思维之修炼？（假设论证，凸显“如若体质健康无法保证”对于学生教育影响的严重性。）近年来，从不断增加优质教育资源供给，到改变“一考定终身”的选才模式，再到出台各种细致的“减负令”，我们在增强学生体质健康、减轻学生学业负担上下了不少功夫。但也应清醒看到，让学生从熬夜、刷题、补课中解放出来，还有很长的路要走。（论证过程体现了论证的多向度原则，作者在肯定“我们在增强学生体质健康、减轻学生学业负担上下了不少功夫”的前提下，提醒读者“应清醒看到，让学生从熬夜、刷题、补课中解放出来，还有很长的路要走”，不留思维上的漏洞，体现思考问题的客观性和思维的缜密性。）（分析问题：本段肯定了近年来在增强学生体质、减轻学生学业负担上所获得的成绩，但同时也正视要解决这个问题还有很长的路要走这个现实。）

当然，真正为学生减负，还需要整个社会教育价值观念的转变、教育科学精神的提高。当所有人都要求孩子必须跑步前进的时候，教育就不再是“一朵云推动另一朵云”的心灵唤醒（引用论证，引用雅斯贝尔斯《什么是教育》一书“教育的本质意味着，一棵树摇动另一棵树，一朵云推动另一朵云，一个灵魂唤醒另一个灵魂”，增强文章的文采和抒情性），而完全成了一场你追我赶的竞争。这样的竞争，必然有输有赢，可能还会有人体力透支，跑不下去（比喻论证，将学生求学的过程比作“跑步”“竞争”，歪曲了教育的本质）。但其实，孩子培养得怎么样，要看拿什么样的尺子去衡量。每个孩子都是独一无二的，都有自己的特长。如果只以谁分数高来贴标签，就难免泯灭了一些孩子身上的闪光点。让每个孩子的禀赋、才能、爱好都能被发现，让每个孩子都能够按照适合自己的节奏成长，才能让他们体会到学习的成就和成长的快乐。（解决问题：本段提出真正能为学生减负的方法——需要整个社会教育价值观念的转变、教育科学精神的提高。）

孩子的成长，需要我们点亮一盏灯，但也要让他们可以早一点关灯睡觉；孩子的前行，需要树立一个目标，但也要允许他们以适合自己的方式去抵达。（“需要……但也要”句式将教育的目标与教育的现实对举，委婉地提出对教育现状的批评。）只有如此，成长才不只是埋头赶路，而是一段精彩的旅程（比喻论证，呼应前文将学生求学的过程比作“跑步”“竞争”的比喻，重新点出了教育的实质，应该是“一段精彩的旅程”）。（照应文题、总结全文：本段呼吁让孩子们可以早一点关灯睡觉，允许他们以适合自己的方式去抵达教育目标。）

总评

本文有三大亮点值得学习。

1. 一夜好眠。中小学生正处在身体和心理成长的黄金阶段，却被沉重的学业负担严重挤占睡眠时间，极大地影响甚至损害了青少年的身体和心理健康。本文聚焦青少年的睡眠问题，呼吁转变社会集体观念，归还孩子的睡眠时间，让孩子遵循自然规律健康成长。

2. 温情批判。

（1）作为反映中小学教育问题、关心孩子们身心健康主题的文章，从标题开始，本文就着重强化文章的抒情性，并在大量引用数字、事例论证的同时，运用散文化的场景描写代替简单的记叙，引用抒情性极强的名言名句、比喻修辞，这些手法增强了文章的文学性和抒情性，虽是评论，却又浸染了感性之美。

（2）在评论中采用多向度原则，即用客观公正的态度进行评论。具体表现为，文章是在肯定进步的同时，以对社会、人民负责的立场，从希望社会进步、学生快乐成长的视角揭示学生睡眠问题并表达自己的想法，而并不是以揭发乱象为目的，将攻击作为文章的主调。这样的处理方式，使得原本容易流于生硬冰冷风格的文章变得温情脉脉，让读者不管是从情感上，还是从理智上，对于作者提出的意见接受度更高。

3. 结构典范。文章结构圆融，按照提出问题—阐释问题—分析问题—解决问题的思路展开，条理清晰且论述严谨。这是议论文写作中最常见的典范模式，可以帮助我们快速构思、成文。我们一定要仔细领会，多加训练并熟练掌握。

徒手格斗、引弓搭箭，“别人家体育课”到底牛在哪儿？

写作关键词：体育改革　切入新颖　视野开阔

作者：程聚新　人民日报评论　2020 年 10 月 29 日　　点评：张丽丽

新颖的课程内容搭配疑问句式，以悬念入题，尤其是用双引号特别强调“别人家体育课”，仿用“别人家的孩子”这一网络流行句式，突出这样的体育课的趣味性，引人入胜，也自然地点出关注体育改革的内容。

在不少大朋友的记忆里，体育课像是“最熟悉的陌生人”（歌名，意思是指两人的关系或者说距离虽然很近，但相互并不是非常了解。在这里用以形象地说明体育课被边缘化的状态），存在于课表，但没上过几回；在很多小朋友的学习中，它或许是没完没了的俯卧撑、蛙跳、高抬腿，好在“应付完中考，再也不用跑圈了！”（“没完没了的”“应付”，写足了学生们对体育课的厌倦心态。）（从“不少大朋友的记忆”到现在“很多小朋友的学习”说明从过去到现在体育课都是弱势、小透明状态，从未改变。）这大概能够解释，来自湖南永州珠山镇智慧树小学的一条视频，为什么让人平添羡慕：匍匐前进，据枪射击，徒手格斗，列队练拳……当体育老师将军事、武术元素融入课堂，孩子们“喜欢得不想下课”。（扣题，指出湖南永州珠山镇智慧树小学的体育课别出心裁、独树一帜，深得孩子们的心。）（本段入题，指出学校体育教育不得人心的现象，提出要改革课程内容，将体育课上得吸引人。）

“又是别人家的体育课”，这种感慨来自校园体育的缺失，也折射出体育教育有待改进之处。（承上启下并且呼应标题，开门见山提出本段中心观点。）以前，体育是“副科”，要把课时让位给语数外政史地理化生，不少人走出校园，虽是满腹经纶却“身无长技”；（目前我国学校体育仍然是整个教育事业中的短板，概述体育教师和体育课在学校被边缘化的现象和随之而来的问题。）如今，体育与中考“挂钩”、与高考“接轨”，是名副其实的必修课，甚至有了竞逐课外培训市场的资格，但一些课程还是跑跳投“老三样”，难免让孩子心生厌倦。（对比，指出在国家宏观政策调控下，“体育课”的主体地位已经有了极大改变，但体育课内容的守旧、枯燥仍然让孩子们喜欢不起来，体现本文的必要性和现实针对性。）

一端是以“小眼镜”“小胖墩”为表征，学生体质健康数据逐年下滑（体育课不受重视所导致的问题）；另一端是以考试为“指挥棒”，却出现参加体育活动学生数量的“12 岁陡崖”（在课余时间参加各种业余体育活动和训练的孩子们，总体数量在 12 岁会大幅减少，出现一个“陡崖”式下降的现象）、体育中考后学生体质“高一最强”（高一学生的体质水平在高中 3 年处于最佳阶段，甚至超过了大学生）的现象。（这两种现象说明单纯依照“依考定学”“依考定练”方式进行的体育课程改革并不能很好地解决体育课边缘化的问题。）可以说，体育课的“无力”依然是素质教育的“缺钙”。（将“体育课的‘无力’”比作“素质教育的‘缺钙’”，体现出体育课对于真正落实素质教育的重要性。）（本段指出体育课弱化对素质教育造成的冲击。）

“别人家体育课”到底有何秘诀？（自问自答，以设问的方式承上启下，自然衔接的同时又能激发读者阅读兴趣。）让我们一起来看看那些令人艳羡的课堂：广州七星小学跳绳队从削竹做柄、编缆为绳开始，斩获世界杯金牌；湖南石门五小足球队的山里娃，踢出全国季军；黑龙江抓吉赫哲族学校借鉴渔猎文化，将引弓搭箭带入课堂，传统味十足……（排例，用不同地域不同风格的小学通过丰富体育课内容、激发学生学习兴趣而获得体育方面巨大成就的实例为后文的分析事例张本，引出本段中心观点，水到渠成。）就像沙漠里开不出娇嫩花朵，石板上长不成参天大树，增加课时、丰富内容、拓宽领域，夯实了开足体育课的土壤；激发兴趣、掌握技能、发展专长，补足了上好体育课的养分（用比喻的修辞，将体育课的开设比作在土壤中养花、种树，再次强调了体育改革不能单纯地以考试为指挥棒，而应从增加课时、丰富内容、拓宽领域，激发兴趣、掌握技能、发展专长入手等方面重新思考）。（本段指出“别人家体育课”的秘诀，即到底怎样开足上好体育课。）

开足上好体育课，项目不能无聊，过程不能枯燥，找到合适办法，兴趣爱好就能成为最好的老师。（提出本段观点，怎样才能开足上好体育课。）跑跳引入竞速、接力机制，体操融入武术、街舞元素，在常见项目中挖掘趣味性，不失为有益尝试；山区攀岩徒步，草原跃马奔腾，夏日水中畅游，冬季赏冰乐雪，因地制宜、量力而行，也能开发特色课程。（作者给出的建议十分有效，趣味项目和因地制宜的特色课程不仅是对孩子们，即使是对阅读文章的你我也是吸引力十足，显示出作者在这一领域研究、思考的深入。）

不过也要明确一个前提：提升校园体育质量以学生兴趣为引导，也要契合不同年龄段青少年的身心特点，达到合理强度。（进一步规范前文论点，强调即使“以学生兴趣为引导”，也不能一味以激发兴趣为主，忽略“要契合不同年龄段青少年的身心特点，达到合理强度”这些限制因素，体现了论证在逻辑上的严密性。）以所谓“贵族运动”为例，有的地方联合社会俱乐部，将马术引入小学课堂，引来质疑；而有的学校自建模拟场，让学生体验高尔夫，赢得叫好。这就说明：开发体育课程要先评估，是否具备普及潜力、是否有益孩子成长，不能一味求新求怪。（提出本段论点，重申体育课程的开发要以“是否具备普及潜力、是否有益孩子成长”为标准进行评估。）

开足体育课只是第一步，关键还要看如何上好体育课。（提出本段论点。）无论是体育老师晒出“被请假”的聊天记录，还是体育老师担任班主任遭到家长质疑并投诉（体育老师的窘境体现出体育课的尴尬处境），近来发生的两则新闻客观说明：体育课在不少人心目中仍处于边缘地带。可喜的是，教育部及时回应，希望体育老师担任班主任不是问题而是时髦。（表达对政府积极应对体育课程改革问题的肯定，并对这一问题的解决提出希望和愿景。）

近一个月来，《关于深化体教融合促进青少年健康发展的意见》《关于全面加强和改进新时代学校体育工作的意见》等文件集中发布，从课时、内容、师资、评价等方面对体育课提出了“开齐开足上好”的要求。设置刚性课程、硬性考核，也注重激发兴趣、营造氛围，让体育教学更加丰富多彩，体育考核不再令人烦恼，体育课才能更好发挥“强筋骨、增知识、调感情、强意志”的功效。（本段列举政府相关主管部门在保证“开足上好体育课”这一问题上所采取的一系列积极措施，希望让体育课更好地发挥功效。）

有人说，强制锻炼 1 小时，不如激情燃烧 10 分钟。强健体魄、健全人格，养成健康生活方式，是学校体育教育的重要内容。（强调学校体育教育的重要内容，有别于人民以往认为的应付考试，而是要“强健体魄、健全人格，养成健康生活方式”，观点新颖，振聋发聩。并且，口号、标语化的语言形式读来让人有醍醐灌顶之感。）但对于每个人而言，健康不是任务，而是生活。让更多“别人家的体育课”成为“我们的体育课”，体育锻炼才能成为生活习惯、陪伴你我终生。

这正是：文明其精神，野蛮其体魄。每天一小时，健康好生活。（用工整却又不失俏皮的打油诗作结，既体现了体育课对国民素质的重要意义，也体现了国家、政府重视体育课改革的原因。短小又整齐的语句朗朗上口，增加语言的记忆点，在文末进一步加深人们的印象，新颖活泼。)

总评

1. 体育改革。体育是一种社会文化现象，源于生活，也应回归生活。因为人类的身体需要运动，必须树立正确的体育教育理念，从而锻造出健康文明的莘莘学子。这些年来，为改善青少年体质，国家相继作出了许多政策指导，但遗憾的是，学校体育课“说起来重要，做起来次要，忙起来不要”的现象仍然普遍存在。本文正是立足于这样的社会现实，提出具体的“开足上好体育课”的改革措施，具有强烈的现实针对性。

2. 切入新颖。对于传统体育课应该如何改革这一老生常谈的话题，为了避免枯燥，提高文章对读者的吸引力，进而使文章发挥更大的社会效用，作者别出心裁地选择了“别人家体育课”这一角度切入，从标题就让人觉得作者对这一社会问题所提出的建议的新颖，极大地激发了读者的阅读兴趣。

3. 视野开阔。文章列举了大量的“别人家”怎样开足上好体育课的成功案例，不仅在内容上有力地支撑了本文的观点，还显示了作者在这个领域的研究之深、涉猎之广。除此之外，作者还对相关的国家政策走向十分熟悉，在引用的时候甚至达到了信手拈来的程度，学养深厚。这两点都体现出作者视野的开阔。

7 乡村振兴。

“春运母亲”因何两次感动中国？

写作关键词：脱贫攻坚　由果溯因　洞微知远

作者：石羚　人民日报评论　2021 年 2 月 4 日　　点评：徐小平

设问提振全文，“两次”启人深思，“因何”侧重溯因。

在 2010 年春运首日，摄影记者周科在南昌火车站捕捉下一位年轻母亲返乡的生动瞬间，播发后让千万读者泪目。多年来，画面主人公并不知道这张照片的走红，记者也始终在寻找这对母女。不久前，在四川越西桃园村的火塘旁，周科终于找到了镜头中的母亲巴木玉布木。“一次喧闹车站的陌生偶遇，到远隔数千里之外的重逢，苦苦寻找了 11 年的一名没有只言片语的陌生人”，周科的描述举重若轻，但翻天覆地的生活巨变、穿越时空的人性光辉无比厚重。（开篇简单交代事实：11 年前感动中国的“春运母亲”找到了。简要评述事实：记者的描述举重若轻，生活的巨变却无比厚重。）

浏览相关新闻，人们第一次了解到照片后的辛酸故事以及如今的苦尽甘来。过去一间土坯房还漏雨，现在三室一厅、家电齐全；过去买几斤大米与玉米粉混在一起给女儿“加餐”，现在顿顿都能荤素搭配；过去孩子生病要回老家看，时下孩子都在县城医院免费出生……巴木玉布木的生活之变并非孤例，而是脱贫攻坚历史巨变的缩影。在她口中，缩短上学的路、打通外出的路，变化令人感慨，也在人们心中铺展出“路”的意象，进而呈现“春运母亲”的生活蝶变，折射广大贫困人口的脱贫轨迹。（“过去”与“现在”对举，从住、吃、医等方面陈述巴木玉布木的生活蝶变，并落脚于“路”上，聚焦于脱贫攻坚带来的福祉。）

路是通道，一条水泥路见证着大凉山区的变化。（段首中心句提纲挈领，与下面两段的段首中心句一同构成段首排比，以重章叠唱的方式层层推进。）在过去，桃园村只有一条泥巴路通往外界，高耸的群山堵住了向外发展的可能。出行不便，医疗不便，上学不便，正是大凉山区闭塞贫瘠的写照；没有求学求医的路，更没有宜家兴业的路、改变命运的路，“缺路”也成为深度贫困的一大症结。（由“求医求学”的路延展出“宜家兴业、改变命运”的路，进而指出“缺路”是深度贫困的一大症结，追根溯源，深刻有力。）近年来，从桃园村修建了水泥公路，到“悬崖村”村民走下天梯搬进新房，再到牛吾村锈迹斑斑的铁索桥被混凝土桥取代（用“从……到……”的句式进行略例表述，横向拓展），这里的居民不再被苍茫大山所限制，一条条行路开启的是一条条改变人生的通道。（本段重在阐述“路是通道”，打通出行的路也就打通了宜家兴业、改变命运的路。）

路是旅途，一条返乡路记录着随处可见的幸福。2010 年返乡，巴木玉布木转火车、换汽车花了三天两夜。那时候，中国刚刚跨入高铁时代，交通运输网还不够完善，春运成了不少游子不堪回首的艰难归途。如今，便捷的物流网络减少了大包小包的烦劳，“千里故乡一日还”已成为常态。（返乡之路的今昔对比，突出老百姓在“行”上的巨变。）从不断提速的车轮，到日益丰富的餐桌，再到愈发时尚的住宅，人民群众在衣食住行上的点滴变化（又顺带拓展出衣食住行方面的点滴变化），投射出党的十八大以来党和国家事业取得的历史性成就、发生的历史性变化。这也意味着，我们把更多经济社会发展成果，体现在民生改善上。（本段重在阐述“路是旅途”，说明老百姓在返乡路上提速的幸福也正反映了党的十八大以来民生的不断改善。）

路是方法，一条致富路成就了贫困群众的梦想。从外出打工才能挣钱，到在家种植也能增收，巴木玉布木越过越好的生活离不开精准扶贫的持续推进。（指出“精准扶贫”乃民生改善的利器。）产业扶贫激发内力，科技扶贫注入智慧，教育扶贫斩断穷根（这组排比句很好地阐述了“精准扶贫”的手段和意义，值得熟记），政策组合拳帮助包括巴木玉布木在内的近 1 亿中国人成功脱贫摘帽。千万个家庭有千万种冷暖，千万个个体面临千万种选择。但 8 年来，24.8 万个驻村工作队，300 多万名驻村第一书记和驻村干部（数字列举，胜于雄辩），以及不计其数的企业和个人，对接每一个诉求、解决每一个问题。如今，我们可以自信地说：千百年来困扰中华民族的绝对贫困问题在这一代人手中得到历史性解决。（本段重在阐述“路是方法”，指出正是“精准扶贫”之路，让包括巴木玉布木在内的近 1 亿中国人成功脱贫。）

巴木玉布木感慨，不管生活多难，我们都要往前走。（不断勾连事实主体，使论述生发有据，归结有宗。）的确，时间之所以能创造伟大的力量，是因为奋斗让一切皆有可能，是因为所有的路都得靠自己去蹚。正如浪花被潮流带动时，也贡献了前行的微薄力量，当时代给每个人创造机遇时，每个人也在用奋斗装扮时代。（采用“浪花”“潮流”的比喻论证，说明个体与时代可以互相成就的辩证法，富含哲理，值得背诵。）脱贫攻坚战中的贫困群众，用胼手胝足的努力创造中国的减贫奇迹，同时在发展的坐标中定位自我、实现自我。梦想与国运一起升腾，个体与时代并肩前行，这一辩证法值得平凡的你我铭记于心。（“胼手胝足”“发展坐标”“梦想与国运一起升腾”，高端词句，生辉文本。）（本段重在阐述脱贫攻坚战中的贫困群众也在用胼手胝足的努力创造中国的减贫奇迹。）

重读那幅照片，双肩包几乎拖地，一手臂弯里的婴儿仍在熟睡，一人高的行囊压弯了身躯，而望向前方的目光依然坚定。照片包含着母爱、思乡等丰富主题，但最动人的莫过于肩上扛着生活的重担，怀里仍然抱着前行的希望。（“春运母亲”的照片之所以打动人心，这几句文字作了很好的解读，值得借鉴。“扛着”“抱着”，一个坚定而又柔韧的形象跃然纸上。）相比于忍受苦难，更难得的是笑对苦难。这一次，卸下“包袱”的巴木玉布木以灿烂的笑容回应过往的辛酸，以红火的日子答复往日的贫穷。（用“红火”答复“贫穷”，语言富有冲击力！）这种乐观，支撑她穿过生活的荆棘，也将激励每一个你我创造更美好的明天。（结尾段指出巴木玉布木最动人的地方是她的乐观，是她笑对苦难、坚定前行的生活态度，启示人们在脱贫攻坚路上应该怎么做。）

总评

如何将“脱贫攻坚”这个时代命题写“小”写“实”又不乏深刻呢？这篇评论就提供了借鉴。首先，它洞微知远，以小见大。只聚焦于“春运母亲”这个侧影，通过“路”的变化以及演绎，折射出我国脱贫攻坚战所取得的巨大成就。水泥路解决的是出行难，返乡路解决的是归途难，致富路解决的是方法难。路之阐述，由具象到抽象，层层递进，不断掘出深意。其次，它多维思考。不仅强调脱贫攻坚战中党和国家的巨大作为，而且不忽视脱贫群众自身的乐观与努力。最后，它由点及面。由“桃园村”联系到“悬崖村”“牛吾村”等，由“行”想到“衣食住”等民生，由对巴木玉布木的精准扶贫到解决我国绝对贫困之难题。所有这些，都很好地回答了“‘春运母亲’因何两次感动中国？”的问题。

打造“带不走”的人才队伍

写作关键词：乡村人才　破题有方　布局出彩

作者：姜赟　人民日报评论　2021年3月19日　　点评：刘永香

以动宾短语作标题，观点更鲜明；“带不走”打引号，意味更深长。

湖南湘西花垣县的十八洞村，曾因为山高路远、闭塞落后而“穷出了名”。（开篇先声夺人，选取实例，既增强了文章的现实针对性，又为后面的议论蓄势、张本。）以精准扶贫精准脱贫为指引，短短几年时间，在科研团队帮扶下，村里一批猕猴桃种植技术能手脱颖而出；在驻村博士带领下，讲堂里每周都会传出学习英语的声音；在相关企业院校支持下，越来越多村民转型农家乐老板、乡土创客、电商从业者……（充满情境感的排例一出，“各色人才”扑面而来，让标题中的关键词“人才队伍”立马抽象变具体，形神兼备。）如今十八洞村拔穷根、摘贫帽，成为远近闻名的脱贫标杆。（“如今”与“曾”、“脱贫标杆”与“穷出了名”形成鲜明对比，为后文顺理成章地提出观点奠定坚实的基础。）小乡村实现发展大跨越，若追寻其中门道就能发现，人才不仅是关键钥匙，而且是一把金钥匙。（事实胜于雄辩，实践出真知——“小乡村”“大跨越”的关键是人才，这个硬道理不言而喻。观点句中把“人才”比喻为“钥匙”“金钥匙”，不仅形象贴切，而且深入人心。）

苏轼有句名言：“任贤使能，天下之公义。”（任用贤者使用能人，是天下普遍的道理。古代知名人物的引言，使立意高远，增加了文化底蕴。）激活人才价值，厚植发展沃土，引才和育才两项工作不可偏颇，都要重视起来。（首段提出了人才是农村振兴的“金钥匙”之观点，第二段就追述“如何打造人才”，“引才”和“育才”立马给出答案。文段环环相扣，干净利落，思路谨然。）从脱贫攻坚实践看，中央和国家机关、对口支援省份、本地省直市直机关，皆派出精兵强将到定点扶贫县挂职、担任驻村第一书记，各行各业纷纷发挥专长为脱贫一线传经送宝。撒下一粒种，带来果满园。（摆出事实后用通俗易懂的比喻为文段活色添香。）贫困地区的本土人才在“传帮带”机制下如春笋般冒出，如青松般扎根。（再用“春笋”“青松”的状态比喻“人才”的涌现与扎根，为文段锦上添花。）一支支“带不走”的人才队伍，托举起乡村振兴的希望。（乡村振兴的希望在于打造“带不走”的人才队伍，水到渠成地强化观点，回扣标题，让人服膺。）

功以才成，业由才广，人才是第一资源。（“功以才成，业由才广”出自《三国志·蜀志·董允传》，意思是功绩有人才方能建立，事业有人才才能发展。再次强化了人才的重要性。）全面实施乡村振兴战略的深度、广度、难度都不亚于脱贫攻坚，呼唤更多优秀人才来农村兴业创业，也需要进一步以“引”促“育”，造就更多本土人才。（紧扣第二段提出的“引才”和“育才”这两项工作的具体关系。）引才有如“及时雨”，关键时候能降甘霖、解焦渴；育才则像“自流井”，汩汩涌流、润泽原野。引才需要育才来“接力”，为乡村振兴激活内生动力；育才需要引才来“授艺”，补上市场、技术、管理等方面知识短板。（“及时雨”和“自流井”的比喻形象生动；“接力”和“授艺”两个动词深入浅出，辩证分析“引才”和“育才”的关系，为文章增色，打造亮点。）

全国两会上，代表委员围绕乡村人才振兴谋策支招，提出了许多务实中肯的建议，比如增强青年农民应用互联网手段发展和管理生产经营活动的能力，深度挖掘乡贤资源、搭建“乡贤智库”，优化村两委班子年龄、学历结构，等等。乡村人才振兴任重道远，既要结合农业实际培养善经营的“农创客”、懂技术的“新农人”，也要跳出农业挖掘良工巧匠、创业能手，还要选好用好农村发展“领头雁”、乡村治理“好把式”。（“既要……也要……还要……”递进句式的运用，高屋建瓴地指出了“乡村人才振兴”的具体需求，简约明朗；“农创客”“新农人”的热语新词、“良工巧匠”“创业能手”的传统说法、“领头雁”“好把式”的贴切比喻都让人频频点头，默默称许。）让方方面面本土人才涌现出来，乡村振兴的大舞台必能奏响新的奋斗之歌。（呼告之声如“黄河之水”趁势而来，一泻千里。）

重视引才、育才，还需要重视用才。（文章写到第四段后本可收尾，但作者却笔锋一转，再次深入地论述“重视人才”的重要性，体现出思维的深度之美。）引才和育才代表着人才观，用才留才则考验治理智慧。筑巢引凤引才聚才、厚植沃土储才育才，落脚于知人善任用才留才。（高光呈现，再次散发思辨之才，特色金句，值得背诵。）“人各有能，因艺授任”（旁征博引，增加文化底蕴。引言出自南朝宋 · 范晔《后汉书 · 张衡传》，意思是，每个人都有不同的才能，要根据他们各自的本领予以任用），才能人尽其才、百事俱举。全面推进乡村振兴，需要创造一个开放包容的大环境，激励各类人才“想干事”“想创业”；也需要搭建一组大有可为的好平台，让各类人才“干成事”“创成业”。唯有如此，才能让人才引得来、留得住，育得出、带不走，从而实现“一花引得百花开，百花捧出盛景来”。（如何重视人才？“需要……也需要……”“唯有如此……”，常规思维和一般句式的使用，迸发出了不一样的火花；四个三字词“引得来”“留得住”“育得出”“带不走”的连用，醍醐灌顶，发人深省；引用比喻连用作为收束句，诗意盎然，意犹未尽。）

“盖有非常之功，必待非常之人。”（出自东汉班固的《汉书》，意思是，要建立不寻常的功业，必须依靠不寻常的人才。再次引经据典，强化观点。）在脱贫攻坚过程中，许多贫困村发展产业，都经历了前景未明党员上、尝到甜头村民跟、走上正轨齐致富的过程。实现乡村人才振兴，离不开党建引领带动。实践证明，党建强则人才聚，人才兴则产业兴。哪里有坚强的战斗堡垒，哪里就是人才汇聚的强磁场。（“哪里……哪里……”的句式加比喻的运用，生动形象，引人共鸣。）建强党组织，画好同心圆，让各类人才安心展才华、自信显身手，中国乡村的未来将更加美好。（提出愿景，展望未来；期盼作结，升华主题。）

总评

文章论题是“打造‘带不走’的人才队伍”，但开篇却没有开门见山地提出观点，而是另辟蹊径，展示了一个通过“精准扶贫”转型的典例事例——湖南省十八洞村的变化，然后再追根溯源，水到渠成地提出观点，增强了观点可信度的同时，又使文章具有极强的可读性，扮靓了“凤头”。首段破题有个性，文章层层深入也有方法。在论证过程中，作者没有逐一从“引才”、“育才”和“用才”三个方面加以论述，而是把“引才”“育才”合二为一，辩证分析两者的关系后再提出“重视用才”这一观点，而后又把这三者再用思辨的头脑加以剖析，让人不禁击节赞赏。总的来说，本文章法井然，在内容上，有思路，有方向，有措施；文章灵动圆融，在语言上，有态度，有温度，有深度，的确是一篇值得剖析借鉴的佳作。

山乡巨变、山河锦绣的时代画卷

写作关键词：山乡画卷　排例亮眼　引喻生花

作者：李浩燃　人民日报评论　2021 年 3 月 22 日　　点评：刘永香

直接引用习总书记的赞叹语作标题，“巨变”突出主题，“锦绣”勾勒背景，“画卷”意蕴丰富。

“拔掉穷根把花栽，美得哟，沙漠变花海……”（开篇引用热播电视剧主题曲，时尚，新颖，扣题，吸睛。）前不久，扶贫题材电视剧《山海情》热播，故事取材于福建与宁夏的东西部扶贫协作实践。如同荧屏所呈现的那般，宁夏闽宁镇已由昔日“干沙滩”，蝶变成今日“金沙滩”。（由虚入实，既引出“宁夏闽宁镇”“干沙滩”变“金沙滩”的今日时事，也验证了习近平总书记在 1997 年满怀信心的预言。“干沙滩”形象地概括了当时闽宁“天上无飞雀，地上不长草，风吹沙石跑”的戈壁荒滩景象；而“金沙滩”则喻指如今的闽宁已脱贫一跃成为“现代化的生态移民示范镇”。由“干”到“金”的转变，寓意丰富，令人深思，并为下文的论述张本。）

闽宁镇的“沧海桑田”（葛洪《神仙传》里记载有一个叫麻姑的仙女，说自从她当仙女以来，已经见到东海有三次变为桑田了。这里用“沧海桑田”比喻世事变化很大），正是脱贫攻坚伟大斗争的一个生动缩影。（由点及面，以小见大，由一个“闽宁镇”的巨变引出“脱贫攻坚、乡村振兴”的宏大主题。）在全国脱贫攻坚总结表彰大会上，习近平总书记深情赞叹：“脱贫地区处处呈现山乡巨变、山河锦绣的时代画卷！”（回扣标题，自然醒目。）岁月为证，经过全党全国各族人民共同努力，在迎来中国共产党成立 100 周年的重要时刻，我国脱贫攻坚战取得了全面胜利，创造了又一个彪炳史册的人间奇迹。（“岁月为证”“彪炳史册”“人间奇迹”等四字词，高度凝练，语意丰赡，既表达出了脱贫攻坚取得胜利的自豪，也蕴含了脱贫攻坚傲立千秋的自信。）

青山不老，换了人间。（“青山不老”借用了罗贯中在《三国演义》中的一句话；而“换了人间”又是借用了毛泽东《浪淘沙·北戴河》中的一句词。作者善于取舍，将两句合用，颇合时宜，且承上启下，勾连巧妙。）在四川大凉山，通过易地扶贫搬迁，阿土列尔村村民走下新修的 2556 级钢梯，搬进了漂亮的新房子；在云南贡山独龙族怒族自治县，独龙族有了公路、通了隧道、住进安居房，实现整族脱贫、“一跃千年”；在西北塬上乡村，依靠云计算管控，“活”的水网不断延伸，农民不再担忧“十种九不收，麻雀渴得喝柴油”（引用当地歌谣，有声有色地突出脱贫后的变化）……历经脱贫攻坚战，曾经贫瘠的一方方土地，旧貌换新颜，色彩更斑斓。（这一组排比叙例，运用蒙太奇的手法，将“大凉山的列尔村”“贡山的独龙族”“西北塬上乡村”作为一幅幅美丽乡村实拍图展现在读者面前，不仅异彩纷呈，而且说服力极强。）观察卫星图像，8 年来，广袤大地上的绿色在增长，道路在延伸，产业在发展，乡村在变迁。脱贫地区经济社会发展大踏步赶上来，整体面貌发生历史性巨变。（排例后补写的内容，绝非闲来之笔，“增长”“延伸”“发展”“变迁”“大踏步赶”“巨变”等动词的使用深刻地揭示了前面三个例子之间的共性，并再次回扣了观点。）

从山乡巨变、山河锦绣的时代画卷中，我们看见“人”的力量。（逐层深入，提出第一个分论点。）“新愚公”李保国，35 年扎根太行山，用科技为荒山带来苍翠；“燃灯校长”张桂梅，献身教育扶贫，点燃大山女孩希望；谱写新时代青春之歌的黄文秀，放弃大城市工作机会，把生命定格在扶贫路上……他们千方百计“拔穷根”，付出真情，带来感动，唤起“同心干”的心劲儿。（再次用点例组合，像特写镜头一样，将“李保国”“张桂梅”“黄文秀”这些“扶贫标杆”定格在读者眼前，并用“新愚公”“拔穷根”“同心干”等新词热语，高度概括了“人”的力量，立体丰富。）也正因如此，在反贫困的史诗画卷中，亿万中国人都堪称“编外”扶贫干部。无数滴汗水，凝结成一个个震撼人心的数字；一双双手臂，托举起困难群众对美好生活的希望。（因果分析法，将典型人物在脱贫攻坚中的作用上升到亿万中国人所起的作用，立意高格超拔，书写了“历史是由人民群众创造的”的这一历史唯物主义基本原理，并用“无数汗水凝结成数字”“双双手臂托举起希望”等诗化的语言增加感染力。）

从山乡巨变、山河锦绣的时代画卷中，我们读懂百年大党的初心。（从看到人的力量，再看到党的初心，条分缕析，提出第二个分论点。）云贵川交界处，有个远近闻名的“鸡鸣三省村”，村民申昭时在通户路路口处竖起一块石碑：“感谢共产党”。这是普通群众发自内心的表达。（再举典型事例，把普通群众对共产党的感激通过一块竖起的石碑表达出来，真实感人。）8 年来，以习近平同志为核心的党中央把脱贫攻坚摆在治国理政的突出位置，把脱贫攻坚作为全面建成小康社会的底线任务，组织开展了声势浩大的脱贫攻坚人民战争，用行动践行了为人民谋幸福的初心。（再次回顾八年脱贫征程与取得的成就。）矢志消灭贫困，坚持以人民为中心的发展思想，正可谓扶贫的价值旨归。（接着阐释分析“扶贫”的意义与价值。）中国共产党人以超常的坚毅和非凡的实绩证明，就是要同贫困作坚决斗争，就是要让老百姓都过上好日子。（最后小结“党的初心”，回扣分论点。）

“天问一号”进入火星停泊轨道，在建的川藏铁路穿越崇山峻岭，5G 信号加速覆盖广阔城乡……（文章在结束段落“峰回路转”，又一次使用略例排比，展现“中国科技”、“中国速度”与“中国力量”，为“脱贫的乡亲们”营造了一个崭新而壮阔的时代背景。）今天，五星红旗迎风飘扬，神州大地舒展着更新更美的图画，跃动着蓬勃生机与活力。脱贫的乡亲们盘算着更红火的日子，阔步前行在乡村振兴的大道上，与全国人民一道共享国家发展的荣光。奋进新征程，大力弘扬脱贫攻坚精神，团结一心、攻坚克难、接续奋斗，我们就没有什么险峰不能攀登，没有什么奇迹不能创造。（“编筐编篓，重在收口”，开头展示“已现奇迹”，结尾呼吁“再创奇迹”，首尾圆合，浑然一体。）

总评

排比叙例，又称点例组合或略例排比。顾名思义，就是议论文写作中运用排比的手法进行例子叙述的一种论证方法。本文就是将这种论证方法运用得游刃有余、行之有效的典范。文章开篇前两段结构一致，无论是由“山海情”到“闽宁镇”，还是由“深情赞叹”到“人间奇迹”，作者都是采用先“引用”后“阐发”的论证方法，在理论上向读者展现了“山河锦绣的时代画卷”。讲完道理后立马摆事实，第三段开始使用排比叙例的手法，句式整饬，论据充分，把“贫瘠之地换新颜”的多个事例如数家珍地罗列出来，视觉冲击力极强。第四、五两段，条分缕析地摆出两个分论点，引证喻证，也是信手拈来。特别是第四段再次使用略例排比，朴实而又生动地展现了脱贫攻坚中“人”的力量，立意自成高格；而第五段，局部思路严谨，从提出分论点到列举事例，从回顾历史到阐释分析至结句回扣“党的初心”，一气呵成，不蔓不枝。最后结尾段也颇具艺术性，没有直接呼吁收尾，而是又一次使用略例排此，把充满自豪感的时代大背景罗列展示之后再首尾圆合，从而凸显出文章“从山乡巨变的时代画卷中看到党的初心和人的力量”的宏大主题。

推动乡村旅游“美丽蝶变”

写作关键词：乡村旅游　长短结合　凝练明快

作者：盛玉雷　人民日报评论　2020年12月23日　　点评：刘永香

“题好一半文”，议论文标题更是承担了多重任务。以人民日报评论标配风格的动宾短语作标题，更是观点鲜明，风骨毕现；“美丽蝶变”一词又增“清新雅致”之色。

“春观花”“夏纳凉”“秋采摘”“冬农趣”……（开篇十二个字就把春夏秋冬四季各具特色的乡村休闲旅游行的推介活动展现在读者面前，言简意赅地让人感受到了“春有百花秋有月，夏有凉风冬有雪”的诗意。）不久前，2020中国美丽乡村休闲旅游行（冬季）推介活动在广西壮族自治区马山县举行，农业农村部发布美丽乡村休闲旅游行（冬季）60条精品路线和187个精品景点，为城乡居民推荐冬日休闲的好去处。日益丰富的产品类型，不断完善的产业体系，为乡村休闲游打开了发展空间，也给人们的美好生活增添了更多精彩。（“日益丰富”“不断完善”两个四字词作定语，把乡村休闲游的特征与前景简洁清晰地勾勒出来。）

“家家门前长流水，户户庭院花飘香。”（“家家”“户户”两个叠词、“门前”“庭院”两个名词对仗工整；“长流水”“花飘香”把“小河流水潺潺，田野花香四溢”的美丽乡村画卷展现在人眼前。）在田野，在水乡，在林原，在山川，观赏景色、领略民俗、体验民宿、享受美食……（在运用诗化的语言之后，作者立马用一组短句子，使文章节奏变得轻快，让人更加充满遐想。）近年来，从“小生意”到“大产业”，乡村休闲游的发展可谓数量与质量并重、口碑与口袋双赢。（“小”“大”之间的对比，“生意”到“产业”的跨越；“数量”与“质量”的并重，“口碑”与“口袋”的双赢，这些词句的运用尽显作者用词的凝练与精准、思维的广度与深度。）纵观现在的文旅市场，乡村休闲游正在成为一股新潮流，受到越来越多游客的青睐。数据显示，2019 年我国乡村休闲旅游业接待游客 33 亿人次，营业收入超过 8500 亿元。（数字的使用，使乡村休闲游受到青睐的事实说服力倍增。）不再是农家乐、采摘园等单一业态，而是开展创意设计、餐饮住宿、文创商品、特色农产品销售等多业态运营；不只是自然风光、休闲度假等传统开发，而是挖掘文化体验、生态涵养、健康养生等复合型价值。（“不再是……而是”“不只是……而是”两个复句的使用，把乡村休闲旅游业运营方式的多业态、价值的复合型特征准确严谨地概括出来，让人秒懂。）既顺应了城乡居民消费拓展升级的趋势，也满足了大众旅游、全域旅游的需求，乡村休闲游展现出了广阔的市场前景。（用“既……又”的并列复句再次强调了乡村休闲旅游的作用影响与前景。）

乡村旅游市场欣欣向荣，得益于转型升级的机遇，也蕴含着农业增效、农民增收的内在动能。（逐层深入，进一步阐释乡村旅游业欣欣向荣的内在原因。）有的地方充分利用自然资源和人文资源，发挥地方特色，打造多样化、特色化、高品质的乡村旅游产品和线路；有的地方着眼游客体验，在“吃、住、行、游、购、娱”等要素上下功夫，有力带动当地餐饮、住宿等相关产业发展。（用“有的……有的……”的并列复句罗列出不同乡村因地制宜、因势利导而形成各具特色的休闲旅游产业。）从农产品加工业持续发展，到乡村特色产业相继涌现，从乡村新型服务业稳步增长，到农村创新创业明显提升，乡村休闲游日益成为城乡协调发展的重要抓手、促进农民增收的重要渠道。（“从……到……”是人民日报评论的经典句式，这种句式的使用能让论证言之有物，血肉丰满，值得借鉴。）

放眼长远，乡村旅游的意义还不止于此。（承上启下，显示文脉，继续纵深挖掘乡村旅游的意义。）如果说增收就业是发展乡村旅游带来的直观收益，那么倡导文明风尚、促进生态涵养、优化基层治理，就是不容忽视的潜在效益。（用“如果……那么”这一假设条件让步句进一步阐明乡村旅游的深层次含义。）甘肃兰州分豁岔村通过开展崇礼明信、移风易俗、家风建设等活动，让游客在感受风景美的同时还能感受内涵美、文化美、精神美；（列举分豁岔村的休闲旅游业时先用三个四字词言简意赅地把活动亮出来，再用三个三字词把活动带给人的美感摆出来，意味深长，值得反复咀嚼。）浙江湖州余村从靠山吃山到养山富山，从“卖石头”到“卖风景”再到“卖品牌”，最终走上了经济发展和生态保护双赢的绿色发展之路；（用“从……到……再到……”的句式驾轻就熟地细数出余村的休闲旅游历程。）四川成都战旗村将基层党建、社会治理与公共服务融为一体，促进农村一二三产业融合发展……（事实胜于雄辩，讲完道理后的事实论据必不可少，点例罗列的论证方式成为出彩利器，可仿易学。）可以说，在推进美丽乡村建设、推动农业农村现代化等方面，乡村旅游的作用越来越凸显。（小结乡村旅游的作用。）

推动乡村旅游“美丽蝶变”，也要克服发展中的问题，解决成长中的烦恼。（过渡自然，条理清晰；回到起点，提出建设性意见。）现实中，有的地方大拆大建、一哄而上，还存在不少同质化现象；有的村子经营粗放、管理混乱，让游客的体验不佳；有的地区旅游季节性明显，难以形成可持续性……（列举反面事例，罗列回放现实中出现的误区与弊端，让后面的“必须”有的放矢，掷地有声。）这说明，发展乡村旅游不是简单的“开门迎客”，必须因地制宜、因势利导，推动乡村旅游提质增效。（得出结论，用“必须”二字再次强化“因地制宜、因势利导”的重要性。）一方面，要补上出行难、停车难、如厕难等基础设施建设短板，丰富产品供给，提升旅游品质；另一方面，也要找准定位、突出特色，把乡土风貌、优秀传统文化与现代旅游需求有机结合起来，努力培育具有地域特色的乡村旅游品牌，从而既能回应游客对“诗和远方”的追求，也能更好承载展现乡村风貌、实现乡村振兴的使命。（“批判与建设齐飞”，在文章结尾铿锵有力地提出具体措施，体现了思想的深邃与严谨，并照见现实，令人对乡村休闲旅游的前景心驰神往。）

总评

本文就乡村旅游“美丽蝶变”这一现实提出了“如何推动”的命题。开篇以一场推介活动展示了乡村休闲游“日益丰富、不断完善”的现状，接着具体阐述、充分展开，然后逐层深入分析乡村休闲游日益繁荣的原因与意义，最后指出现实中存在的不足与弊端，并提出了改进的措施。文章思路清晰，结构严谨，逻辑自然，环环相扣，文脉不断。长短结合、张弛有度、疏密有间的语言表达是本文最大的亮点。有“吃、住、行、游、购、娱”等单字的罗列；也有“春观花、夏纳凉、秋采摘、冬农趣”“多样化、特色化、高品质”等三字词的并行；而像“观赏景色、领略民俗、体验民宿、享受美食”“创意设计、餐饮住宿、文创商品”等四字词的使用更是数不胜数。长句子的使用上不仅有“不再是……而是”“不只是……而是”表转折的复句，还有“既……又”“有的……有的……”表并列的复句和“如果……那么”表假设关系的复句，更有“从……到……再到……”之类人民日报评论的标配句式。这些长短句的结合不仅使文章在内容上错落有致，富于变化，更是在音韵节奏上张弛有度，收放自如。特别是结尾处在“一方面……另一方面……”的两个长句中嵌入“出行难、停车难、如厕难”“找准定位、突出特色”的短句子，让人对如何“推动乡村旅游‘美丽蝶变’”的方向与目标豁然开朗，心情更加悠然明快，读来也更加酣畅淋漓。

小草莓，蕴含种植大智慧

写作关键词：草莓智慧　以小见大　叙议结合

作者：白光迪　人民日报评论　2021 年 4 月 15 日　　点评：刘永香

小小的草莓蕴含了大大的智慧，标题就凸显了“以小见大”的论证特色。

坚持走现代高效农业的路子，能带动更多农民群众过上幸福美满的好日子。（开篇立意高远，开宗明义，虽未点题，但“高效农业”的路子已为“小草莓”的种植定好了基调，并为引出下文作好了铺垫。）

一到江苏省镇江市丹徒区世业镇先锋村四季春农业园，就能闻到草莓的香甜气息。（用“一到……就能……”的常见句式，自然承接上文，并紧扣标题，虽未见其形，但先闻其气，让人对“小小的草莓”充满了“大大的想象”。）走进农业园，迎面看到的是热火朝天的工作景象。（“走进……看到……”像继续推进的特写镜头，牵引人们顺其拍摄一路看下去。）草莓种植员疏花疏果，系统控制员调整水肥配比参数，设施工人爬上塑料薄膜大棚进行日常监测维修……（对不同工人分工明确、有条不紊、各负其责的“热火朝天”景象作了具体描摹，让人有身临其境之感。）所有工作都在有条不紊地进行，为优质草莓生长提供保障。（这一段记叙了“小草莓”的种植场景，为下文的议论张本。）

在上百亩的种植园里，为什么见不到一粒泥土呢？（顺着上文提供的场景设置疑问，勾起悬念，引人思考。）笔者采访时，最大的感受是干净整洁，最大的疑问也是为何能如此干净整洁。（再次强化疑点，让人迫不及待地想知道原因，吊足了胃口。）原来，这里的草莓采用现代化种植方法，区别于传统种植，草莓被架子支在空中，离地一米多高，果实悬垂在培养基两侧。（答案终于呈现，让“智慧”初见端倪。）“小伙子，来尝一个！”草莓入口，甘甜多汁。（设问完成后，作者没有接着阐释分析，而是宕开一笔，引用人物语言，增加现场感和代入感。）“高架式”种植，让草莓亩产达 3000 斤，每亩收入达 6 万元，收益是传统农业经济的几十倍。（再用具体数字加以佐证，说服力不言而喻。）新技术改变了草莓种养方式，现代化管理让农业成为有奔头的产业。（小结草莓种植和新技术的关系，回扣标题“小草莓”和“大智慧”的关系，并且照应开头“高效农业”，以点带面，拓展延伸至整个农业和现代化管理的关系。）

发展农业要依靠科技创新，现代化高效农业势在必行。（承上启下，指出“现代化高效农业”的重要性。）2014 年，习近平总书记来到世业镇调研，实地察看了草莓种植情况并指出，现代高效农业是农民致富的好路子。6 年多过去了，草莓园面积已经翻番，园区还种上了葡萄、水蜜桃、枇杷等多种作物，总面积从 2014 年的 110 亩增加至如今的 160 亩，发展成为名副其实的现代农业。（回顾 6 年多的草莓种植历史，并用具体的数字作对比，不禁让人感慨万千。）实践证明，坚持走现代高效农业的路子，能带动更多农民群众过上幸福美满的好日子。（用事实得出结论更让人服膺。）

农业产业更现代、更高效，主要得益于现代化技术的赋能。（逐层深入，分析农业产业现代、高效的根本原因。）农业园的农场主叶明兰说：“我们这个草莓是无土栽培，培养基都是醋糟发酵的，还有我们农村的菜籽饼、黄豆。”（用农场主的话语让人窥见“智慧”的一斑。）从品种选择到栽培方式，从管理模式到技术推广，草莓种植充满技术含量。（“从……到……”的句式，言之有物，思维有序。）在园区，双排式滴灌技术可根据湿度温度自动调控灌溉，水热力循环技术通过管道为草莓装上“地暖”，自动化暖风机、水肥一体化等设备技术也得到了应用。（专业术语的使用让“智慧”的内涵更见深度。）依托现代化农业技术，世业镇发展的高效农业，初步达到对农作物的健身栽培、绿色防控、清洁化管理，让人看着放心、吃着安心。（进一步阐明通过农业技术培育出的农作物给人们带来的好处，言辞中透露出欣慰与自豪。）正是由于现代化发展理念的融入、现代化科学技术的赋能，农业发展持续迈入快车道。（用“赋能”“快车道”这些新词热语让人感受到了时代的脉搏，瞬间对乡村振兴的前景充满了遐想。）

引进新生产技术，调整农业生产方式，释放的是综合生产效益。（议论向纵深处挖掘，“综合生产效益”又体现在哪里呢？自然而然引出下文。）以“高架式”草莓种植为例，一大优势是采摘时不用俯身，使采摘更加轻松。当地抓住新商机，把种植园变成采摘体验园，吸引了不少周边游客。采访时，叶明兰说：“摘得不累，没土也干净，上周有个客人摘了 3000 块钱的草莓呢！”（再次扣合“小草莓”蕴含“大智慧”的主题。）立足种养，农旅结合，让劳作方式日常化、轻便化，让体验式消费常态化、增值化，仅四季春一处农业园就带动 18 名村民就业，从业人员年收入从 1.4 万元增长到了 2.8 万元。（用“种养”带动“农旅”，让“劳作日常轻便”，让“消费常态增值”，词句凝练精辟，让人不禁击节赞赏“唯有智慧如此”！）如今，以高效农业为引擎，当地又发展了农家乐、游乐园等，农业不断涌现新活力。（“一花独放不是春，百花齐放春满园”，以点带面，从“种植园”到“农家乐、游乐园”，农业的新活力靠“智慧”喷涌而出。）

棚外微风徐徐，园中暖意浓浓。（结尾语言风格又为之一变，“棚外”和“园中”、“微风”和“暖意”两两相对，“徐徐”和“浓浓”两个叠词赋以诗意和深情。）种植园里，喜挂株梢的草莓沐浴着阳光，勤劳的蜜蜂穿梭在芽间枝头，员工们边唠家常边打理草莓，一派生机。（回看种植园，草莓沐浴阳光、蜜蜂穿梭枝头、员工轻松打理的生机景象，宛若叙事抒情散文一般，让人心生惬意，心驰神往。）现代高效农业让小小草莓尽情生长，乡村振兴的路子越走越宽阔，人民群众的幸福生活一天更比一天好。

（在美好的愿景中收束全文。）

总评

草莓的种植史就是一部缩微的农业科技革命史。文章以小见大，通过采访世业镇先锋村四季春农业园草莓的种植情况，不仅让人了解到了一种新型“高架式”草莓种植技术，而且高屋建瓴地引出“现代化技术为农业产业高效赋能”的现状，并让人看到前景，从而凸显“小草莓”蕴含“大智慧”的主旋律。文章标题直白，但行文并未延续这种风格，开篇并没有单刀直入先扣题，而是在甩出“高效农业”的话题后，才不显山不露水地引出主角“小草莓”。细细一领悟，方明白技巧颇深，真是棋高一着：“高效”不就是“智慧”的代名词吗？让人不禁为之一叹！“小草莓”种得再高效高产，也只产生单一生产效益，还不足以体现“大智慧”，文章在设问、引申、分析、阐释之后，继续纵向挖掘，提出靠“大智慧”形成的连锁效应和产生的综合效益，并继续以草莓种植为例，以点带面地展现出“以高效农业为引擎”，从“种植园”发展到“农家乐、游乐园”的一体化产业，让人如沐春风，感受到了农业的新活力，这难道不是“大智慧”吗？文章在表达方式上的叙议结合也是一大亮点。开篇一句话简洁亮出观点后，就转而运用记叙性的语言进行场景描写，生动形象，具体而微。主体段落在夹叙夹议当中还不时穿插现场人物的语言，让表达方式更为灵活，并充满生活气息。特别是最后一段，语言更是充满诗情画意，乡村振兴后人们幸福生活的图景呼之欲出，如在眼前，让人为之动容！

让乡村振兴的“车头”更有力

写作关键词：乡村振兴　结构典范　用语出新

作者：朱隽　人民日报评论　2019 年 9 月 19 日　　点评：刘永香

“让”字句作标题，能禅实用；巧用比喻，设置悬念，让人急于知道“车头”是什么，吸引眼球。

“火车跑得快，全靠车头带。”（用人们耳熟能详的顺口溜开篇，把坚强的、有能力的领导班子是带领群众走向胜利之关键的比喻意义底气十足地展现出来，如雷贯耳。）对于奔跑在振兴之路上的广袤乡村而言，这个车头就是村里的致富带头人。（直奔主题，把“车头”的喻体毫无悬念地直陈出来，干净利落，一扣标题。）笔者留意到这样一组数据，截至 2018 年底，我国 54.3 万名村党组织书记中，大专及以上学历的占 20.7%，致富带头人占 51.2%。（数字说话，权威可信。）农村基层党组织带头人素质不断提升，为乡村发展夯实了人才根基。（水到渠成地提出观点，把“车头”和“有力”结合起来，二扣标题。）

但这些致富带头人也并非没有烦恼。（宕开一笔，作者在提出观点后，没有急于论述，而是用记叙性的语言，把致富带头人的“烦恼”像讲故事之前的引言一样一笔带出来，再次勾起人的兴趣。）笔者在湖南湘西一个山村里就见到一位有着烦心事的村党支部书记。这个村的村民世代住在大山里，进出要蹚水过河不说，还得小心翼翼地走过只有两脚宽的崖边小路。这位村党支部书记做梦都想带着村民修一条通往外面世界的平坦道路，可面临缺少资金的难题。（叙例语言质朴无华，“……不说……还得……

做梦都想……”这些词语的选用异常亲切，很有代入感，把支部书记为缺少资金而烦恼的状况娓娓道来，一改议论文“正襟危坐”的面孔。）在山西吕梁，笔者遇到另一位村党支部书记。为了带领村民脱贫致富，几番尝试之后终于选定了红枣种植、肉羊养殖两个产业，但村里缺少相应的技术人才。（接着把支部书记的第二个烦恼——缺少相应的技术人才也自然而然地连带出来。）

这样的烦恼，亟待解决。（承上启下，文脉不断；“亟待”言简意赅，铿锵有力。）可喜的是，乡村振兴战略的提出、“四梁八柱”的确立，为改变这一状况提供了难得的机遇。（“四梁八柱”，原指中国古代传统的一种建筑结构，靠四根梁和八根柱子支撑着整个建筑。在文章的语境中，“四梁八柱”是形象的比喻，指代政策的主体框架。）针对城乡发展不平衡、乡村发展不充分问题，强化乡村振兴的制度性供给，破除一切不合时宜的体制机制障碍，推动城乡要素自由流动、平等交换，促进公共资源城乡均衡配置，是题中应有之义。（“针对”“强化”“破除”“推动”“促进”五个动词的高效使用，把“主题中应当包含的义理”简洁有力地展现出来，让人不得不颔首赞许。）在此过程中，已经成熟定型的制度，必须毫不动摇长期坚持；还不够健全的制度，必须与时俱进加以完善；尚属空白的领域，必须抢抓机遇大胆创新，如此，那些困扰基层干部的发展难题才能得到有效破解。（如何破解难题，针对“已经成熟”“还不够健全”“尚属空白”这三种情形，作者条分缕析，用三个并列句层次分明、言之有物地告诉了我们答案。）

这样的烦恼，不只在经济领域。（渐次展开，层层深入，继续挖掘“烦恼”。）比如，少数农村地区天价彩礼、薄养厚葬等不良风气未息；有的地方农村黑恶势力、宗族势力抬头；部分农村基础设施、公共服务欠账多，生活环境脏乱差需要改进。（“其进愈深，而其烦恼愈多”，除了经济方面的，乡村在习俗、风气、基础设施、公共环境等需要改进的地方比比皆是。）解决这些问题，每一个关键节点都不能偏离乡村振兴战略的规划，每一步前行都有赖于坚强有力的基层党组织。（力度十足地直接指明方向、给出措施。）“给钱给物，不如给个好支部。”这是村民的希望，也是现实的要求。（再次运用俗语，强调“好支部”这个“车头”的重要性，三扣标题。）

不久前印发的《中国共产党农村工作条例》，首次把党领导农村工作的传统、要求、政策等以党内法规形式确定下来，为“四梁八柱”政策体系提供了又一有力的基础性支撑。（纵向挖掘之后，横向展开，呼应前文的“四梁八柱”，是为了让“车头”的奔跑更有方向感。）当此之时，村党组织书记需要更好地把党的组织优势转化为重农强农、推动乡村振兴的行动优势，把顶层设计扎扎实实地落到实处。（指方向、给措施后就要求“车头”们脚踏实地地行动起来，暗扣主题，回答了“如何有力”的问题。）各地无论是在落实乡村振兴战略时，还是在领导组织开展农村工作时，都需要科学把握乡村的差异性和发展走势，做到规划先行、科学论证，因村制宜、精准施策，既体现乡村特点，也彰显地方特色。（四个四字词，用语凝练，概括得力；“既……也……”并列复句的使用，让“车头”开动起来不仅有方向，而且有动力，有目标。）

“困难面前我先冲，利益面前我先让，组织面前我服从，群众面前我服务。”（引句中的“先冲”与“先让”、“服从”与“服务”，一字之差，却匠心独具，境界凸显，精神立现；引用顺口溜式的俗语，让“车头”的有力行为和正面影响再次深入人心。）正是看到了党员干部在火热乡土对誓言的践行，有人不禁作诗而歌：“我站在田埂上望见未来”。（今人诗句中的“田埂上望见未来”，不仅展望了乡村振兴的美好前景，更是激荡出了“车头”们的家国情怀。）我们有党的领导的政治优势，有社会主义的制度优势，有亿万农民的创造精神，心贴心办事，实打实交账，必定能让农业更强、农村

更美、农民更富。（高扬时代精神，呼告式的结尾，展望出“农业”“农村”“农民”必定会变得“更强”“更美”“更富”的美好前景，让人幸福满满，心旷神怡。）

总评

文章在结构技巧上典范易学，不仅在谋篇布局上是采用“是什么——为什么——怎么办”层层递进式的结构；在行文上更是深得议论文的点题之妙：多次扣题，一咏三叹，凸显了“让乡村振兴的‘车头’更有力”这个主旋律，真是“一篇之中三致志焉”。“烦恼”不是人生的负资产，艰辛不是未来的绊脚石；自然的春天是等来的，而乡村振兴的春天是靠这些“车头”带领乡民奋斗出来的。文章在用语技巧上除了巧用比喻，还妙用俗语和顺口溜，像“火车跑得快，全靠车头带”“给钱给物，不如给个好支部”“困难面前我先冲，利益面前我先让，组织面前我服从，群众面前我服务”等警策立骨之句是全篇的出彩利器。引用虽小众，但人无我有，人有我新，人新我“亲”（引句亲切接地气），不仅让人心悦诚服地接纳其观点，并且还会有感而发：“群雁无首不成行，羊群出圈看头羊”，“大海航行靠舵手，农村振兴靠‘车头’”！所以要让“乡村振兴的‘车头’更有力”啊！如何让“乡村振兴的‘车头’更有力”？国家给方针，给政策；“四梁八柱”给支撑，给底气。文章在如何解决问题的议论过程中，用词上颇显精雕细刻之功力：像“规划先行、科学论证，因村制宜、精准施策”这些四字词看似信手拈来，其实煞费苦心，暗示着无论乡村振兴的前路是风是雨，只要“车头们”有“四梁八柱”作保障，明确方向，依照措施，敢于担当，脚踏实地，每个人都能“有力”地成为乡村振兴的真心英雄。

8 生态环保。

一鲸落万物生，珍惜这份大自然的温柔

写作关键词：万物温柔　素材丰赡　笔墨飞花

作者：刘诗瑶　人民日报评论　2020 年 4 月 28 日　　点评：徐小平

题目拟得十分灵性而富有诗意。

最近，“鲸落”一词，火了！（短句夺目，感叹走心。）前不久，中国“深海勇士”深潜器搭载母船“探索一号”完成 2020 年首次科考任务。让大家意想不到的是，科学家们在本次科考过程中收获了一个重要成果——在中国南海 1600 米深处发现了鲸落，这是我国科学家第一次发现该类型的生态系统。（简要交代时地人事，有新闻导语之精练。）伴随着“鲸落”一词迅速登上热搜，也让更多人认识了这种奇特的生态现象。（首段提出“鲸落”的话题，注意“倒叙”手法开篇之妙。）

何为鲸落？（一问振起全段。）从字面含义来看，它描述的是逝去的鲸缓缓沉入海底、不断被分解消耗这样一个过程。（字面含义是一个动态过程。）生物学意义上，它也可以是一个名词，指的是深海中依赖鲸的尸体有机质而生存的底栖生态系统。（生物学上是一种生态系统。）而当这样一个独特的生态现象进入公众的视野，人们惊叹于大自然的瑰丽奇幻，更被“一鲸落而万物生”的故事触动。不少人将鲸落视作“献给大海的浪漫”，赋予其温柔而又诗意的内涵。（公众视野中是一种温柔的诗意。）（本段分别从字面含义、生物学意义、公众视野等方面阐释了“鲸落”的概念，让人对

“鲸落”有个多维立体认知。）

对鲸落的关注或许有想象的成分，但透过鲸落，人们的确可以窥见神秘深邃的海洋世界一角。（“或许……但……”，以退为进，自然转换。）深海幽幽、不见天日，生物稀少、有机质匮乏，对觅食者来说，鲸落无异于天降馅饼，是一场巨量、短暂的食物补充。自然资源部第二海洋研究所孙栋副研究员举例，一条 40 吨的鲸沉降到海床，大约相当于同等面积至少 2000 年间自然沉降的有机质。（用数据证明鲸落真是“天降馅饼”。）从科学角度来看，鲸落对于维系海洋生态系统平衡，有着独特而重大的意义。（此句为下面两段的总领。）（本段言鲸落之可贵。）

研究发现，鲸落是一个漫长的过程。摄食鲸的身体，仅仅是这场饕餮盛宴的开始。当大块的肉被掠食干净，深海鲨鱼、鼠尾鱼等食腐动物就会心满意足地散去。（过程一：食腐动物的盛宴。）随后，多毛类和甲壳类动物会蹑手蹑脚地聚拢过来，它们直接利用鲸骨及附近营养丰富的沉积物生活，快速繁殖、扩张。（过程二：多毛类、甲壳类动物繁殖的温床。）慢慢地，鲸的身体在深海厌氧分解过程中悄悄释放出硫化物，依赖硫化物生活的细菌将其转化为有机质，造就了依赖这些化能自养微生物而存在的生物群落。（过程三：生物群落生存的供养。）最终，鲸骨的遗骸作为礁岩成为生物欢腾的乐园。（过程四：生物欢腾的乐园。）整个过程严丝合缝、环环相扣，长达数十年甚至上百年。（本段阐述鲸落是一个漫长过程，这个过程中支撑了大批深海生物的生存和繁殖。）

“一头鲸的死亡，造就了一个深海生态系统。”这样的说法并不夸张。当一头鲸用这样的方式反哺大海，不仅支撑了大批深海生物的生存和繁殖，成为黑暗荒芜里的一座灯塔，它的身躯还化作一个可靠温暖的落脚点和加油站，帮助深海生物停下来、歇歇脚，继续远距离扩散和迁移。（承上段继续讲鲸落的可贵：可以成为深海生物的落脚点和加油站。）大自然有其规律，如果没有鲸落，一些依赖它生存的物种或许就会受到威胁，深海的生物多样性也会受到影响。（从反面论证鲸落的可贵。）一鲸落，万物生，对于漆黑的深海而言，鲸落无疑是一份极其贵重的礼物。（本段论述鲸落可以造就一个深海生态系统。）

鲸落对海洋生态系统具有重要意义，但其发生却有很大偶然性。（意义重要，发生偶然，矛盾立现。）直到现在，人类发现的现代自然鲸落的数量，不超过 50 个。令人担忧的是，随着全球气候的变化及人类活动的影响，鲸被捕杀或者由于受到声呐干扰而搁浅的数量增多，海洋中鲸类数目急剧减少，鲸落也变得稀少。深海生物对于环境变化的抵抗能力较浅海和近海更低，一旦潜在的海洋生态系统平衡被打破，带来的危害不容小觑。（本段重在讲鲸落发生的偶然以及当下鲸类的急剧减少。）

自古，人们为落叶有情、春泥护花掉泪，当看到鲸落这样一座庞大繁茂的“生命绿洲”滋养生者，有谁能不为之动容呢？（“为落叶有情、春泥护花掉泪”的类比展现鲸落之令人动容，“生命绿洲”的比喻展现鲸落之丰美无比。）不妨记住这种感慨。愿鲸落这个温柔的词语，能唤起更多人对海洋生物的爱与呵护。（此句点题）要知道，万物相依相存、共生共荣，人类也是其中一员，保护海洋就是保护自己。（拓展一笔更显高屋建瓴。）这正是：沉于大海作养分，万物相伴共与成；渺渺孤舟何所栖？守住平衡是本真。（结尾呼吁人们对海洋生物多些爱与呵护。）

总评

这是一篇素材丰赡、语言诗意、行文严谨的评论。首先谈“鲸落”这个热搜话题，就必得掌握一些一手素材和各种科普知识。这篇就做到了：科学家首次在南海深处发现鲸落的情况、孙栋副研究员的介绍、鲸落概念的三个层面、鲸落的四个过程以及自然鲸落的数量、当下鲸类的现状等等，作者掌握得无不翔实而准确。语言也特别富有诗意。比如题目，比如结尾那些蕴含哲理的话，再比如文中一些描述性的词句“献给大海的浪漫”“饕餮盛宴”“心满意足”“蹑手蹑脚”“欢腾的乐园”“黑暗荒芜里的一座灯塔”等，无不让我们感受到那种“一鲸落，万物生”的温柔。行文也很严谨。从鲸落的可贵到鲸落的漫长到鲸落的现状，最后落实到对海洋生物对万物的保护，用文中的一句话来说，可谓“严丝合缝、环环相扣”。

健康中国的源头活水

写作关键词：人与自然　旁征博引　娓娓道来

作者：曹原　人民日报评论　2020 年 4 月 7 日　　点评：刘永香

用比喻式的偏正名词短语作标题，虽未立显观点，但却成功地吸引了读者的眼球，让人想一探究竟。

“胜日寻芳泗水滨，无边光景一时新。”（风和日丽游春在泗水之滨，无边无际的风光焕然一新。开篇引用朱熹《春日》中的诗句，让人充满无限遐想，再次勾起阅读欲望。）姹紫嫣红开遍，春天的大自然总是令人向往。一段时间来，无论是在公众的网络社交圈中，还是在新闻发布会、媒体报道稿件中，春天都是高频词。（设置背景，联系近况，突出“春天”的来临，寓意初显。）疫情防控期间，久居家中自我隔离，许多人都产生了一种亲近自然、拥抱自然的冲动。春天带给人们的讯息，不仅是时间节令，更有胜利信心和健康希望。（由果溯因，简单分析后直抒胸臆，用“不仅……更有……”的递进句式再次强化“春天”的寓意。）

不管是获取呼吸饮食，还是寄托平安祥和的希冀、实现美好生活的夙愿，大自然都是人的生存之本。（用“不管……还是……”的条件句，由“春天”引入“大自然”，段与段之间勾连巧妙。）从“人法地，地法天，天法道，道法自然”（这句话出自《道德经》，“道法自然”代表了老子的哲学思想，意思是人们依据于大地而生活劳作，繁衍生息；大地依据于上天而寒暑交替，化育万物；上天依据于大“道”而运行变化，排列时序；大“道”则依据自然之性，顺其自然而成其所以然）的哲学思想，到“劝君莫打三春鸟，儿在巢中望母归”（与前面高深玄妙的引言相比，引用白居易《鸟》中的诗句就显得晓畅明白，通俗易懂，又接地气）的人文理念，再到“竭泽而渔，岂不获得？而明年无鱼；焚薮而田，岂不获得？而明年无兽”（出自《吕氏春秋》，意思是抽干湖水来捕鱼，怎么可能捕不到？但是明年就没有鱼了；烧毁树林来打猎，怎么可能打不到？但是明年就没有野兽了）的朴素自然观，泱泱 5000 年中华文明充盈着尊重自然、顺应自然的智慧。（用“从……到……再到……”的惯用句式，引经据典，再现了中国古已有之的生态文明观，为观点句的出现张本。）朝着生态文明的现代化中国迈进，是全面建成小康社会的应有之义。（行文到此时才将观点句缓缓亮出，但却铿锵有力，掷地有声，健康中国的源头活水在这里得到了答案。）习近平总书记指出，“人与自然是生命共同体”。将人与自然的关系提升到“生命共同体”的高度，丰富了生态文明哲学观、认识论，为我们推动绿色发展、建设人与自然和谐共生的现代化提供了重要遵循。（接着用习近平总书记的引言提炼出“生命共同体”这一概念的内涵及意义，让观点血肉丰满。）

生态文明源于对发展的反思，也是对发展的提升。（观点明确后就迅速深入剖析生态文明和人类发展之间的关系，不蔓不枝。）自然保护不是困守青山的“缘木求鱼”，经济发展也不是掠夺自然的“竭泽而渔”，统筹好二者关系，既是生态文明建设的重任所在，也是实现民生改善、人民健康的重要内容。（继而辩证分析自然保护与经济建设的关系，并用“缘木求鱼”“竭泽而渔”的成语警策人们应该如何保护自然和发展经济。）“环境就是民生，青山就是美丽，蓝天也是幸福。”青山绿水、碧海蓝天是社会发展的本钱，是最普惠的民生福祉。无论怎么定义美好生活，良好生态必然包含其中。（再次引用习近平总书记的金句，阐释了美好生活与生态文明中的“青山绿水”“碧海蓝天”与社会发展的关系，让读者对营造良好生态环境这一观念产生共鸣，达成共识。）

好的自然环境无论对于疾病防控还是公众身心健康，都有极大的正向作用。人们在疫情防控的同时，进一步加深了对“人与自然和谐共生”的认知。清新的空气、洁净的水源、充足的阳光，是阻断病毒传播的无形屏障；科学的理念、自信的心态以及健康的生活习惯，是战胜疫情的制胜法宝。（联系现实，把空气、水源、阳光比作“屏障”，把科学的理念、自信的心态以及健康生活习惯比作“法宝”，直击人心。）“一松一竹真朋友，山鸟山花好兄弟。”（辛弃疾诗句的引用，创设意境，把人与自然和谐共处的温馨画面用蒙太奇的手法像放电影般展现出来，并为结句作了很好的铺垫。）唯有用心守护健康的自然，才能收获大自然带给人类的健康馈赠。（情动于中而形于言，“唯有……才能……”条件句式的使用，意到笔随，强化观点却又了然无痕。）

人类发展史就是一部文明进步史，也是一部人与自然的关系史。无数案例都说明，人类只有遵循自然规律才能有效防止在开发利用自然上走弯路，人类对大自然的伤害最终会伤及人类自身，这是无法抗拒的规律。（把生态文明上升至大情大理中去析危害，意义更加深远，也让人更加警醒。）在自然环境保护的问题上，我们必须算大账、算长远账、算全局账，决不能因小失大、寅吃卯粮、急功近利。（如何保护自然环境？作者义正词严地提出了“算账”模式，并用“必须”二字强化，接着还罗列出了“决不能”做的三个关键点，情感激荡，气势非凡。）

健康中国的持久动能，离不开健康自然的源头活水。（回应标题）保护环境、守护生态，我们每个人都要当好建设者，才能成为良好生态的受益者。（“建设者”与“受益者”的双重身份的提出，再次把“人与自然”的和谐关系准确定位、推向高潮。）推动形成全民关爱自然、关注健康的积极态势，我们必能早日实现美丽中国、健康中国的愿景。（呼告结尾，收束全文。）

总评

问中国哪得健康如许？为有源头活水来！哪里来的源头活水？大自然赠予的清新空气、洁净水源和充足阳光。如何让源头活水永葆清如许？弘扬老子“道法自然”的哲学思想，保持人与自然和谐共处的人文理念，遵循古老先民一直传承下来的朴素自然观。作为一篇反思生态文明、呐喊环境保护的文章，作者没有按“开宗”就“明义”的传统节奏开篇就点题，而是细细铺排、精心部署，由美好的“春天”引出“大自然”再追溯我们自古以来就有和自然共处的智慧后，才缓缓入题，摆明观点。这也是本文最大的特色，不主张急功近利地“首句首段标其目”，一如告诫人们不能拥有因发展经济而破坏生态环境的急功近利的心态一样，要缓慢有序，张弛有度，收放自如。文章在娓娓论述的过程中，文质兼美，用词精辟，新词热词醒目新颖；说理透彻，引经据典，警言妙语信手拈来，不失为一篇值得借鉴学习的佳作。

生态保护不能留“隐秘的角落”

写作关键词：林场被毁　缘事而发　转合谨然

作者：梁言品　人民日报评论　2020 年 1 月 22 日　　点评：刘永香

标题即观点，“生态保护”是主题，“隐秘角落”是现象，暗指“敦煌万亩沙漠防护林被毁”的事实，巧妙贴切运用热剧新词，吸人眼球。

日前（开篇二字，体现时效性），有媒体报道，位于库姆塔格沙漠东缘的国营敦煌阳关林场，在近十余年来持续遭遇大面积“剃光头”式砍伐。（应时而作，体现了评论对新闻事件的敏锐反应能力，“剃光头”比喻直白明了，骇心动目。）在我国八大沙漠中流动性排名第一的库姆塔格沙漠，每年以约 4 米速度整体向东南扩展，正在直逼敦煌。（以点带面析危害。）

事情一经披露，引来各方关注。（承上启下，引领下文。）就此，敦煌市成立工作专班，表示对相关问题开展调查；甘肃省也成立由副省长带队的调查组，会同酒泉市、敦煌市开展调查核实。调查组表示，将依法依规开展调查，如有违法违规行为一经查实将严查严办。当地没回避问题，全面开展调查核实，值得肯定。事实究竟如何、情况有多严重、责任如何归咎，全社会也期待一个全面而清晰的回应。（事情被披露后引发关注，关注结果如何。作者就事论事，用语公允理性，不偏不倚。）

阳关林场作为敦煌的防沙阻沙绿色屏障，有“守敦煌先守阳关”的说法，其重要性显而易见。而被砍伐毁坏林地，多被用来种植耗水量大、需频繁扰动地表土层的葡萄。（痛定思痛析原因。）来自阳关林场的资料称，目前葡萄生产已成为林场的支柱产业。这是不是典型的牺牲生态环境换取一时经济发展的短视行为呢？（一个反问句，一针见血地揭露其实质，睿智洞见“短视行为”，振聋发聩。）倘若是“人进一绿退一沙进”，倘若万亩防护林变为“绿色荒漠”，那无疑是土地之伤、生态之痛。（两个“倘若”连用，以退为进，将危害之大用两个四字词“土地之伤”和“生态之痛”分解得触目惊心。）不得不说，即便获得短期利益，也将化为黄沙。（用“即便……也……”再次退让，危害之深，一目了然。）

荒漠化地区，砍树容易，植树难。（回到常理，引出下文。）但树木从来不能随意被砍伐，更何况是国有林场。（一个转折，一个质问，继续深入分析。）我们需要追问：大面积的公益林场砍伐后引进经济作物，审批流程是如何通过的？从砍伐到种植，公益林变葡萄园，很难“神不知，鬼不觉”，那么“消失的林场”何以成为“隐蔽的角落”？（两个追问，三个引用，语言铿锵，直指心脏；化用贴切，可读性强。）如果林场强化公益林标识，如果林业部门严格审批采伐资质，如果……（再用三个“如果”以正视听。）那么今天，老百姓就不会发出“过去为林子流汗，现在为林子流泪”的感叹。（“过去”与“现在”、“流汗”与“流泪”，形成鲜明对比的同时，让人震撼无比。）林木棵棵失去，恰是因为责任层层失守。（再次强化内在原因，“棵棵失去”与“层层失守”对仗巧妙，可窥见作者遣词造句功力之一斑。）这警醒人们，守土要有责、守土须尽责，不能让从“沙老虎”口中抢来的林地半路夭折。（“有责”到“尽责”，用词严谨，层次分明；“沙老虎”“半路夭折”生动形象；“抢来”勾起悬念，引出下文。）

祁连山生态环境遭破坏的旧貌犹在眼前（缘事而发：祁连山生态环境破坏案是以牺牲环境换经济增长、借保护之名行破坏之实的典型案例。勾连类似例子，联系紧密；“犹在眼前”，过渡自然），有关领导不作为乱作为、不担当不碰硬的教训何其深刻；（先用犀利的通报措辞作为反面事例，震摄人心。）八步沙六老汉“一步一叩首，一苗一瓢水”的治沙场景感人肺腑，那些“治沙，第一个顶上去”的群众何其崇高。（再用八步沙六位庄稼汉用“一步一叩首，一苗一瓢水”的土办法“白发换绿洲”的正面事例进行对比，孰是孰非，不言而喻。）一正一反的对比表明，生态保护凝结多少人的锲而不舍、牺牲奉献，破坏起来往往却是弹指之间、摧枯拉朽。（“锲而不舍、牺牲奉献”与“弹指之间、摧枯拉朽”四字词的对比运用，凝练传神。）“吃祖宗饭砸子孙碗的事，绝对不能再干，绝对不允许再干。”（义愤填膺地借用俗语，掷地有声；两个“绝对”义正词严，引人警醒。）只有坚决摒弃损害甚至破坏生态环境的发展模式，坚决摒弃以牺牲生态环境换取一时一地经济增长的做法，才能让良好生态环境成为幸福生活的增长点、经济社会持续健康发展的支撑点。（面对问题不逃避，解决问题有方法；用“只有……才能……”的条件句式提建议，举措施；建言献策，畅想未来。）

生态环境是关系党的使命宗旨的重大政治问题，也是关系民生的重大社会问题。（高屋建瓴，回扣主题。）习近平总书记强调，“如果破坏生态环境，即使是有需求的产能也要关停”。绿水青山和金山银山绝不是对立的，关键在人，关键在思路。（伟人金句，力拔千钧，振奋人心，凝聚力量。）阳关林场的公益林遭遇“剃头式”砍伐，对各地来说也是警示：在生态环境保护上一定要算大账、算长远账、算整体账、算综合账，不能因小失大、顾此失彼、寅吃卯粮、急功近利。（“一定要”后面的四个“算账”句，节奏明快，多维透视，由浅入深；“不能”后面的四个四字词深入本质，言简意赅；警示的内容一气呵成，无出其右，有滔滔江水一泻千里之气势。）

阳关林场防护林被毁一事，我们期待调查结果，让破坏生态环境者付出代价；希望警钟长鸣，让短视利己主义者放弃侥幸；呼吁齐心行动，让“生态优先，绿色发展”真正掷地有声。（结尾回归事实，用“期待”“希望”“呼吁”三个分句揭示大情大理，总结压轴，言有尽而意无穷。）

总评

本文章法纯熟，起承转合，笔力老到。评论最大的特点就是从具体的事件，联系到它产生的原因，挖掘其本质；或澄清事实，说明真相。于是乎，本文先立足当下，亮剑生态环境“隐秘的角落”；再以点带面，表明重拳整治生态破坏的决心；最后呼吁要在生态之痛中彻底苏醒。通篇应时而作，凭理而断；“引析联结”，环环相扣，思维缜密；且内蕴丰厚，颇见作者“操千曲而后晓声，观千剑而后识器”之气度与功力。生态之痛催生“最严问责”，祁连山生态环境破坏案以案促改，为全国整治生态环境问题、走绿色发展道路提供了范例。因此文章不仅“就事论事”，而且“缘事而发”，“前事不忘，后事之师”，联系这一事例犹如“当头棒喝”，带来“猛击一拳”的警醒，直指人心；并让人领悟“生态保护不仅要入法入规，更要入脑入心；不仅要建章立制，更要移风易俗”，“为生态投资，更是为发展增绿”。这是理性思考的过程，更是用智慧来解决问题的表现。文章除了在结构上有亮点，思维上有深度之外，言辞运用上也语出不凡。“入乎其内要学会出乎其外”，文章引语精彩纷呈：不仅有“隐秘的角落”这样的热剧新词；还有“剃光头”“神不知，鬼不觉”“吃祖宗饭砸子孙碗”等这样接地气的俗语；更有“如果破坏生态环境，即使是有需求的产能也要关停”的金口玉言，这些引语在论证上如虎添翼，熨帖人意，激扬人心。特别是四个“算账”句的运用，不变中有变化，整齐中有层次，内容上有意蕴，不仅让人窥见作者遣词造句的匠心，更让人心生敬畏：若每个人都将生态保护的观念内化于心、外化于行，我们就能与自然共生，让地球家园更加美好！

同饮一江水，共护长江美

写作关键词：生态长江　逐层挖掘　文畅质美

作者：范昊天　人民日报评论　2021 年 1 月 26 日　　点评：刘永香

标题对仗，让“眼睛”传神明亮：以“长江”为话题，拆分“共同”二字，护“水”变“美”，音韵和谐，凝练精当，有画龙点睛之妙。

冬日暖阳下，万里长江烟波浩渺，奔流不息。（开篇如高空摄影，用广角镜拍出了一幅“冬日暖阳”下的长江大片，不禁让人耳边回荡起《话说长江》的片头曲。）长江岸边的湖北兴发集团宜昌新材料产业园内，香樟树、广玉兰等仍然绿意盎然。（镜头聚焦到了“新材料产业园”，让人眼前为之一“绿”。）集团员工李刚每天都要到自己负责的 1000 米长江岸线责任区巡查一次。他见证了沿江环境之变，欣喜地跟笔者说：“近几年装置和厂房逐步拆除，全部进行了复绿，环境一天比一天好。”（切换镜头，来个特写，定格到了“员工李刚”的身上：他的巡查、他的见证、他的话语，无不透露着“欣喜”，全因周边“环境的复绿”。）

环境向好，得益于生态优先、绿色发展的共识，得益于把长江经济带建设成为生态更优美的黄金经济带的行动。（“环境向好”承上启下，两个“得益”探究原因，“共识”引发“行动”，把“生态”和“经济”完美相融。）作为长江径流里程最长的省份，湖北守护长江的责任重大。（长江干流流经 11 个省、区、市，单举湖北，其地位可窥见一斑：坐拥三峡水利枢纽、南水北调中线水源地、素有“千湖之省”“鱼米之乡”美誉的湖北，其长江岸线资源全国第一。）2016 年以来，湖北共抓大保护、不搞大开发，累计“关改搬转”沿江化工企业 332 家，取缔各类码头 1211 个，腾退岸线 149.8 公里，复绿 1.2 万亩。（时光回溯，数字说话；“共抓大保护”，“不搞大开发”；践行“绿色发展”，恢复“一江清水”。）如今，湖北全省 22.3% 的国土面积纳入了生态红线的保护范围，水清岸绿生态美的图景正在变为现实。（“水清岸绿生态美”，言辞凝练，语出不凡，让古老的母亲河焕发新的生机与活力。）

同饮一江水，共护长江美。（扣题论述，不是简单地重复标题，强化观点，而是思维的第一个层次：为什么要“共护长江美”？因为“同饮长江水”！）习近平总书记指出，“生态文明是人民群众共同参与共同建设共同享有的事业，要把建设美丽中国转化为全体人民自觉行动”。（伟人金句，直指民心，传达民意，让“你我”与长江同在。）长江生态环境的改善，是全社会共同努力的结果。今年是推动长江经济带发展座谈会召开 5 周年。5 年来，从长江“十年禁渔”到破解“重化围江”难题，从岸线修复到构建绿色生态廊道，长江经济带在环境变好的同时，经济社会发展质量更高了，人民生活更幸福了。（再次回顾近 5 年取得的成就，用两个“从……到……”的标配句式，时空穿梭，尽显深邃。）

在发展中保护、在保护中发展。（此乃论述之第二层：如何“共护长江美”？“保护”与“发展”相辅相成，不离不弃。）推动长江经济带探索生态优先、绿色发展的新路子，关键是要处理好绿水青山和金山银山的关系。（找关键，明措施，引思考：“绿水青山”和“金山银山”之间的关系如何处理好？）发展不能以牺牲生态环境为代价，主动调整发展的速度，为转方式、调结构创造条件、留出空间，不仅让生态有了休养生息的机会，经济发展也可以实现质的飞跃。（先从理论上找准方向，明确目标。）由于关停沿江化工企业，2017 年宜昌 GDP 增速跌落到 2.4%。也正是从这一年开始，该市强力推动化工业转型升级，着力提高精细化工占比。2019 年，宜昌市 GDP 增速恢复到 8.1%。（再从实践中验证理论的正确性。）实践证明，生态环境保护和经济发展不是矛盾对立的关系，而是辩证统一的关系，守好绿水青山就能产生综合效益。（理论联系实际，从而得出结论："保护"与"发展"可以"辩证统一"，"长江留白"才能"留绿未来"。）

建机制才能管长远，保民生才能可持续。（"保护"与"发展"如何才能"长远""持续"？文章继续深度挖掘：唯有"建机制""保民生"方可形成，此乃论述之第三层。）继续巩固长江生态环境改善的成果，需要加快建立生态产品价值实现机制，让保护修复生态环境获得合理回报。（建立什么机制才能保住民生？作者环环相扣：唯有加快建立"生态产品价值实现机制"才能"获得合理回报"。）以武汉为例，当地健全生态补偿机制，率先启动长江、汉江跨区断面水质考核奖惩和生态补偿，过去三年长江、汉江跨界断面考核共奖励 2150 万元，扣缴 2250 万元。（事实呈现，举例武汉，让人信服。）环保不能急功近利，更不能漠视民生，只有多管齐下、多措并举解决群众关心的问题，才能平衡好环保与民生的关系，实现民生与环保的"双赢"。（用"不能……更不能……""只有……才能……"两个复句，掷地有声地表明：生态长江需"绿色"与"民生"共发展。）在湖北襄阳老河口市王甫洲晨光村，渔民郑鹏成响应政策号召收起打鱼网，和哥哥一道创办了一家承接河道清污除草业务的小型环保公司，成功带动 7 名渔民转业增收。（再次列举典型事例，增加说服力。）综合施策、久久为功，方能让长江生态环境质量持续好转。（小结本段，唯有持之以恒、锲而不舍、驰而不息才能善作善成，行稳致远。）

习近平总书记在全面推动长江经济带发展座谈会上指出，长江经济带"生态地位突出，发展潜力巨大，应该在践行新发展理念、构建新发展格局、推动高质量发展中发挥重要作用"。（站在时空交汇的历史节点上，总书记高瞻远瞩，为发展指明方向。）给长江留白、为生态让路，凝聚起全民保护长江的磅礴伟力，一定能进一步提升长江经济带的“含绿量”“含新量”“含金量”，确保一江清水绵延后世、惠泽人民。（结尾精彩：“留白”“让路”二词言简意赅，寓意深远；三个“含量”，一字之差，内涵丰富；精选“凝聚”“提升”“确保”三个动词，用“未来视角”安定民心，让人憧憬“蓝天常驻、青山常在、碧水长流”的美好未来。）

总评

浩荡长江，美丽中国。本文唱响了一曲绿色发展的长江之歌，信达雅兼具。

信：本文实事求是，重锤出击。“湖北兴发集团”“宜昌沿江化工企业”相继而出；“武汉机制”“襄阳渔民”频频亮相；还有历史回顾，数字佐证，让人明白了“建设生态长江，涵养文化长江，繁荣经济长江”不是标签，不是口号，而是“你我”的共同责任。

达：本文章法严谨，逻辑自然。“同饮一江水，共护长江美”“在发展中保护，在保护中发展”“建机制才能管长远，保民生才能可持续”三个分论点，看似毫无瓜葛，实则紧密相联，并且层层递进，环环相扣，读来有“文脉不断，通达流畅”之快感。

雅：本文才藻丰赡，自成高格。无论是标题，还是三个分论点，都专精覃思，打磨淬炼，运用对仗句式，尽显整饬之美，似乎让人看到了“出千峡、纳万川”的绿色生态长江正深情款款地向我们走来。

一丘之貉的貉申请加你为好友……

写作关键词：人貉之争 拔新领异 深入浅出

作者：周珊珊 人民日报评论 2020年7月27日 点评：刘永香

题目惊世骇俗："一丘之貉"贬词正用；"申请"一词幽默诙谐；人类社交常用语"加你为好友"趣味横生，勾起悬念。

前阵子，上海某小区先后出现20多只貉，夜里一双双眼睛闪烁着绿光，甚至有传言说一向温和的貉也会出现伤人行为，小区里的"人貉之争"引发关注。（开篇再现热点新闻，语言凝练生动，具有强烈的现场感，并用"人貉之争"四字词凸显主题。）

也许没亲身体会，但你肯定看过这样的视频——（"动人者，莫先乎情"，语气亲切，引出下文）峨眉山的猴子冲上来扒拉游客的背包；奈良鹿合影时温驯可爱，但一见鹿仙贝就躁动起来；无边的夜色里，刺猬冲镜头投来仓皇且闪闪发亮的目光……（三句三场景，把人与野生动物的相处状态真实再现出来，充满镜头感。）在人类与野生动物的一次次互动中，游人看到了野生动物的可爱个性，专家看到了生物对城市化进程的适应机制，科普达人则看到了出于善意的投喂行为可能对野生动物种群带来的伤害。（从不同的角度把人和野生动物的审美、实用、生态等相互关系理性而生动地阐述出来，让人思路豁然开朗。）

野生动物与城市的距离并不遥远。有的动物"大隐隐于市"，小心选择领地。（"大隐隐于市"本是道家哲学思想，其意思是在都市繁华之中隐逸生活，仅凭借自身的毅力，做到独善其身。这里用在野生动物身上，滑稽风趣，意味十足。）闹市区整齐划

一、造型别致但品类单调的绿色园林景观，被野生动物“用脚投票”淘汰出局，反倒是更原生态、更“野生”的灌木丛，公园与小区的绿地更被青睐。（“用脚投票”“淘汰出局”“更被青睐”等词“物我一体”，用语新奇，让人读来轻松愉悦。）从某种意义上说，是否有野生动物出没、栖居，成为评价某一区域生态环境好坏的标准之一。（“同一片大地，同一片家园”，人与动物和谐相处的观念已深入人心。）

野生动物的融入，有时也不如看起来那样岁月静好。（过渡简洁自然，“岁月静好”耐人寻味。）貉、黄鼠狼和刺猬，经常出没在流浪猫的聚居地，因为在那里，它们可以在投喂的猫粮中分一杯羹，但这也引发了狂犬病、疥螨、蜱虫的扩散；被称为“干脆面君”的浣熊上门乞食，可爱之余也有隐患：高油高脂的加工食品还会让它们患上“富贵病”，有的还会因此改变习性、过度繁殖等；而野生动物入侵人类居所，也可能发生攻击行为、破坏房屋甚至引发火灾等。（罗列野生动物出现在人们生活中时而为疫、时而为患、时而为敌、时而为害的现实，描摹生动细腻。）

还有一些动物在城市的建设和扩张中，不断“受伤”甚至逐渐退出城市空间。（继续挖掘“人与动物不能和谐相处”的现状。）城市高楼林立，钢筋水泥森林中随处可见锃光瓦亮的玻璃制品，经常引发“鸟撞”现象。（事例列举一：城市特有的玻璃建筑让鸟儿看不清真相。）在大树阴凉、阵阵蝉鸣的夏日意象中，一只蝉花费几年时间冲破硬壳等待破土上树，或许硬化的水泥已经阻挡了它前行的步伐，又或许当它爬出方寸泥土，却恓惶着找不到可以爬上去的树。（事例列举二：“硬化的水泥”和“已被砍伐的树木”让蝉儿不能破土重生。）

城市是人类与其他物种共生共存的家园。（同在地球上，共享大自然，城市生活也不例外。承上启下，过渡自然。）野生动物与城市生活，并非线性的你进我退、此消彼长。让动物适应城市、适应人类，我们同样也需要学会与它们共存。（观点呈现，用

“并非……”强调和谐共生；用“同样也需要……”指明方向。）如何寻找和谐共存的平衡点？如何维护城市生物多样性？如何建立对野生动物友好的生态城市？（三个“如何……”不是简单地发问，而是智者的慧心，思想的生发。）这不仅仅是城市生态学的课题，也需要我们在规划和建设层面考虑更多。（“不仅仅……也需要……”为野生动物与城市生活提供了一条和谐共生的通道。）往上游说，这需要我们更加了解生物的习性；往下游说，这也需要更精细的城市治理。（建言献策，从两个方面给人类提供了可行的措施。）

怎么对待野生动物，折射出城市文明的一个侧面。（生态兴则文明兴，生态衰则文明衰。）学会和野生动物和谐共处，需要学会突破视角局限——不以人类的好恶生杀予夺。（先总述“如何学会与野生动物和谐共处”的原则。）既不残忍暴戾地对待动物，也不是毫无原则地保护生灵，既不屈从于人类中心的傲慢，也不盲目于动物权利的鼓噪，尝试在与它们相处之前先了解并熟悉它们。（再用两个“既不……也不”并列句式细致深入地告知人们“如何与野生动物和谐共处”，理性思辨，具体而微。）

中华民族自古就有“天人合一”的思想传统。（古今切换，流转自如，立意高远。）在城镇化进程中，大量森林、湿地默默消失；但如今，我们越来越重视自然生态、经济生态和社会生态的和谐发展。（经历过痛苦嬗变的现实表明，人们正在重新认识生态系统跟生活之间的紧密联系。）除了宏观的生态保护政策外，一些民间组织也在为调节城市生态主动作为，不少城市引入了先进的绿化理念、逐步建立起野生动物监测网络。（为了和野生动物和谐相处，除了更新观念，武装头脑，更多的是，人们要行动起来。）我们想要的绝非在“寂静的春天”里追思诗与远方的田园，而是自然野趣俯拾皆是的都市新生活。（“绝非……而是……”让人憧憬无限，向往有方。）

这正是：鸟叫虫吟，悠悠我心。獐嘶鹿鸣，食野之苹。但为人故，遁隐至今。

何以为解？共存共赢。（仿写曹操《短歌行》句作结，尽显睿智，创意满满，文采飞扬；饱蘸情感，有理有力，诗意盎然，不禁令人击节称叹。）

总评

本文有三个方面的“新意”值得推崇。

1. 旧瓶“新”酒，内容上有“新意”。“如何处理好人与动物的关系”是个老生常谈的旧话题，但“容器有形，盛放有新”，本文立足于“城市生活与野生动物如何共生”这个点，与众不同，“新意”横生；特别是开篇用“人貉之争”的热点新闻为文章开路，“新意”就更加恣肆了。

2. 构思“新”颖，结构上有“新意”。我们知道，整个人类的发展史就是人与野生动物的博弈史，在人与动物漫长的博弈中，如何“共赢”？这是人类一直探索的问题。要讲清这个理，文章没有用传统的时评方式谋篇布局，而是推陈出新，顺势为文，“引”“联”“析”看似随意，没有章法，实则用心，形散神聚。

3. 用语“新”奇，语言上有“新意”。“惟陈言务去”，本文用语大胆有趣，幽默诙谐，新词热语频现，古诗词仿写增色，让人耳目一新的同时还能轻松愉悦地感受着理性的思考：人与野生动物的诸多问题只是一个暂时的现状，和谐共存才是长远的未来。

黄沙遍地，为何“一沙难求”？

写作关键词：一沙难求　处处设疑　见微知著

作者：王浩　人民日报评论　2020 年 5 月 14 日　　点评：刘永香

疑问句作标题，本就悬念横生，再加上“黄沙遍地”与“一沙难求”的悖论，更让人想一探究竟，吊足了胃口。

说起水短缺、石油短缺，大家并不陌生。但沙短缺你相信吗？（开篇把“沙”与“水”“石油”作比较，直接发问，照应标题，引出下文。）从广袤的沙漠，到绵长的沙滩，再到江河湖海裹挟的滚滚泥沙，沙子似乎无处不在。（用“广袤”“绵长”“滚滚”三个形容词和“从……到……再到……”的标配句式生动再现了“沙子似乎无处不在”的事实。）但据报道，全球目前正面临沙子短缺危机。这究竟是怎么一回事？（一个“但”字引起的转折句和一个“究竟”引起的疑问句，再次抛出谜团，吸人眼球，引君入瓮。）

沙子可分为河沙、海沙、山沙等。河沙因质量优良，成为理想的建筑用料，在我国建设中一度占比达 90%。（从专业的角度把“沙子”进行分类，并引出难求的“河沙”这一主角。）在全球城市化快速推进的过程中，沙子使用量在过去 20 年里增加了两倍。与此同时，作为一种不可再生资源，河沙形成周期漫长。（单刀直入，用简单两句话点明“一沙难求”两个原因：使用量增加和形成周期漫长。）所以，在现实使用中，出现了消耗增速超过自然增速、生成速度远远赶不上开发速度的情况。（用因果分析法得出结论，句子虽长，但逻辑严谨，表达清晰，用词精当，特别是两个“增速”

和两个“速度”的比较，让“一沙难求”的原因更加了然于胸，使人不禁发出“原来如此”的感慨。）

有人认为：全球沙漠占陆地总面积近 1/3，这难道不是取之不尽的资源？（为了深度挖掘原因，又宕开一笔，再生悬念，引发思考。）必须看到，沙漠中的沙子颗粒较小、无法与水泥紧密结合，盐碱含量高、易腐蚀材料，距高需求区域一般较远、运输成本高。与此类似，很多种沙并不适合建筑大宗使用。简而言之，沙子很多，合用的沙却非常有限。（再次因果分析后得出“合用的沙非常有限”的结论。）另一方面，用碎石、矿石等材料人工制沙，虽然技术成熟但价格高昂，加之含有大量沙子的建筑垃圾回收转化率较低，愈发加剧了全球“沙短缺、沙涨价”的现象。（从另一个角度深入分析“沙短缺、沙涨价”的缘由。）

一沙一世界。（语言风格发生了变化，由理性分析到文学性表述，引用英国诗人布莱克《天真的预言》里的一句诗，不禁让人联想到后面“……一花一天堂。一树一菩提，一叶一如来”的诗句，充满了哲思，让人想拨开“一粒沙里能看出一个怎样的世界”的迷雾。）回溯人类历史，小小沙子称得上是现代文明的重要支撑。现代都市，摩天大楼、车水马龙、流光溢彩；广袤田野，长桥横卧、公路纵横、铁轨延绵；从家家户户常用的玻璃瓶，再到现代工业的心脏——芯片，所有的这一切都离不开沙子。（回顾“沙子”与“现代文明”的历史，从“现代都市”到“广袤田野”，从家用玻璃瓶到现代工业芯片，沙子对人类生活起到了至关重要的作用。）粉磨、提纯、再组合……一道道复杂烦琐的工序，凝结了人类的无穷智慧，让一粒粒不起眼的沙“变”出多彩世界。（工序虽繁复，智慧却无穷，“一粒沙”为世界添彩。）从一粒沙中，我们看到一个个平地高楼起的奇迹，看到人类改造自然、利用自然的不懈追求。（得出第一个分论点：从一粒沙中能看到奇迹，看到追求。）

一粒沙中，也能看到破坏环境、无序开发的发展弯路。（“一粒沙”像一面镜子，世界在它的照耀下，妍媸毕露。文章直击现实的“弯路”，得出第二个分论点，且与第一个分论点形成正反关系，发人深省。）沙是自然馈赠给我们的礼物。随着经济社会发展，基础设施建设不断推进，人类对沙的需求越来越旺盛，资源开发强度越来越大，过度索取让沙子短缺的危机悄然而至。（再次紧扣现实，体现评论“针对性强”的特点。）近十年我国主要河流、湖泊代表水文站平均年输沙量，较多年平均偏小约80%。（数字说话，由不得你不信。）另一方面，在利益驱动下，一些地方非法开采一度较为猖獗，河沙不断减少，有的已近枯竭。（“没有买卖就没有伤害”，河沙也难逃一劫。）一些地方因过度开采导致河床千疮百孔，河流走势紊乱，鱼类、水鸟生存家园遭到破坏。河川之危、水源之危，更是生存环境之危。（描述过度开采的现状，“千疮百孔”“走势紊乱”“遭到破坏”等四字词语的使用，让人触目惊心；“河川之危”“水源之危”“生存环境之危”的层层递进，让人警钟长鸣。）

一粒沙里，可以看到人与自然和谐共生的探索。（文章把握有度，没有一味停留在乱象之中，危言耸听，而是迅速提出第三个分论点，推动人们透过现象与事实去发现问题，领略更深的题旨。）在长江江畔的湖北荆州，正是因为贯彻“共抓大保护，不搞大开发”，正是因为铁腕治沙、打击非法开采，昔日满目疮痍的沙市港“灰码头”正在变为“绿公园”，一江春水重回“颜值巅峰”。（列举事例的过程中，用两个“正是因为……”的句式弘扬生态环保的主旋律，“灰码头”与“绿公园”形成鲜明生动的对比；“颜值巅峰”这一热语新词贴切形象。）这也说明：打击非法开采，应该摸清“谁在采”“用什么采”“怎么采”等问题，紧紧盯住“人”“船”“沙”核心要素，水利、公安、交通等部门应在开采、运输、销售等环节紧密合作，对非法行为持续保持高压打击态势。（纵深挖掘，思维缜密，用语凝练，节奏明快。）

当然，解决沙子短缺之危，不能一禁了之，要精心保护，更要合理利用。如何平衡好保护和发展的关系，是世界各国都必须思考的问题。（由此及彼，横向联系，高屋建瓴地提出新的问题。）就河沙而言，从每条河流根据环境承载能力科学划分开采区、实施总量控制，到对防汛关键河段、环境敏感地区划定红线，再到通过内河航道定期疏浚、水库库区定期清淤补充沙子市场缺口，不失为可供尝试的治理之策。（“术业有专攻”，回扣主题，用“从……到……再到……”的句式建言献策，言之有理。）此外，从机制沙代替天然沙，到提高建筑垃圾回收率，仍有待通过技术优化、政策推广等方式激活存量、扩大增量。（再用“从……到……”进行补充，使解决问题的方向更加明确。）

在一些国家，有人专门从事偷沙的勾当，这一现象曾让联合国环境署相关研究人员大为困惑。（多维视角，从国内到国外，思路宽阔。）美国一位学者也撰文表示：沙子这一极为关键的原材料，却很少有人知道地球上到底有多少、开采了多少。这些例子说明：人们对沙子的观念应当发生改变，行为误区应当扭转。（拓展延伸，“一沙难求”还不是我国独有的现象，它应该成为全人类关注的话题，立意高格。）因为保护沙子不仅是保护山川河流，更是为人类永续发展的长久考虑。（由果溯因，探究“保护沙子”的终极意义。）

这正是：沙粒亦珍惜，方为子孙计。（结尾两大特色：一是用说书的语气进行交流，增加互动感与亲和力；二是用对仗句式揭示主题、收束全文，颇有章回体小说结尾的隽永意味。）

总评

本文有三大亮点值得借鉴：

1. 言之有物。本文的主角是“沙”这个看似不起眼的事物，如何点击“沙”这个穴位，讲活“用沙之道”这个事理？文章见微知著，先“尽铺排之能事”，细致深入且多角度地分析“一沙难求”的真相和缘由后，再条分缕析地论述“从一粒沙里能看到世相百态”这个道理。在这个过程中，文章不是一般地阐明和引申，而是岩心的开掘和思想的生发，言之有理，言之有据，因此言之有物。

2. 言之有文。“言之无文行而不远”，文章用词细腻传神，凝练精当，像“车水马龙”“流光溢彩”“长桥横卧”“颜值巅峰”等这样形象表意的四字词信手拈来，随处可见，文采斐然。

3. 言之有味。无论是标题、开篇，还是在论述的过程中，文章都层层设疑，吊足了胃口，让人欲罢不能；就连结尾也意味深长地用对仗句来收束全文，让人满口留香。

9

精神灿烂。

《你好，李焕英》何以成“黑马”？

写作关键词：真情如玉　引议联结　观感范例

作者：周南　人民日报评论　2021年2月19日　　点评：徐小平

设问加比喻，吊足读者胃口。

今年春节，如果要说最热闹的地方，一定少不了电影院。数据显示，除夕至正月初六，全国电影票房超过78亿元，观影人次达1.6亿，刷新历史纪录，成为史上最“牛”春节档。（数据凿凿，足见“牛”气。）而在竞争激烈的春节档影片中，一部“卖相”略显单薄的《你好，李焕英》，却凭借着好口碑一路逆袭，成为最强“黑马”，目前票房已经跃过30亿大关。（从“卖相”单薄到最强“黑马”的生动表述，形象化了“逆袭”，蓄足了论述之势。）这部在制作、体量上似乎不具备大片气质的温情喜剧，何以成为现象级影片？（“大片气质”“温情喜剧”“现象级影片”，词汇高级，用语专业。）今天我们就来聊聊这个话题。（摆出现象：影片《你好，李焕英》逆袭成了最强“黑马”。）

没有跌宕起伏的故事情节，也没有炫目震撼的视觉效果，《你好，李焕英》以一种生活化的表达方式，讲述了母女之间质朴温暖的感情，纯粹而真挚，简单却动人。（从正反两方面言明影片的表达方式。）它假借一个时空穿越的故事，让母亲看到那个自感“不争气”的女儿为了“让妈妈高兴一回”能够多么奋不顾身，也让女儿看到妈妈严厉、唠叨的背后从不言说的爱与付出，以及对子女“健康快乐就好”的希冀。

（简单概括影片的故事手法与故事情节。）浓浓的亲情故事，真挚的情感力量，呈现出大于技法的效果，让银幕前的观众在笑中带泪中实现了一次对深沉绵长、细腻无私的母爱亲情的集体回望。（点出影片动人之处就在于真挚。“呈现出大于技法的效果”“集体回望”这两个词用得端庄大气。）（指出特点：影片纯粹而真挚，简单却动人，引发人们对母爱亲情的集体回望。）

我们常说，“最是真情能动人”。《你好，李焕英》能在一众（这个词有着文言的干练）电影中脱颖而出，可能关键也正在一个“真”字。带着真挚的初心，取材真实的故事，注入真情的表演（注意三“真”的提炼概括），让其更能击中人们内心柔软的情愫，勾起人们对于亲情、对于家庭的无限缱绻。（动人的主观原因：真。）而在春节这一亲情最浓的时刻，这样的情感共振又得到了进一步的放大。（动人的客观原因：春节。）受到电影的感染，不少人聚集在“你好，李焕英”的话题之下，讲述与自己的“李焕英”温暖的日常；一些人在网络上“晒出我的李焕英”，定格母亲的美丽瞬间，回忆并感恩父母之爱……（“聚集”“讲述”“晒出”“定格”“回忆”，动态展示影片得到共振的具体表现。）那些潜藏于心的记忆，那些平时羞于表达的情感，那些本应承担的爱与责任，借由“李焕英”这个出口得以抒发，让这部从个体记忆出发的电影故事、看似直白的母爱主题，承载起更多的价值与意义。（“李焕英”成为母爱主题的出口，揭示影片引起情感共振的深层原因。）（挖掘原因：影片能够脱颖而出，关键在一个“真”字。）

“电影是现实的渐近线”，透过电影中的李焕英，我们看到的是现实生活中无数母亲的缩影。（先引后述，互为丰富。）一位影评人说，“是妈妈这个最本能的依靠，给人以最易哭的理由”。同样，也是妈妈这一最熟悉不过的形象，具有着最触动人心的力量。（再一次先引后述，用“同样”一词完成类比论述。）无论是曾经为割肝救子每日暴走 10 公里而感动中国的“暴走妈妈”，还是肩上扛着生活的重担、臂膀里紧紧抱着年幼孩子的“春运母亲”，抑或是那个每天吐槽着你胖，却把行李箱、后备箱塞得满满当当的身边的妈妈（用“无论……还是……抑或……”一组关联词语拓展延伸出“暴走妈妈”“春运母亲”“身边的妈妈”三种典型母亲形象），她们都在以自己的方式，将爱与牵挂、温暖与力量放入儿女的行囊，也在一针一线、一餐一饭中书写着母亲这一平凡而伟大的形象。（比拟、借代手法的运用，平添感染力。）（观照现实：电影中的李焕英让我们看到现实生活中无数母亲的缩影。）

在接受采访时，《你好，李焕英》的导演贾玲曾这样深情地说：“妈妈对我们的爱就像空气，从你出生时就有，所以你经常忽略它。但是当你失去的时候，你就会体会到那种窒息感和无助感。”（引用贾玲的话，说明母爱无处不在，容易被忽略。）的确，时间太快，快到我们还来不及细细描摹妈妈年轻时的模样，快到我们还来不及带她们去实现各种各样的梦想，岁月的痕迹已经悄悄爬上她们的额头。所以，爱，不在将来，而在当下。（“的确”一词承上启下，说明时间太快，爱不容迟。）最近，家住西安的冯先生看了《你好，李焕英》之后，驱车千里，带着想家的妈妈回山东老家去看望年迈的姥姥、姥爷，母女相见时紧紧拥抱的场景，令人动容。对待父母，可能需要更多这样起而行之的行动，多一些陪伴、体恤和理解，让爱与感动不只停留在电影里，更在与父母相处的一点一滴中。（一事一议，倡导对待父母，需要更多如冯先生一般起而行之的行动。）（发出倡导：让爱与感动不只停留在电影里，更应留存在与父母相处的一点一滴中。）

2015 年 7 月，贾玲因为在一档节目中“恶搞花木兰”被质疑时，我们曾刊发一篇评论，希望贾玲能以这一事件为教训，倒逼自己更上一层楼，创作出优秀作品，“到那时候，相信观众对贾玲也不会吝惜自己的掌声”。今天，贾玲以《你好，李焕英》证明了自己的努力与实力，观众的热议和票房也如回报的掌声。（今昔对比，说明恶搞只遭“滑铁卢”，真情才得“颜如玉”。）事实证明，以真诚和真情击中观众的心弦、触发社会的共鸣，我们的文化产品、文艺作品一定能赢得更高分贝的掌声。（用“更高分贝的掌声”形象地说明了真诚和真情对作品的重要性。）（得出结论：真情是文化产品、文艺作品的生命所在。）

总评

这篇评论可看作一篇影评，抑或一篇观后感，采用的是“引、议、联、结”的经典写法。“引”的部分是摆出现象、指出特点，“议”的部分是挖掘原因，“联”的部分是观照现实，“结”的部分是归结观点。其中重在“议”的部分，重点分析了《你好，李焕英》成为“黑马”的原因，那就是一份“真”。为了阐述这份“真”，文章做足了功夫。既分析作品本身的“真”，又说明它“真”在“是现实生活中无数母亲的缩影”，“真”在引发了观众对“母爱亲情的集体回望”，并用贾玲曾经恶搞的过往作对比，最后归结出“以真诚和真情击中观众的心弦”才是真正的好作品。这就为如何将一个司空见惯的话题分析出深度、分析出高度提供了有益的借鉴。文章“联”的部分也比较丰厚，比如联系“暴走妈妈”“春运母亲”“冯先生驱车千里带母回家探亲”等现实事例，让这篇观后感平添了许多共振维度。

像牛一样耕耘　像牛一样奋发

写作关键词：“三牛”精神　总分总式　论述灵活

作者：陈凌　人民日报评论　2021 年 2 月 11 日　　点评：徐小平

对偶兼比喻，简洁又生动。

“在中华文化里，牛是勤劳、奉献、奋进、力量的象征。人们把为民服务、无私奉献比喻为孺子牛，把创新发展、攻坚克难比喻为拓荒牛，把艰苦奋斗、吃苦耐劳比喻为老黄牛。”在 2021 年春节团拜会上，习近平总书记深情礼赞牛所代表的精神品质，并赋予孺子牛、拓荒牛、老黄牛以新的时代内涵。（开头引用总书记的话并加以分析，借以引出“三牛”精神，并特别强调其时代内涵。）

古往今来，中国人民爱牛、敬牛、颂牛，或咏之、或绘之、或塑之。（简短排比，朗朗上口。）在唐朝诗人柳宗元看来，牛是“日耕百亩”的勤劳符号；在宋代名将李纲眼中，牛代表的是“但得众生皆得饱，不辞羸病卧残阳”的牺牲精神；在现代诗人臧克家笔下，牛具有的是“深耕细作走东西”的开拓品格。（列举三例，都重引用，各有侧重，分别照应老黄牛、孺子牛、拓荒牛精神。）体悟牛的品格、弘扬牛的精神、激发牛的干劲（动宾结构的排比，铿锵有力），是中华优秀传统文化的重要特色，也是中国人民精气神的具体体现。（本段指出牛文化是中华传统文化的特色，也是中国人民精气神的具体体现。）

“俯首甘为孺子牛”，鲁迅先生曾以这样饱含真情的诗句歌颂牛。（一引一议来作段首中心句，以开启对“孺子牛”的阐述，与下面两段的开头共同构成段首排比。）

千百年来，牛都是任劳任怨、无私奉献的象征。这也是人们爱牛、敬牛、颂牛的一个原因。（先因后果地分析，注意与下段比较。）画家李可染便曾将自己的画室堂号定为“师牛堂”，他这样解释自己为何喜欢画牛：“牛也，力大无穷，俯首孺子而不逞强。”（李可染的“师牛堂”，正好阐释了孺子牛的奉献精神，用例典型。）不辞劳苦、不计得失，脚踏实地、默默奉献（先反后正地表述，突出强调），这是牛身上的品格，也是值得每个人学习的精神。（分论点一：要学习孺子牛任劳任怨、无私奉献的精神。）

“天开于子，地辟于丑”（意为天地是子鼠、丑牛开辟的），古人历来将牛视为开天辟地的力量之一。人们之所以赞颂牛，也在于牛所拥有的这种勇于开拓的劲头。而这种劲头，恰恰是我们在攻坚克难中奋进、在披荆斩棘中前行的力量所在。（先果后因地分析，有了变化。）著名物理学家钱三强教授在年逾花甲时，仍干劲十足，经常工作到深夜。有人问他多大岁数了，他回答“属牛的”。以牛自况，不仅仅在于他生肖属牛，更在于他性格属牛（妙！）——像其父亲钱玄同所寄望的，始终发扬属牛的那股子“牛劲”。也正是这么一股子“牛劲”，让他成为中国原子能事业的奠基人，为我国研制原子弹和氢弹作出了突出贡献。（钱三强的一股子“牛劲”使之成为中国原子能的奠基人，印证了“拓荒牛”精神。）无论时代如何变化、社会怎样发展，这股子“牛劲”永不过时。（分论点二：要学习拓荒牛创新发展、攻坚克难的精神。）

古语有言：“骏马能历险，力田不如牛。”（意为骏马能够万里奔驰涉危历险，但在田里犁地就不如牛。）牛之所以成为人们讴歌的对象，还（前段用“也”，此处用“还”，不断推进）在于它具有艰苦奋斗、吃苦耐劳的品质。近代国画大师齐白石曾给自己起过一个“耕砚牛”的绰号，勉励自己要像牛一样勤奋耕耘。他还经常对人说，“不教一日闲过”，甚至还给自己立下每天必须画 5 幅画的规矩。正是因为像牛一样勤奋，他才最终收获“画虾数十年始得其神”的真功夫。（齐白石像牛一样勤奋，才获得画虾的真功夫，论证了“老黄牛”精神。不过，这个用例与李可染的用例有些重复了，都是画家；如果能换成当下其他行业人物，比如改变山区女童命运的公益校长张桂梅或向绝壁要天路、带领村民脱贫致富的当代“愚公”毛相林，或许会更有现实意义些。）没有等来的辉煌，只有拼来的精彩。一切成绩的取得，都是在“不教一日闲过”中耕耘出来的；每个梦想的实现，都是在“一个汗珠子摔八瓣”中拼搏出来的。（这一组对偶句堪称警句，值得摘抄背诵。“一个汗珠子摔八瓣”，这该有多拼！）（分论点三：要学习老黄牛艰苦奋斗、吃苦耐劳的精神。）

“前进道路上，我们要大力发扬孺子牛、拓荒牛、老黄牛精神，以不怕苦、能吃苦的牛劲牛力，不用扬鞭自奋蹄，继续为中华民族伟大复兴辛勤耕耘、勇往直前，在新时代创造新的历史辉煌！”习近平总书记的话语振奋人心、催人奋进。（再次引用总书记的话，既首尾圆合，也丰富了“三牛”精神的现实意义。“不用扬鞭自奋蹄”，可谓犇犇犇！）牛年将至，很多人在自己的朋友圈里，写下这样的寄语：“2020，‘鼠’实不易；2021，‘牛’转乾坤。”（引文巧用谐音双关。）梦想不会自动成真，拼搏奋斗正当其时，牛年就要有一股子“牛劲”，就要使出“牛力”。学习牛的品格、发扬牛的精神，像牛一样耕耘、像牛一样奋发，每个人都“牛劲十足”，新的一年必定“牛气冲天”。（句句有“牛”，“牛”转到底，一气呵成，鼓舞人心。）（结尾呼吁倡导每个人要像牛一样耕耘，像牛一样奋发，照应题目。）

总评

这篇评论写于牛年伊始，有更新万象、奋发民心之效，响应了“撸起袖子加油干”的大国号召，呼应了“有为与可为”的高考鸿文。它采用了总分总的经典写法。开头两段提出了中国传统文化中的“三牛”精神，中间三段具体分析了“三牛”精神，结尾紧扣当下，呼吁人们牛年当有一股子“牛劲”，并注意首尾照应，段落照应。中间三段分论点的设置很值得学习，都是先引用再阐释，且将最靓的句子前置还有夺目之效；在论证分析时还注意方式的变换，比如有时是先因后果，有时是先果后因等。用例典型，引用丰富，语言也精粹鲜活，比如由“牛”字演化出了很多生动的词语：“牛”转乾坤、牛劲十足、牛气冲天、牛力等。“一个汗珠子摔八瓣”的用语更是又土味又牛气。

大兴勤俭节约之风

写作关键词：俭以养德　溯因深远　文字俭省

作者：张凡　人民日报评论　2020 年 8 月 14 日　　点评：徐小平

题目即论点，旗帜极鲜明。

“历览前贤国与家，成由勤俭破由奢。”（引用李商隐《咏史二首·其二》中的名句开篇，先声夺人。）习近平总书记近日对制止餐饮浪费行为作出重要指示，强调要进一步加强宣传教育，切实培养节约习惯，在全社会营造浪费可耻、节约为荣的氛围。（首段一诗引一事，一事明一旨：要切实培养节约习惯。可谓简明扼要。）

俗话说，人无俭不立。（引用俗话，先言勤俭对于个人的重要性。）勤俭节约不仅是一种生活习惯，更体现着一个人的道德修养。（此话立片言而居要。）《左传》有言：“俭，德之共也；侈，恶之大也。”诸葛亮诫子：“静以修身，俭以养德。”（连续引用，强调节俭是一种传统美德。）在中国人长久以来的价值观里，俭朴不仅是一种行为方式，更是一种大的德行，是培养良好道德的基础。因为一个勤俭节约的人，一定是一个自知、自律、自省的人。（先果后因，突出节俭与养德的内在联系。）今天我们提倡节约，不仅是要倡导一种健康适度的生活方式，更是要让人们在厉行节约中涵养“恒念物力维艰”（出自《朱子家训》，原文为：一粥一饭，当思来处不易；半丝半缕，恒念物力维艰。体现对物的尊重）的道德品质，去除骄奢淫逸的不良之风，在举手投足间展现深植于心（深植于心，比拟手法，典雅形象）

的素养，去拥抱更美好的生活。（本段重在阐述勤俭节约可涵养一个人的道德品质。属溯因分论点一。）

浪费还是节约，这看似是个人的行为选择，却照鉴着一个社会的文明品质。（段首中心句，承上一段，再言勤俭对于社会文明的重要性。）现实中，一些人缺乏节约意识，有意无意地浪费粮食、糟蹋粮食，一些人爱面子、讲排场，不同程度地过度消费、攀比铺张，造成社会财富的巨大浪费，这些都与社会文明背道而驰。（列举两种铺张浪费的典型现象，指出“这些都与社会文明背道而驰”。）文明，在于“人人相善其群”（出自梁启超《新民论》，原文为：人人独善其身者谓之私德，人人相善其群者谓之公德，二者皆人生所不可缺之具也）的公德意识，在于敬畏自然、尊重劳动的自律自觉，在于重视公共利益的价值尺度……（用三个“在于”阐释文明的内涵。）由此而言，了解“一粒米千滴汗”（出自公益宣传语：一粒米千滴汗，粒粒粮食汗珠换）的辛劳，进而感恩大自然的馈赠和劳动者的付出；懂得“取之有度，用之有节”（出自司马光《资治通鉴》，强调对物的节制）的道理，所以尽己所能减少浪费以节约资源、保护环境。（“了解”“感恩”“懂得”“减少”等话，具体阐述了一种敬畏自然、尊重劳动、顾及群体的社会文明。）这种敬畏自然、尊重劳动、顾及群体的价值选择，值得我们提倡和坚守。（本段重在阐述勤俭节约可照鉴一种敬畏自然、尊重劳动、顾及群体的社会文明。属溯因分论点二。）

“奢靡之始，危亡之渐。”（出自《新唐书·列传第三十·褚遂良》，强调奢靡与危亡的因果关系。）对于国家来说，提倡勤俭节约之风，也要增强危机意识、赓续艰苦奋斗精神。（段首中心句，进一步阐明勤俭节约对于国家抵抗风险的意义。）今天，我们拥有的这份“家底”（这个词用得很有烟火气），是几代人筚路蓝缕、拼搏奋斗才攒下的，决不能在挥霍浪费中白白断送。正如习近平总书记所指出的，“即使生活一天天好了，也没有任何权利浪费！”（采用道理论证，强调“家底”之来之不易，决不能挥霍浪费。）因为无论是面对资源相对不足、生态环境脆弱的现实国情，还是面对宏伟的奋斗目标、复杂的内外环境，都需要我们时刻葆有艰苦奋斗的精神、勤俭节约的作风。（从现实国情和未来目标、从复杂的内外环境分析原因，高屋建瓴。）“常将有日思无日，莫待无时思有时”（出自《警世通言·卷二十五》，强调一种危机意识），节约每一粒粮食，节约每一点资源，聚沙成塔、集腋成裘（整句当道，同义连用，反复强调节约的重要性），我们才能拥有抵御风险的深厚底气、迎战困难的强大力量。（本段阐明勤俭节约才可让国家拥有抵御风险的深厚底气。属溯因分论点三。）

勤俭节约，是个人涵养优良品德的重要内容，是推动国家发展、社会进步的有效途径。（总结上面三段的意思。）环顾我们身边（联系当下，开启反面论证），“舌尖上的浪费”现象虽然有所改观，但一些地方餐饮浪费仍然存在，光怪陆离的“消费主义”盛行，一些人陷入“挥霍浪费”“透支消费”的怪圈，这显然与我们所需要、所期待的社会风尚大相径庭。（这几句话大量使用引号，以凸显当下铺张浪费的种种不良现象。）“习惯之初如蛛丝，习惯之成如绳索”（这句谚语很形象地说明了防微杜渐的重要性），如果任由铺张浪费成为根深蒂固的习惯，成为在全社会蔓延的不良之风，就有可能积习难改、积重难返。（一句反向假设，犹如当头棒喝。）当此之时，我们有必要重申“厉行节约、反对浪费”的深刻意义，让更多人自省自励、引为镜鉴。（本段联系当下，针砭时弊，言明重申“厉行节约、反对浪费”的现实意义。）

由俭入奢易，由奢入俭难。（出自司马光《训俭示康》，说明节俭之难。）在全社会大兴勤俭节约之风，需要我们每个人把艰苦奋斗、勤俭节约付诸实践、见诸行动，更需要持之以恒、久久为功，让“克勤克俭”“戒奢以俭”的价值理念真正深入人

心、蔚然成风。（两个“需要”句，由“行动”到“持之以恒”的行动，层层递进。）（用“怎么办”收束全文，且用“蔚然成风”巧妙地照应题目的“大兴勤俭节约之风”，首尾圆合。）

总评

勤俭节约，是议论文的“母题”，可谓“老生常谈”。如何将这个“老生常谈”的话题谈得深，谈得远，谈得非同凡响，方是见功力处。这篇评论采取的是一种行稳致远的做法。如苏洵的《六国论》一般，整体结构采用的是议论文的典范写法：开篇提出话题，开宗明义；主体部分层层溯因，三分其意；末段解决问题，劝勤勉俭。其论述的功力主要落实在“溯因”上：由勤俭可体现个人的道德修养到可照鉴一个社会的文明，由可厚实国家抵御风险的底气到可推动一个国家的发展进步……这些溯因，由小及大，由浅入深，先平地起波，后高屋建瓴，文理极具气象。更兼倒数第二段，联系现实，反向警世，使论述又如黄钟大吕，振聋发聩。功力还落实在那些丰富的引用上。这些引用，古今纵横，雅俗贯穿，既言明了文化传承之需，也致意了勤俭节约之要。更有一些对举的四字短语可以四两拨千斤：聚沙成塔、集腋成裘，积习难改、积重难返，自省自励、引为镜鉴，付诸实践、见诸行动，持之以恒、久久为功……这，又何尝不是一种文字上的“节约”之美呢?

励志博士：世界以痛吻我，我却报之以歌

写作关键词：真的猛士　立意高标　顺带一击

作者：石羚　人民日报评论　2021年4月20日　　点评：徐小平

警策立骨，对比振篇；荆棘飞歌，猛志常在。

这几天，一篇2017年博士论文的致谢让亿万网友泪眼婆娑。（泪眼婆娑，揪住心，定住调。）朴实真挚的文字毫无半点致谢的套路，黄国平借此道出了一路走来的坎坷与感悟。（点出“致谢”的真诚本色，顺带一击当下众多致谢套路。）从炬光乡小学、大寅镇中学、仪陇中学，到西南大学、中科院自动化所，一步步走出大山的足迹，也是黄国平一步步改变人生的轨迹。（连用两个“一步步”，完成从具象到抽象、从事例到事理的转换。）（开头简述人物的事迹和网友们的感动，为下边议论张本。）

父亲因交通事故离世，照顾自己17年的婆婆下葬时只有一副薄薄的棺材，年少的他经历了太多的生离死别。家徒四壁、下雨天靠竹笋壳塞住瓦缝，学费没交、用以维生的黄鳝却被父亲偷卖了换酒，贫穷不断磨损着他内心的希望。拖欠学费被老师约谈，夏天光脚冬天寒衣的穿着，几乎成为压垮尊严的最后一根稻草。这样的生活现实而残酷，沉重而辛酸。（这些文字可以看作围绕论点剪裁论据的最好例证。黄国平的“致谢”原文有近两千字，作者在转述时却只抓住原文中的关键事情比如婆婆薄葬、竹笋壳塞瓦缝、拖欠学费等和一些关键词句比如“贫穷磨损内心的希望”“压垮尊严的最

后一根稻草”等，为下边的论述盘马弯弓，以求做到丝丝入扣，笔笔不闲。）“世界以痛吻我，我却报之以歌”（出自泰戈尔的《飞鸟集》，点题），感谢不堪回首的岁月需要强大的勇气。举重若轻，或许正是黄国平在生活中沉淀下来的智慧。（“举重若轻”一词提炼出黄国平的风骨，透出一种思辨。）（本段概述了黄国平的“艰难困苦”，又阐述了他的“玉汝于成”，一种以歌报痛的人生智慧。）

人们感动的不是接踵而至的苦难，而是苦难中积聚的力量。（“不是……而是……”的正反论证，突出了黄国平的“猛士精神”。）如果说悲剧是明明知道命运却无可奈何，那么黄国平就抓住了深井中唯一的绳索，在密不透风的晦暗生活中看见微光，改变了几乎写就的结局。（“如果……那么……”的假设论证，“深井中唯一的绳索”“微光”的比喻论证，成就了一组上好哲理句，也写就了黄国平那种与命运死磕的精神。）支撑他的是考试后领到的奖金、一墙的奖状，以及奋斗不被辜负的时代。（“奋斗不被辜负的时代”，此语一出，点亮全篇的论述。）从小山坳里的放牛娃到中科院的博士生，这条路他走了整整 22 年。与其说“命运到底还有一丝怜悯”，不如说命运劈头扔来一个个重担，他用小小的肩膀慨然负扛。（“劈头”与“慨然”、“重担”与“小小”对举，人物的猛士精神立见。）（本段重点阐述黄国平在苦难中积聚力量的一种强大。）

人们感动的不是令人歆羡的人生成就，而是坎坎坷坷的奋斗故事。（此句与上段构成段首呼应。）一分钱难倒英雄汉，一句话羞煞读书人（前句为物质之困，后句为精神之窘。承上启下），面对物质和精神上的压力，黄国平记不清有多少次快扛不下去。他所遭遇的困难，与你我如此接近；他有过的犹豫、失望，每个人都真切可感。（由此及彼，让论述下沉现实。）世界上哪里有那么多过五关斩六将的“开挂人生”，黄国平用历尽风雨见彩虹的经历，指出一条每个人都可以复制的成长、成才、成功（三“成”，层层递进）之路。（本段重在阐述黄国平的奋斗故事为很多人指出了一条可供学习的成长之路。）

越是路途艰险，越能看出信念的力量。对于黄国平而言，这个信念不过是“把书念下去，然后走出去，不枉活一世”。有人难以理解，这样简单的道理如何支撑数十年寒暑？（“简单”呼应“不过”，开启设疑，也开启“支撑”的奇迹。）的确，同样的道理，有人视为信念，有人权当空话；有人埋在心底，有人挂在嘴边。（在若干“有人”的转换间，腾挪出“信念”的重要性。）风雨之中志愈坚，生活的磨刀石让信念愈发闪亮。（磨炼是青年最好的成长礼，实践是青年最好的墩苗田，果然也！）相反，“道理我都懂，就是做不到”背后，或许正是因为优裕的生活磨去了动力、波澜不惊的节奏消减了改变的冲劲（“磨去”“消减”，写出了很多人的温水青蛙之患）。长此以往，温室中的花朵将再也经不起风雨，失去信念的人将不再相信奋斗的价值。（从反面论证了信念对于一个人的重要性。）（本段重在阐述一个简单的信念就可支撑起一个人的精神大厦。）

一段时间以来，网络上充斥着读书无用的无稽之谈、一夜暴富的成功鸡汤，靠阶层固化、财务自由等贩卖焦虑的声音不绝于耳，靠丧文化、摸鱼生活来打消斗志的文章层出不穷。（此句一出，批驳就开了挂，开启了正本清源之路，让人们尤其是年轻人明白当下流行的“读书无用”“一夜暴富”“阶层固化”“财务自由”“丧文化”“摸鱼生活”等论调，都是消磨斗志的无稽之谈，极大增强了文章的现实性和针对性。）一些人因此改变了初心，放弃了价值，开始怀疑一切、自我放逐。这则致谢的可贵之处，就在于重申了“知识改变命运”的常识，反对了“听天命”而不“尽人事”的颟顸（读作 mān hān，糊涂而又马虎的意思）。（“致谢”的可贵之一在于重申了“知识改变命运”的常识。注意，只是常识，很多人却迷糊了，所以“重申”才有意义。）尤其在活力奔涌的流动中国，在脱贫攻坚催生山乡巨变、教育均衡助力机会公平的当下，黄国平、刘秀祥、钟芳蓉们的努力不会被生活所辜负。（“致谢”的可贵之二在于证明了贫寒学子的努力之所以不会被辜负，是因为处在“流动中国”“脱贫攻坚”“教育均衡”的中国时代。全文因有了这么一句，就与一般谈“致谢”意义的文章不一样了，它使全文有了格局，有了时代强音！）“没有什么人生是不可能的”，应当成为每个人心中最为笃定的信念。（本段破立结合，阐述黄国平“致谢”的两重意义。）

生活向上，时间向前。（此句可作文章的副标题。）当年那个煤油灯下写作业的孩子，如今已成为实验室中忙碌的科研工作者。但正如黄国平自己所说：只愿年过半百，归来仍是少年。功业已成的乡里早已不是少年，鬓毛已衰的游子又何尝年少？（以退为进，是为逼出下一句。）唯一年轻的，就是依靠奋斗的信念、面对困难的勇气和对待生活的真诚。（这便是黄国平能活成光的原因。归结了全文的论点。）怀揣这份初心与信念，愿每个人都能走到梦想的彼岸。这正是：以肩担苦难，命运得改观。千帆虽历尽，归来仍少年。（结尾收束在黄国平的“年轻”上，那就是“依靠奋斗的信念、面对困难的勇气和对待生活的真诚”。回扣素材。）

总评

这篇评论挖掘出了励志博士作为“真的猛士”的核心元素——直面惨淡、信念如磐、不懈奋斗，并将之上升为人们身心之永恒年轻的要义，这就使得个体事迹的论述有了哲学意义上的普遍升华。更重要的是，文章还能将黄国平等的努力不被辜负，深层定位于“流动中国”“脱贫攻坚”“教育均衡”的中国时代带来的奇迹，而不仅仅限于个人努力，如此论述“曲终收拨当心画，四弦一声如裂帛”，使全文立意周全而高标。且行文破立结合，在“树人”的同时不断顺带一击地治病“救人”，对诸多“套路”与无稽之谈给予抨击与粉碎，如此便能给予人们更多的导向与引领。因为站位高，所以呈现出的语言也是精警有力的，出现了诸如“一分钱难倒英雄汉，一句话羞煞读书人”“风雨之中志愈坚，生活的磨刀石让信念愈发闪亮”之类值得铭记的好句，让文章有了燃点。

送别袁隆平：侠之大者，国之仁士

写作关键词：猗猗嘉禾　点面结合　五音繁会

作者：梁言品　人民日报评论　2021 年 5 月 22 日　　点评：徐小平

点明人物之魂，开张议论之眼。

2021 年 5 月 22 日 13 时 07 分，91 岁的袁隆平院士，因多器官功能衰竭在长沙逝世。国人哀痛！世人悲恸！让我们为这位伟大的科学家，致敬、默哀！（时、地、人、事、情，简约而富张力。）

袁隆平，是我国研究与发展杂交水稻的开创者，也是世界上第一个成功利用水稻杂种优势的科学家。（“开创”与“第一”，辉映了“杂交水稻之父”的称誉。）袁老的毕生追求是“发展杂交水稻，造福世界人民”。为实现这一宏愿，他长期致力于促进杂交水稻技术创新，并将其推广至全世界。毕其一生，专注田畴，播撒智慧，收获富足。（四字短语，语短情长。“收获富足”，比拟之巧，点睛之妙。）为“稻粱谋”，为民生计，袁老无愧侠之大者、国之仁士。（为“稻粱谋”，一语双关，家国一体，照应了“侠之大者，国之仁士”。）（本段总括了袁老的丰功伟绩并点题，同时树立了文章的中心论点。）

世界上，“吃饭的事情最大”。上世纪五六十年代，亲历过饥馑岁月的袁隆平决心学农。母亲说：“傻孩子，学农多苦啊。”袁老却“死活要学”：“吃饭可是天下第一桩大事，没有饭吃，人类怎么生存？”（朴素的话语，纯真的信念。）那时起，袁老把自己比作种子，不管撒在哪里都会生根发芽。（果真，他成了“一颗影响世界的种子”。）一晃五十多年过去了，大半辈子都与水稻打交道的袁老，一直在为中国人吃饭而奋斗着。（本段阐述了袁老与水稻打交道的初心与实践。）

曾经，有美国学者质疑：“21 世纪，谁来养活中国人？”袁老决心向“饥饿恶魔”挑战。（设问提振，照应上文的“吃饭的事情最大”，凸显了挑战之神圣。）他说，“这么大一个国家，如果粮食安全得不到保障，其他一切都无从谈起”。从选种、试验、失败，到再选种、再播种、再观察……如此反复，经历了一次次“曲折的寻找之旅”，又经过了一个个“穿行在磨难之中”的试验过程，终在这条崎岖的科学道路上取得成功。（用王安石的话来作注脚：世之奇伟、瑰怪、非常之观，常在于险远，而人之所罕至焉，故非有志者不能至也。）袁老研发的杂交稻被誉为“东方魔稻”，他被称为“杂交水稻之父”，他的成就被认为“给世界带来了福音”。（“东方魔稻”“杂交水稻之父”“给世界带来了福音”，三处引文，堪称黄钟大吕！）（本段阐述了袁老在杂交水稻研发上获得的巨大成功。）

“袁隆平是一位真正的耕耘者。”这是中国科技评奖委员会的评价。“他看上去更像一个地道的湖南农民。”这是农民朋友的赞誉。他常说，“我不在家就在试验田，不在试验田，就在去试验田的路上”。（他人评价与自我定位，全面立体地勾勒出袁老求真务实、洗尽铅华的劳动者本色。）人们看到的袁老，总是挽着裤腿下稻田的形象，无论播种季还是收获季。新中国成立 70 周年之际，袁隆平被授予“共和国勋章”。但即便是在获得国家最高荣誉的当天，袁老还下地查看“第三代杂交水稻”制种情况，拿着水稻说：“花开得好好。”（最高荣誉与最“低”表达，足以传达出袁老的那份脚踏实地。）成就与尊荣的背后，恰是脚踏实地的奋斗、敢为人先的创新、鞠躬尽瘁的坚守。（三个短语，可作袁老的精神注脚。）（本段挖掘了袁老取得成功背后的品质支撑。）

有人说，科学家是真理的侍者，是事实的追随者。（此句堪称警策。）水稻杂种，曾有不少国家科学家研究过，并未成功。根据实践，袁老以科学的胆识和眼光，无惧“这是对遗传学无知”的嘲笑，投身这一研究。充分尊重科学规律，也敢于提出设想、勇于探索，依据事实、发现真理、验证真理伴随袁老一生。（采用对比论证，对比出了胆识，对比出了执着，真理就是在不断地试错中去“找对”，在不断地否定中去肯定。）1964 年开创杂交水稻研究，1997 年开展超级杂交稻研究，2000 年、2004 年、2011 年、2014 年分别实现了大面积示范每公顷 10.5 吨、12 吨、13.5 吨、15 吨的目标，2020 年实现了周年亩产稻谷 3000 斤的攻关目标……（数字的不断攀升，仿佛让人看到了“猗猗嘉禾，今盈我仓”的胜景，看到了人民的获得感、幸福感在不断攀升。）“一粒良种，千粒好粮。”一次次重大技术创新，一条条亩产攀升曲线，让杂交水稻技术冲破了经典遗传学观点的束缚，证明这是科学，更是不断发展着的科学。（有力地证明了科技创新就是第一生产力。）（本段阐述了袁老尊重科学、发展科学的素养品质。）

有梦想，了不起。袁老常说自己有两个梦想，一是禾下乘凉梦，一是杂交水稻覆盖全球梦。（这俩梦，已刷屏天下，值得铭记。）如今，水稻高产的梦想变成现实，杂交水稻也在印度、越南、菲律宾、美国、巴西等国家大面积种植。为了实现梦想，袁老和科学家们一直在努力，从未停止探索的步伐。美国一位学者说，袁隆平使“饥饿的威胁在退却，引导我们走向一个营养充足的世界”。这是中国科学家对人类、对世界的贡献，也是对历史、对文明的贡献。（连用两个“贡献”，由具象走向抽象，也意味这一贡献造成的深远影响。）（本段阐述袁老梦想造成的深远影响。）

习近平总书记在给袁隆平等 25 位科技工作者代表回信时指出：“创新是引领发展的第一动力，科技是战胜困难的有力武器。”（首句标其目，引用立其宗。）在田间地头、在试验场地，袁老顶着夏天的烈日、走过秋天的泥泞、踏着冬天的风雪，教人们“用最好的技术种出最好的粮食”，带更多人迎来春天的朝阳。（堪称一辈子用心做好一件事的灵魂追求！）袁老说：“我始终觉得，粮食安全问题必须时刻警惕。”今天，继续加强农业与科技融合，加强农业科技创新，把论文写在大地上，才能确保国家粮食安全，把中国人的饭碗牢牢端在自己手中。（“把论文写在大地上”，也就是要将科技创新与农业紧密结合起来，说法非常形象。）（本段拓展升华，用袁老的事迹倡导人们要将科技创新与农业紧密结合起来。）

位于长沙马坡岭的国家杂交水稻工程技术研究中心，是各国水稻科研工作者心中的“圣地”。这里的创始人袁隆平，把人生视为一盘下不完的棋，并把自己“当作一个过河卒子，拼命前进，永不后退”。（真可谓“把一生浸在稻田里，把功勋写在大地上”！）接力棒传到了我们这一代人手中，正当追梦不止、前进不止、奋斗不止！（斯人已长逝，后人当“不止”。接棒追梦去，我辈复登临！）（全文收束在“追梦不止”的殷殷期盼中，阐明了送别袁老的意义所在。）

总评

作为一篇悼念和激励性的文字，这篇评论写得既经典又大气。开篇隆重事体，表达哀悼情绪。哀悼是为了铭记和传承。接下来又高屋建瓴、点面结合地评述了袁老的事迹、功绩与精神品质。将事迹之典范聚焦于“两个梦想”——禾下乘凉梦与杂交水稻覆盖全球梦，将功绩之丰伟归结于“发展杂交水稻，造福世界人民”，将精神之璀璨定位于“脚踏实地的奋斗、敢为人先的创新、鞠躬尽瘁的坚守”，所有这些，便造就了袁老“侠之大者，国之仁士”的传奇。论证方法亦多样。事例论证写风流，对比论证显胆识。最引人注目的是引用论证——引赞誉声，引质疑声，引劝说声，引袁老的心声与金玉之声……声声在耳五音繁会，最终“昆山玉碎凤凰叫”，一个执着追梦的耕耘者的形象便被印证了出来。还值得一提的是，文章最后落脚于农业的科技创新上，说明牢牢掌握“中国芯”的重大意义，这也许就是对袁老精神最好的赓续与致敬吧。

一把板凳，两亿观看，阿木爷爷为何海外走红？

写作关键词：匠心破圈　因事说理　横向拓联

作者：杨翘楚　人民日报评论　2020 年 7 月 20 日　　点评：徐小平

整句干练，设问启篇。

最近一位名叫“阿木爷爷”的木匠师傅在海内外视频平台上走红。（一句话交代事件。）一顶草帽，一张亲切的笑脸，一双布满皱纹的手，他用榫接卯和的方式造出爱心锁、世博会中国馆模型甚至溪涧上的木拱桥，被网友誉为“当代鲁班”。（侧重写质朴的外形、质朴的手工和实至名归的称誉，为下边论述张本。）今天我们就来聊聊这位老匠人。（开头交代“是什么”：普通的木匠师傅被誉为“当代鲁班”，走红海外。）

不同于许多短视频的酷炫，将榫卯运于股掌之间的阿木爷爷朴实而充满净气。（榫接卯和，朴实净气，点明阿木爷爷手工的本色。）全程不讲一句话、不着一滴胶、不落一根钉，仅在木头上“左 1”“右 2”做好标记后，胸有丘壑地用普通刀锯切削组合，便能将构件镶嵌成一件件手工作品，俘获观众们的心。（三个“不”字整句，一个“仅”字散句，正反两说，强调了阿木爷爷手工的朴实净气。）（本段为文章“是什么”部分的进一步补充论述。）

有的人从中温习着童心，为小孙子打造一把“鲁班凳”，直让人想起儿时和爷爷一起做手工的简单快乐；有的人从中感受到耐心，42 根榫卯棱、27 道锁，一样一样从零开始，组装成惟妙惟肖的建筑模型；还有人从中品咂到匠心，传承2600多年的榫卯工艺，在这个制图软件代替尺笔、3D打印免去亲为之苦的时代里，闪耀着手工的魅力与智慧的坚守。（童心的简单，耐心的执着，匠心的坚守，是阿木爷爷在海外走红的原因之一。开启文章的“为什么”部分。）

越是在快节奏的喧嚣中，专注、克制甚至不事声张的匠人越有魅力。（两个“越”字句，于反差中勾兑真谛。）从在故宫修文物的老师傅，到被戏称为“专门发明无用之物”的手工耿，再到今天获得2亿多次海外播放量的木匠爷爷，他们兀自钻研着自己的兴趣、打磨着自己的手艺，最终穿破圈层，成为全网明星。（用“从……到……”的句式拓联出各种专注一事、于无为中大为的匠人。）这当中除了互联网的赋能，除了些许幸运，更折射着后工业时代观众返璞归真的共同心理。（用“除了……除了……更……”的句式由表及里地剖析了这些匠人走红的原因。）（本段分析了阿木爷爷在海外走红的原因之二，那就是那份专注、克制切合了后工业时代观众返璞归真的心理。）

有趣的是，这几位中国匠人在国外的名气甚至比在国内大。有人说，西方国家推崇亲绘蓝图、自己动手的“车库文化”，东洋美学讲究专注一事、“一生悬命”的“职人哲学”，都与中国的工匠若合符契。（中国的工匠精神与国外的“车库文化”“职人哲学”契合。）还有人说，相比于需要特定语境才能理解的歌曲、戏剧，字幕不多、旁白寥寥的匠人视频，能够直击心灵，无惧跨文化传播中的“文化折扣”现象。（匠人视频无惧文化传播中的“文化折扣”。）（本段分析了阿木爷爷在海外走红的原因之三：既暗合了国外的“车库文化”与“职人哲学”，还能做到无损传播。）

实际上，心无旁骛的匠人能够走红，背后的精神中外相通。美国思想家理查德·桑内特将这种精神归结为一种朴素的冲动：一心一意地将手头工作做到最好。（“心无旁骛”“朴素的冲动”，用语经典。）是这种精神让米开朗基罗的《大卫》惟妙惟肖，让“都云作者痴”的《红楼梦》成为传世经典，留下不可多得的艺术瑰宝；也是这种精神让蒸气化为动能，让石油涌出海底，让晶圆磨为芯片，一次次推动生产力的进步。（用“是这种精神”推动一组略例排比，强调了专注一事的巨大意义。）（本段高屋建瓴，将阿木爷爷走红的原因关联到一种中外相通的精神上，那就是“一心一意地将手头工作做到最好”。）

滴水穿石地追求完美，不仅是处事之法，更是为人之道。（承上启下，将匠人精神推向“为人之道”。）十几岁开始给老师傅打下手，动手更动脑的持续积累，让阿木爷爷在晚年收获百万粉丝；（阿木爷爷：持续积累）钳工宁允展辞去班长坚守一线，只为确保 0.05 毫米的车轮研磨空间，为京沪高铁保驾护航；（宁允展：坚守一线）深宫高墙、刀笔玉石的沈伟，作为三代单传的故宫摹印传人，耐得毕生寂寞只为修好文物……（沈伟：耐得寂寞）在碎片化成为常态、注意力格外稀缺的今天，中国工匠们精益求精的坚守常能触动我们的心弦。（本段连举三个典型事例，启示人们要像这些工匠一般拥有一份精益求精的坚守，属于文章的“怎么办”部分。）

越是发达的社会，劳动越应成为生活的第一需要。这不仅是因为世界在劳动中被改造，更是因为劳动本身便是对人的涵养。（非常精练地概述了劳动的意义。）也正是在这个意义上，静心、专注的匠人，值得我们格外尊敬，凝神、笃志的匠心，理应获得更多的弘扬。（从匠人和匠心两个方面互文见义。）这正是：书痴者文必工，艺痴者技必良。有恒者不声张，功成时美名扬。（结尾段从劳动的意义上强调了我们要大力弘扬匠人精神。收束有力，落笔稳健。）

总评

这篇评论将人们常说常写的“工匠精神”写出了深度写出了厚度。文章因事说理，挖掘了阿木爷爷走红海外的原因。对这些原因的挖掘是逐步深入的：从表层原因体现“童心的简单、耐心的执着、匠心的坚守”到内里原因切合“后工业时代观众返璞归真的心理”，再到深层原因暗合国外的“车库文化”和“职人哲学”，又最终关联到人类共通的精神“一心一意地将手头工作做到最好”，继而触及人类文化的母题“劳动是生活的第一需要”。可以说，每一步分析都给我们以惊喜与启迪。如果说，这篇评论在“就事论事”上写出了深度，那么它在“适当拓联”上又写出了厚度。文章大量采用“有的……有的……”“从……到……”“是这种……让……”等句式不断上承下联，让阿木爷爷的工匠精神有了厚重的底色和强大的支撑。而且为了映衬匠人精神，文章在用语上也比较讲究典雅净气，比如“胸有丘壑”“榫接卯和”“若合符契”“兀自”“品咂”“不事声张”等等，值得多读乃至熟诵。

10

社会万象

北大毕业生干中介，双语女硕士做保姆，是人才浪费还是社会发展?

写作关键词：求职就业　驳论典范　一分为二

作者：周南　人民日报评论　2020年6月11日　　点评：徐忠梅

题目即用选择问摆出要探讨的话题。

又逢毕业季，关于求职就业的话题格外引人关注。（言明话题的现实针对性。）近期，就有两则这样的新闻引发人们热议。一则是双语女硕士应聘做保姆，一则是北大毕业生做房产中介。高学历人士去从事相对低门槛的工作（摆出两则事例并用一句话概括两则事例的共同特征，为下边论述张本），有人认可他们的选择，但也有一些人痛心“人才的浪费”“学历的贬值”（摆出两种对立的观点），今天我们就来聊聊这个话题。（本段摆出求职就业中两则高学历人士从事相对低门槛工作的事例，并指出有人痛心这是“人才的浪费”，是“学历的贬值”，从而树立起批驳的靶子。）

在大多数人眼中，高学历人才、名校毕业生，天然就带有更多的“光环”，大家也对他们寄予更多的期待，认为他们应该走上更重要的岗位，从事更有知识含量、技术含量的工作，为国家发展、社会进步作出更大的贡献，正如有人所说的，名校毕业生就要有“胸怀天下的情怀”。（具体分析持“人才浪费”观的人的理由。五个“更”字，说明很多人对高学历人才的就业有着很高的期待。）而实际上，也的确有大量这样的优秀人才（用“而实际上……也的确……”的句子说明上述观点的存在有一定的现实依据，因而有一定的合理性），他们以创新创造的激情、开阔宽广的眼界、饱满丰厚的学识（整句干练！），在令人瞩目的事业舞台上，得其所，展其长（对偶琅琅！），将人生价值刻印在向着星辰大海的征程之上。（本段摆出持“人才浪费”观的人背后的理由，肯定这理由有一定的合理性，以退为进，论述谨严且蓄势待发，为下边的辩论张本。）

不过，每个人都是独立的个体，都有着属于自己的成长路径。（用“不过”一转，用“个体”开启下文的辩论。）无论从事什么职业，为着梦想打拼的身影都是动人的。（这话说得富有哲理，初露批驳锋芒。）我们赞赏鼓励那些向着星辰大海的进发，理解支持那些想要从事一份“光鲜”“体面”工作的期待，但也应保护尊重那些勇于打破常规、遵从内心想法的选择。（“赞赏鼓励”“理解支持”“但也应保护尊重”等词句的使用使论述周全中肯，不至于说过头话。）现实中，建筑系高材生转行去做游戏主播的新闻之所以能持续引发热议，高学历人才“下沉”到服务业、农业、中小学教育等行业时之所以有人会觉得惋惜，一方面说明我们的社会对“人尽其才，悉用其力”有着较高的期待与共识，一方面也说明我们对一些行业还存在着偏见，对多元就业还需要更多的包容。（用“一方面……一方面……”一分为二地揭示出“人才浪费”观所折射出的积极意义和消极意义。）（本段指出持“人才浪费”观的人主要是对一些行业存在偏见，需要更多地去包容多元就业。属于驳论点部分。）

在近期播出的一部关于房产中介的纪录片《中间人生》里，有一集叫“我是985”，剧集的主人公正是一位毕业于北京“985”高校的硕士研究生。在中介行业里，高学历并没有一开始就带给他竞争的优势，反而使他招致不少的质疑。（用“并没有……反而……”的句子说明高学历在就业时不一定能自带“光环”，属于驳论证。）但他会花 3 个月的时间去学习北京的城市规划，会自己去搜集整理房产交易的百科知识，可以和业主畅聊稻盛和夫、讲敬天爱人的哲学思想，正是这些特质让他得以不断脱颖而出、靠近自己的职业梦想。（列举具体事例来说明这位985硕士生在低门槛工作中的积极作为。）从他身上可以看到，学历不是事业成功的必然保障，我们掌握的专业知识、学习方法、思维模式，才是帮助我们在一个领域立稳脚跟的基石。从这个角度来说，又何谈“学历贬值”“学习无用”呢？（本段用强有力的事实证明了高学历并不是事业成功的必然保障，唯有拥有的专业知识、学习方法、思维模式才是，进一步批驳高学历就职低门槛工作会导致“学历贬值”的观点。以破为主，破中有立。）

今天，社会的职业版图不断刷新、空前丰富。（“职业版图”的比喻好！）年轻人可以有更加多元的职业选择，有更广阔的职业想象空间。如果被学历、名校的身份所“束缚”，去寻找一份看似“门当户对”（这个词形象！）的工作，而压抑内心真正的渴望，隔绝梦想与勇气，就等于为自己的人生关闭了更多的可能性，也难言自己所接受的教育、所培养的眼界、所涵养的精神真正适得其所、产生了价值。（用“如果……也……”的假设分析法指出如果为学历、名校的身份所束缚，只会浪费自己所接受的教育，也会关闭人生更多的可能性。）对于年轻人来说，学历给予我们的应该是选择的底气，而非就业时的枷锁。（这句话对学历本质的阐述可谓一语中的！）更何况，那些今天被视为“低端”的行业，很多可能都是朝阳产业。（“更何况”的进言简直是醍醐灌顶！）随着更多高学历人才进入这些行业，也必将推动相关行业的革新与升级，实现个人成长与行业发展的良性互动。（本段深挖高学历的积极意义应该是给予年轻人选择的底气而不是就业的枷锁，鼓励年轻人要有更多元的职业选择，更广阔的职业想象空间。属于驳论文的正面阐述部分。）

每一份工作都自有其价值，无论它是“高大上”，还是“接地气”。（“高大上”“接地气”用语亲和。）房产中介以自己优质的服务，帮助客户买到合适的房子，何尝不是在温暖人们“住有所居”的梦想？名校毕业生走进偏远山区成为一名老师，为那里的孩子带去知识的烛火，谁能说他的学识是在浪费？还有很多优秀年轻人远离繁华城市、选择扎根乡土，为老百姓的生活带来实实在在的变化，谁又能说他们不是在展现一代人的担当？（用略例排比和反问分析法进一步破除“人才浪费”观。从房产中介到山区教师到基层工作者，选例典型而多样，增强了说服力。）我们总是习惯于用一些标准去衡量一个人，他的职业，他所处的位置，等等，但其实，无论我们是从事一份光鲜的工作，还是选择了平凡的岗位，无论是留在大城市逐梦，还是回到小城市打拼，这些都定义不了我们的价值、我们的意义。（连用“无论是……还是……”等句说明人生的价值和意义不能被职业高低定义。）唯有心中的格局与信念，才能刻画我们的模样、标注我们的人生坐标。（树立本文的观点。）这正是：职业选择多元，心中信念莫变。（结尾归结了本文的观点：每一份工作都自有其价值，唯有格局和信念，才能标注我们的人生坐标。）

总评

这篇评论针对很多人对高学历人才的就业存有偏颇以及一些年轻人在就业时的自我束缚，旗帜鲜明地提出了工作的价值不应被片面定义，只要有信念、有格局，那征途都将是星辰大海的观点，属于一篇很有现实针对性的文章，难怪被很多读者誉为一场“及时雨”。同时它也是一篇很典范的驳论文。开篇便摆出要批驳的观点和这个观点所持有的理由与依据，从而为下边的批驳树靶。接下来首先驳论点，指出这是一种职业偏见；紧接着用一个“985”高校硕士生的典型事例来驳论证，说明高学历并不一定能带来就业优势，关键要靠真才实学；最后又用一系列的高学历人士从事低门槛工作导致自身别具异彩的事例来进一步辨明工作的价值是靠一个人的格局和信念来定义的，鼓励当下年轻人去多元就业。行文是先破后立，破中有立，立中也有破。因为是纠偏，而不是棒打，所以行文的措辞自始至终都很中肯而不偏颇，很周全而不片面，这种思辨性很值得我们学习。

天生会种菜？一起了解下中国人的种菜哲学

写作关键词：种菜哲学　追因溯源　典例开挂

作者：盛玉雷　人民日报评论　2020 年 6 月 1 日　　点评：徐忠梅

种菜哲学其实就是劳动哲学，注意话题的以小见大，切合当下“复工复产”的主旋律。

不妨四处观察一下，在田间地头，在房前屋后，在阳台墙角……一抔黄土、几粒种子、些许清水和肥料，悉心照料下就能收获数捧新鲜蔬菜、几盆鲜美瓜果；（用排偶手法罗列出现实生活中的“种菜”情形，选取的镜头很典型。）再仔细回想片刻，在手机屏幕，在网页游戏，在数字农场……轻点鼠标、摆弄键盘，深夜时分去亲朋好友那里“偷”几根菜、除几棵草，然后心满意足地睡去。（同样用排偶手法罗列出虚拟场景中的“种菜”情形，动词安措得生动有趣。）无论是现实生活还是虚拟人生，“种菜”都是很多人的真实体验。（本段用“不妨……再……无论”等虚词勾连起现实和虚拟中的“种菜”情形，指出“种菜”是很多人的真实体验，属于议论文的“是什么”部分。）

对不少人来说，种菜天经地义。在国外有这么一个故事：一名洋女婿种花栽草的小院，因为北京丈母娘的到访面目全非，花花草草给换成了香菜大葱。当然结局是美好的，不解的姿态在丰富的食材和高超的厨艺面前，诚实地“弯下了腰”。（这句话说得很生动形象，风趣地道出了西方视觉文化对东方味觉文化的“折服”。）有人说，“西方人种花，得到的是视觉上的享受，东方人种菜，得到的是味觉上的盛宴”。虽然有些绝对，但也不无道理。从耶鲁校园里的菜园，到迪拜沙漠里的菜地（这里在前边故事详例的基础上又用“从……到……”的句式组合出略例），在异国他乡的土地上结出的果实，呵护的是中国人的胃，结交的却是货真价实的情。（揭示中国人喜欢种菜的原因之一：觉得天经地义。含有劳动是中国人天然本能的意思，表明中国人自古以来的勤劳质朴。开启议论文的“为什么”部分。）

事实上，种菜在中国不仅有着历史演进的逻辑，也兼具现实因素的作用。（将“历史渊源”说成“历史演进的逻辑”，陡添高级感。）从狩猎采集时代到农业种植时代，华夏大地上早早就出现了日出而作、日落而息的定居生活。四季分明的气候条件，乐吃善吃的饮食文化，重视农桑的国家政策，勤劳肯干的民族禀赋……（这四个整句非常精要地揭示了中国人种菜文化的渊源。）正是这些得天独厚的优势，点亮了（这个词用得妙！相当于“催生”之意）种菜这个与生俱来的技能，帮助中国人民抵御灾荒、战胜饥饿。在自然环境、历史文化、生活习惯等影响下，春种秋收、夏忙冬藏，不遗余力地滋养开发脚下的沃土，就成了中国人鲜明的属性、自然的本能。（进一步揭示中国人喜欢种菜的原因之二：是受自然环境、历史文化、生活习惯等因素影响而形成的鲜明属性、自然本能。）

对中国人来说，种菜是一种生存需求，也是一种精神情结。（用段首中心句提示层意的层层递进。）不信你瞧，陶渊明辞官归隐去种菜，诸葛亮隐居南阳也种菜，苏东坡被贬岭南还种菜……（一句一例，既典型又概括。）从情操的陶冶，到精神的追求，种菜被古人赋予了无尽的想象。“耕”被摆到了和“读”一样高的位置，是文化人毕生追求的理想之一。事稼穑、丰五谷，就能养家糊口；知诗书、达礼义，方可修身养性。（这组对偶句高度凝练地揭示了中国人崇尚田园牧歌式的耕读文化。）这种田园牧歌式的文化基因，浸满了对土地的热爱、对自然的向往，甚至成了中国人的处世哲学，一直延续至今。（更进一步揭示中国人喜欢种菜的原因之三：是一种对土地热爱、对自然向往的精神情结。）

在今天，种菜有了更智能的技术、更娴熟的技巧，也有了更丰富的内涵、更实在的意义。在非洲南苏丹，中国维和部队建起了“蓝盔农场”，满足自身需求的同时还向当地人免费供应，有人惊呼“中国人会变魔术，能够变出这么多各种各样的蔬菜”；在三沙市永兴岛，海军战士“沙变土”试验田种植蔬菜首获成功，半亩地收获1500多斤，有望解决驻岛驻礁军民吃青菜难题。（举了中国维和部队的“蓝盔农场”和海军战士的“沙变土”两个典型事例，表明“中国菜园子”的现实意义。）从冰冷南极到热带草原，从雪域高原到浩渺太空，有条件，自然要种；没条件，创造条件也要种。（用“从……到……”的略例组合说明处处“种菜”的必要性。）经受住气候、土壤等考验，“中国菜园子”正在世界各地绽放生机、孕育希望，给人类的生存添一分胜算，为美好的未来助一臂之力。（最后揭示中国人喜欢种菜的原因之四：“中国菜园子”在当下能为人类生存添一分胜算，为美好未来助一臂之力。）

时间播下种子，有些会发芽，有些则不会。种菜何尝不也是这样？（由“时间”比兴“种菜”，自然生动。）在小品《红高粱模特队》里有这样一句话：“土地是妈劳动是爹，只要种啥啥就往外结。”（引用小品中的话，说明劳动才是幸福生活的压舱石。）无论如何，坐拥北大仓的饱满，也要记录从北大荒一路走来的荆棘；铭记超级稻的卓越、海水稻的突破，还请不要忘记那些饥饿的滋味、苦难的日子。（这几句话中两“北”两“稻”的打造，集事例的丰富和语言的机智于一体。）其实，哪有什么种菜天赋，不过是中国人民笃信天道酬勤、劳有所获的价值观；也不存在什么天生就会的技能，说到底是中华文明数千年与土地结下的深厚情感。（这两句话采用正反分析法归结出中国人民爱种菜背后的劳动本质和土地情怀。）“种瓜得瓜，种豆得豆。”不妨再重温一下这句俗语。这是中国人祖祖辈辈得来的经验，也是世世代代传承的规律。这正是：种上菜才踏实，吃饱了才安全。（总结全文，回答了题目中“天生爱种菜”的设问，揭示中国人爱种菜只不过是热爱土地、热爱劳动的一种情感价值观的表达，归结出文章的主旨。属于议论文的“解决问题”部分。）

总评

高考作文发展等级中有“深刻”“丰富”两个评分标准，这篇评论在这两个方面都做得很好。首先，文章由中国人爱种菜的“果”溯出层层递进的四个“因”：从“天经地义”到“自然本能”到“精神情结”到“现实意义”，并透过这四个方面的“因”挖掘出这种现象背后的根本——中华文化中一种热爱土地、热爱劳动的情感价值观的体现。这就使得“种菜”这个寻常行为有了哲学层面的表达，因而显得深刻，同时也切合当下“复工复产”的主旋律。其次，文章的丰富性也令人赞叹。一些事例论据详略结合，详的有故事有事迹，略的几乎就是排偶组合。事例的类型也是“满汉全席”开了挂，有古今中外的，有军队有民众有诗人的，有虚拟也有现实的。还有一些引用论据，小品的、俗语的、现实的。可见作者平时积累的功力。更值得注意的是，文章最后还联系了当下，言明“中国菜篮子”的现实意义，这无形之中又丰富了文章时空层面的东西。最后值得一提的是，这篇文章虽属严谨的时评文，但文采和文趣一点都不少，实属难能可贵！

用力记住不幸，更努力寻找确幸

写作关键词：人文情怀　思辨之光　分论精工

作者：盛玉雷　人民日报评论　2020 年 3 月 20 日　　点评：徐忠梅

题目即中心论点，题目在“重章复唱”。

在这场猝不及防的疫情中，不少人重新捧起了那些“沉重的书籍”（“沉重”照应“猝不及防”，此情此景，含意丰富），比如加缪的《鼠疫》、马尔克斯的《霍乱时期的爱情》、普雷斯顿的《血疫——埃博拉的故事》、毕淑敏的《花冠病毒》……这些疫病灾难类文学作品，或是虚构，或属纪实，但都击中了读者的软肋（“击中了读者的软肋”属于“触动人心”的一种别致表达），也受到了格外的关注。今天，我们就来聊聊这个话题。（摆出一些疫病灾难类文学作品，引出话题，属于议论文的“是什么”部分。）

人类总是渴望平安，但灾难却从未远离过人类社会。（“渴望”与“从未远离”并举，造成一种撕裂感。）从文学创作的角度来说，无论是虚构还是非虚构的作品，很多都是写照现实。（揭示文学作品的本质。）从病毒的肆虐蔓延到市井的人间百态，从英雄的舍命相争到个体的命运起伏（“从……到……”的运用往往是文章内涵丰富的一个细节表现），这些细节描写就像是一种“神预言”，与现实发生的状况多有相似，由此产生了极具张力的纠葛：荒诞、无奈、疼痛、分离、真诚、牺牲、成全、坚守……（能将“纠葛”细化出这么多内涵，没有相应的积淀能做到吗？）正是在感同身受的情感里、在设身处地的思考中、在意味悠长的警醒里（“在……里……”的铺排揭示了文学与心灵的共鸣处），文学与心灵产生了共鸣，虚构与非虚构的界限被打破。这是疫情文学当下流行的精神意义，也是灾难作品长久不衰的现实价值。（总说灾难文学作品具有当下流行的精神意义和长久不衰的现实价值，总领下面三段的论述。）

毫无疑问，或许从中读出了苦难。（本段与下面两段的段首中心句构成一组非常精工的排比。）一场疫情，侵害的不仅是人的身体，更有心灵上成年累月的伤痛。加缪写道，“鼠疫带来的梦魔将永远萦绕奥兰人的心头，如这荒谬的世界”。（采用加缪的话印证疫情会给人带来永久的身心伤害。）尽管《鼠疫》里的世界是荒诞的，但人们对疾病的恐惧是真实的，对死亡的悲伤是真切的。如果说文学里的情节刷新着认知，那么现实里的情景就在冲击着心灵。在眼下这场史无前例的疫情中，许多同胞失去了生命，一些家庭遭受了重创，所有人都遭遇了考验……（文学之“真”往往观照着现实之“真”，书写着感同身受，也提醒着不能忘记。）铭记那些犯过的错、经历的痛、面临的困（这组整句，好！还押韵！），铭记那些离去的兄弟姐妹、骨肉同胞，才能让逝者长眠，让心灵永恒。（“为什么”部分递进式分论点一：毫无疑问，或许从中读出了苦难。）

不出预料，也会从中萌生起反思。正如有人说，面对灾难“不哭，也不笑，而是去理解”。在灾难中思索人性与文明，是这些有关疫情的文学作品中永恒的主题。（提炼出反思的关键词：人性与文明。）每一次灾难都是一场噩梦，关键是梦醒时分的沉淀与洞察。雅典历史学家修昔底德在《伯罗奔尼撒战争史》中，不仅用史家的冷峻记录下了灾情，更洞悉了灾难之后制度的败坏和人性的凋谢。（“制度的败坏和人性的凋谢”，这话太深刻了！）后人由此发出警示：“瘟疫消灭的不只是雅典人的身体，它更摧残了雅典人的灵魂和德性。掩埋在人性深处的脆弱、自私和邪恶在瘟疫的阴影下乘机复出。”（具体阐述灾难之后人性的凋谢：脆弱、自私、邪恶。非有相当洞见，不能言及此也。）可以说，比瘟疫更可怕的是灵魂的沉沦。越是灾难降临的时刻，越需要呼唤文明之光、坚守人性本质。（拨亮应当树立的东西。）（“为什么”部分递进式分论点二：不出预料，也会从中萌生出反思。）

但请相信，定能从中寻觅到希望。灾难，是人类无奈的“悲怆奏鸣曲”，也是闪烁人性光辉的“命运交响曲”。（两“曲”比喻，十分贴切。将灾难造成的影响一分为二，知冷知热。）在马尔克斯的笔下，“哪里有恐惧，哪里就有爱”，疫情与爱情互相成就；在加缪的眼中，“即使世界荒芜如瘟疫笼罩下的小城奥兰，只要有一丝温情尚在，绝望就不致于吞噬人心”，悲凉之外总是维系着希望。（蓝田日暖，良玉生烟，有爱就有光。两个举例都是先引用再阐述，引用得恰到好处，阐述得精简有力。）当方舱医院里跳起久违的舞蹈，当各地工厂中响起机器的轰鸣，当援鄂医疗队受到至高的礼遇……（一句一例，高度概括现实。）蓦然发现，我们不只有肝肠寸断的悲伤，还有高风亮节的精神，更有坚韧不拔的意志。（“不只有……还有……更有……”的句句紧追，让希望之光越来越亮。）（“为什么”部分递进式分论点三：但请相信，定能从中寻觅到希望。）

实际上，无论是神话的浪漫想象，还是文学的灾难哀歌，不管是史家的冷峻直书，还是哲学家的深邃思考，归根结底的母题都是如何认识灾难、记录灾难、铭记灾难、反思灾难。（归根结底出各种类型作品的母题，由现象到本质。）对作家们而言，“当我们真的写不出优质的灾难文学时，不如就喊一声：加油！这比硬写、瞎写、乱写要强。”（言作家创作要真诚。）而对读者来说，不妨翻开轻盈的书页，阅读其中每一个隐喻；细数度过的时日，记住当中每一种情感。（“翻开”“阅读”“细数”“记住”等用语，富含情怀。）来一场内心的洗礼、精神的涤荡，让我们不至于健忘，更不至

于傲慢。（暗示傲慢更可怕。）**“过去的终将过去。”用力记住不幸，更努力寻找确幸，或许这才是阅读灾难文学最该有的样子。**（“怎么办”部分提出建议：创作灾难文学要真诚，阅读灾难文学要“用力记住不幸，努力寻找确幸”，点题并归结中心论点。）

总评

这是一篇谈打开灾难文学正确方式的文章，同时也告诉了我们怎样正确对待灾难。首先由题材决定，文章会很富有文化内涵；更重要的是作者的阐述也增值了文章的文化内涵。它言及了灾难文学的三个现实价值：让人读出苦难，让人萌生反思，让人觅到希望——非有相当洞见，是道不出此种真意的。其次，这篇文章还很富有人文情怀：既有拨乱——对待灾难，不能健忘，不能傲慢，不能脆弱、自私和邪恶，也有点亮——我们不只有肝肠寸断的悲伤，还有高风亮节的精神，更有坚韧不拔的意志。这份人文情怀当属为文者的一份道义。最后，它还是一篇典范的议论文：提出问题、分析问题、解决问题井然有序。其中“分析问题”部分是主体，采用了三个整齐而层进的分论点：“毫无疑问，或许从中读出了苦难”“不出预料，也会从中萌生起反思”“但请相信，定能从中寻觅到希望”。每个分论点都是先用四字短语提顿，再用“或许”“也会”“定能”等虚词推进，足见匠心所在；而且从“苦难”到“反思”到“希望”的逻辑安排，让行文收束在“希望”的曙光中，也是一份温暖情怀的照见。

云上自在，远不如生活精彩

写作关键词：人间清醒　对比范式　关联得法

作者：陈凌　人民日报评论　2020 年 6 月 2 日　　点评：徐忠梅

对比入题，尾字押韵，论点开章。

最近，一个概念突然流行了起来——云自在。没听过不要紧，你一定或多或少有过切身经历：在李子柒的视频里放下浮躁、游离在乡间，“体验一把不属于自己的安宁”；工作之余看看慢综艺，暂别快节奏的生活，沉浸于“生活在别处”的田园牧歌；周末之时刷刷直播，在“橘猫 + 柴犬”“民谣 + 远方”的诗意里，享受一时的惬意时光……（列举了三种典型的“云自在”，在事例表述时就已暗含态度：“不属于自己”“生活在别处”“一时的”，为下边立论张本。）云自在云自在，就是云上自在，在屏幕里体验自在人生。（摆出“云自在”的现象，并对这个概念进行了阐述。属于议论文的“是什么”部分。）

别样的生活，总是令人向往，甚至给人以治愈的力量。（因为别样，所以治愈，含有哲理。）在水泥森林待惯了，满目苍翠的乡野，诗情画意的远方，自然能够冲淡审美疲劳，让人眼前一亮；（“远方”可带来“审美”。）工作忙碌，生活喧嚣，偶尔的悠远情致，也自然能让人偶尔跳出方寸之所，承载人们对诗意栖息的神往。（“悠远”可让人“跳出”。）反过来看，“采菊东篱下，悠然见南山”的古典生活，在现实中并不是那么容易实现，“日出而作，日落而息，一瓢饮一箪食”的岁月静好，也总是想象中的美好。（写现实的无奈是为了比衬出“云自在”的易变现。）而慢综艺、视频博主，恰恰为我们搭建了一个“拟态环境”，让我们通过屏幕，触摸无法抵达的远方。可以说，“云自在”的流行，在于一种“愿望的投射”，是一种“替代性满足”。（分析“云自在”流行的原因之一：能给人一种“替代性的满足”。开启议论文的“为什么”部分。）

更进一步，心境往往是生活的投射。在屏幕里体验不一样的生活，既是为了与现实短暂疏离，更寄托着对心之所往的美好憧憬。我们会在云上寻求自在，并不仅仅在于通过代入，获得一时的心理满足、短暂的休闲娱乐，更在于这些慢综艺、慢直播所代表的生活理念（用“不仅仅……更在于……”勾连上下段，开启下文对“云自在”美好的进一步挖掘）：在快节奏中放慢心态，于快时代寻找“慢生活”。（“云自在”的美好之一：可感受一份慢。）生火、做饭，劈柴、喂马，固然本身就是一种风景，但它的意义更在于提醒，提醒我们在日常的生活里发现精彩，在琐碎的庸常中寻找意义，把一成不变的日子过成诗。（“云自在”的美好之二：可提醒一份精彩。）（分析“云自在”流行的原因之二：可寄托对心之所往的美好憧憬。）

然而，云上再自在，依然远不如生活精彩。（过渡句开启对比的节奏。第一次点题、点明中心论点。）作为一种调味品，慢直播、慢综艺，并无不可，但倘若沉浸其中，与现实生活脱节，看不到生活细节里的那些美好，那无异于买椟还珠（“买椟还珠”这个词措得好，提醒我们云上是小自在，现实生活是大精彩，不能本末倒置，对比之一）。“云音乐会”固然能在疫情这样的特殊时期，让人热血沸腾，但更令人难忘的，是现场演唱会的那份震撼和感动；（对比之二：云上的沸腾与现场的震撼。）“云买菜”固然能给生活带来便利，但更能慰藉灵魂的，是菜场集市的那份烟火气息。（对比之三：云上的便利与菜场的烟火气。）倘若只是把“云自在”作为逃避，那生活反而会成为累赘，焦虑烦恼无处可逃。我们最终收获的，并不是精神的富足，而是萎靡，精神的自在充盈，更是无从谈起。相反，把云上的生活作为一贴清凉散，观照内心，撇去浮躁，葆有一份超拔的心态，继续向更美好的生活进发，精神上才有可能是自在的。（对比之四：把“云自在”作为逃避与把“云自在”作为超拔。注意这里“不是……而是……更是……相反……”等关联词语的运用。）（本段反复将云上的自在与生活的精彩作对比，说明云上再自在，也不如生活精彩。）

前段时间，读到朱光潜的一句话，深有感触，“各人的世界都由各人的自我伸张而成”。个体灵魂如果是与现实生活脱节的，那精神世界如何能自在？自在，从来不是说向现实妥协，甚至以消极的心态去面对人生，恰恰相反，是以诗意的心态去生活、去过日子，进而把生活活成自己希望的模样。（采用“不是……是……”的正反分析法点出真自在的内涵：是把现实生活活成自己希望的模样。）事实上，很多时候，人自己就是一面镜子，你以怎样的态度对待世界，世界就会呈现给你怎样的景象。是我们赋予生活以意义，而不是现实给我们以评价，也只有经历生活洗礼的自在，才是真自在，否则只能是一时之欢。（采用“是……而不是……”的正反分析法和“只有……才”的条件分析法进一步揭示真自在的内涵：必得经历生活的洗礼。）从这个角度来看，自在从来不在屏幕中，诗意也从来不在镜头里，而就在每个人的生活中。（这段文字通过反复对比，最终逼出真自在的内涵：诗意从来不在镜头里，而就在每个人的生活中。）

与其在屏幕的远方里追求自在，毋宁拥抱自己的生活，活出自己自在的模样。这正是：云上自在轻似梦，生活精彩无边丰。（用“与其……毋宁……”的选择句式强化了本文的中心论点并照应了题目。属于议论文的“解决问题”部分。）

总评

议论文的基本结构无非并列式、层进式和对比式三种，前面两种被运用得很多，而对比式作为整篇构思就运用得相对较少，大多用于片段中，所以这篇文章就让人眼前一亮。首先由题目决定，它的整体构思就会是个对比式，事实上也如此：文章先用第二、三两段阐明“云自在”的美妙，再用第四、五两段阐述现实生活的更精彩，这就形成了主体结构上的大对比，且以后者为重点写。第四、五两段中也贯穿了多组小对比，很好地强化了自己的观点。一般来说，需要去伪存真、需要“优中选优”的文章可多采用对比式，这样可以收到举重若轻的功效。像我们学过的课文《过秦论》《伶官传序》《劝学》《师说》《拿来主义》等也都是采用对比式的绝佳范本。采用对比式需要注意的是，不能为了突出另一方面而说过头话，要注意说话的分寸。比如这段文字中大量运用的关联词“固然……但……”“并不仅仅……更在于……”“不是……而是……更是……相反……”等就是为了论述的周密性。

莫急功近利，要有生命力

写作关键词：文化地标　审美建构　叙例圆熟

作者：智春丽　人民日报评论　2020 年 10 月 21 日　　点评：徐忠梅

正反对照，论点入题，巧妙押韵。

提到一座城市，人们往往会想到具有代表性的文化地标：600 岁的紫禁城见证着北京城的过往，拓荒牛雕塑标记着深圳的开拓进取，珠海大剧院“日月贝”讲述着“珠生于贝，贝生于海”的城市记忆，古典园林里生长着苏州的温婉…… 城市文化地标或深植于历史文化，或投射着时代风貌，以鲜明独特的符号形象，成为一个城市的精神和文化象征，与人们产生紧密的情感连接、文化认同。（开篇便列举了几个在反映城市文化或风貌上具有代表性的文化地标：北京的紫禁城、深圳的拓荒牛雕塑、珠海的日月贝大剧院、苏州的古典园林等，其中“见证”“标记”“讲述”“生长”等动词的运用让叙例生出了灵动。随之又揭示了文化地标的内涵，聚焦于其精神、文化实质。）

文化地标是一个地方的文化名片，在传播城市形象方面有巨大的流量效应。近年来，文化旅游市场持续升温，各类文化地标成为热门参观地、网红打卡地。与此同时，一些地方急功近利打造新文化地标的现象也引起社会关注。（用“持续升温”和“急功近利”两种“热”相，启发人们思考，启动议论节奏，与开头段一起，从正反两个方面摆出现象，提出问题。）

作为一种人文景观，文化地标首先应当与地理环境“不违和”。（本段的“首先”

与下面两段的“也”“还”一起，构成段首层递的标志。）人文景观与自然环境浑然天成、融为一体，才能给人以美的享受。无论是中华文化天人合一、道法自然的审美意境，还是如今兴起的保护生态、亲近自然的绿色发展理念，都强调人文景观与自然环境和谐共生。（古有道法自然，今有生态保护，都贵在一个“和”字。）丽江古城依山傍水、以水为脉，整座古城获评世界文化遗产；国家体育场“鸟巢”充分采用自然采光和通风，勾勒出现代北京的美丽风景。反之，若缺乏对自然的敬畏，滥造钢筋水泥地标，即便再大的“手笔”，也与审美旨趣和群众期待相差甚远。（让步假设论证，振聋发聩。）（摆出“怎么做”的分论点一：作为一种人文景观，文化地标首先应当与地理环境“不违和”。首先用“无论是……还是……都……”的句式强调无论是传统还是当下都注重人文景观与自然环境的和谐共生，并以丽江古城的“依山傍水”和国家体育场“鸟巢”的采用自然采光通风为例证之，再用“反之”总结强调。）

作为一种符号化呈现，文化地标也应该追求形神兼备。一个建筑之所以能成为一个地方的文化地标，不是凭借炫目奇特的视觉效果和文化元素的简单堆砌，而是流淌着活生生的历史文脉，能唤起人们共同的情感记忆。走进沈阳的中国工业博物馆，原样保留的铸造厂车间及生产设备，拉近了人们与老工业基地的时空距离；漫步福州修旧如旧的古厝间，曾经的老房子、如今的文创园，古老与现代交融，乡愁与时尚相遇。面对数之不尽的历史文化街区、革命文化纪念地、农业遗产、工业遗产，进行合理适度的创造性转化、创新性发展，才能成为广受认可的文化地标。（摆出“怎么做”的分论点二：作为一种符号化呈现，文化地标也应该追求形神兼备。首先采用“之所以……不是……而是”的句式论述文化地标应当流淌着历史文脉和情感记忆，并以沈阳工业博物馆的“原样保留”、福州古厝间的“修旧如旧”为例证之，最后收束在“合理适度”的转化发展上。）

作为一种公共建筑，文化地标还应当发挥服务公众的功能。地标建筑是有“生命”的，其生命力来自生活。人们喜欢将博物馆、剧院、书店称为文化地标，很大程度上是因为这些公共文化设施直接连通着一个地方的文化和生活。到一座城市先逛博物馆，人们才能加深对这个城市的历史过往和现实文化的认知。以北京的国家大剧院为例，建院以来，为观众带来 1 万多场演出，开展大量艺术普及教育演出及活动，观众和粉丝遍布全国。正是那些传播文化、服务公众的不懈努力，使得文化地标的形象更加亲切、更加持久。（摆出“怎么做”的分论点三：作为一种公共建筑，文化地标还应当发挥服务公众的功能。本段首先立片言而居要，指出地标建筑的生命来自生活，并以北京的国家大剧院为例，说明正是其传播文化、服务公众的不懈努力，才使其成为持久的文化地标。）

文化地标承载着不可替代的人文价值。打造新的文化地标，必须丰富其审美内涵，完善其服务功能，让其在与公众的“紧密连接”中收获持久口碑和影响。（结尾回应开头，强化文化地标的“人文”“服务”内涵。“紧密连接”一词形象生动，折射文化地标生命力之所在。）

总评

本文有三大亮点值得学习。首先，结构井井有条。题目、开头和结尾即亮明、申述、强化论点，做到观点集中鲜明。且开头两段是从正反两个方面摆现象、提问题，有激浊扬清之效，也显治理之要。中间三段于审美上有建构，着重阐述“怎么办”，分别打造整饬的分论点置于段首，从自然到文化到社会，层层推进，既有提纲挈领之效，也有登堂入室之美。其次，叙例圆熟，文辞优雅隽美。虽是评论，却又浸染了记叙的感性之美。如叙例时一些动词“讲述”“生长”“勾勒”“漫步”“相遇”，一些形容词“温婉”“炫目奇特”“修旧如旧”等的使用，便很好地应和了“文化地标”的话题，更不用说那些打造得圆熟典雅的整句比如“或深植于历史文化，或投射着时代风貌”“古老与现代交融，乡愁与时尚相遇”了。最后，论述严谨。以第三段为例，本段从论点句到阐述句到论据句到总说句，叙议结合，起承转合，环环相扣。更兼那些关联词语的使用，更是增添了文理的绵密。

只见三明治，不见肉夹馍："制式野餐"的走红之路

写作关键词：文化传承　由表及里　青词绿章

作者：徐驭尧　人民日报评论　2020 年 5 月 7 日　　点评：徐忠梅

好题！"三明治"与"肉夹馍"为中西两种文化的指代，不言本体，却言代体，质感鲜明。"制式"与"野餐"之间形成矛盾张力，发人深思。"只见"与"不见"之间正反对比，倾向自明。

春天何其美好，春日又何其短暂，许多人选择野餐来尽享春光。"野餐热"背后，记录着人们对于自然的向往与热爱。（"背后记录着"，由现象到本质。）与往年朋友圈零星可见的野餐相比，今年的疫情成为野餐频频出现的放大器（"放大器"的比喻因为"疫情"的背景而巧妙）。毕竟，长期的居家生活，使得人们渴望走近自然的心情蓬勃而起。在明媚的阳光和新鲜的空气中来一次野餐，正是向往外出的一个宣泄口。（摆出第一层现象：今年春天，野餐现象频频出现。）

不过，社交时代的野餐，更添了一份"数字"风味。（段首开宗明义，以下各段亦然。）正如一位博主所说，朋友圈里的野餐，关键不在"野"，也不在"餐"，而是在好看。（一语中的！）在春风和煦的绿色原野上，一张格子花桌布，西餐的刀叉、几盘精致水果、几件西式点心，有时还带着一瓶红酒；（巧妙地植入诗歌中的"意象组合"。）有的参与者则拗出各种姿势，希望在图片中展示自己最美好的一面。对于一些人而

言，这些朋友圈展示出的美图，是春日野餐最重要的成果之一。（美图也是成果，成为社交时代野餐新现象。）标配的布置、炫丽的食物，搭建起美好生活的场景，如果不通过社交媒体展示一番，似乎总觉得有些许缺憾。（摆出第二层现象，同时也指出了不足：社交时代的野餐，更添了一份数字风味，大多重在“好看”，多了一些“制式”。）

这类“制式野餐”的流行，与电商平台和网络社区的推动不无关系。在各式生活类社区里，“野餐”已经成为一门“显学”（“显学”一词，大词小用，庄词谐用，别有风味），仅一个社交购物平台就有超过 10 万篇野餐话题的文章。从野餐篮、户外垫，到保险箱、吊床，某网购平台上主打“精致野餐道具”的商户，不少也获得了成千上万的成交量。当人们通过各种网络攻略弄明白“野餐需要准备什么”，往往就可以在电商平台一键下单（照应下文的“便利”）；看清楚哪里景色宜人、适合野餐，便可以打点装备、随时出发。这种便利极大激发出人们野餐的热情。（挖根源一：“制式野餐”的流行跟电商平台和网络社区的推动及带来的便利有关。）

细心的人发现，朋友圈里的不少野餐都很“洋气”：只见三明治，不见肉夹馍；只见三文鱼，不见辣鸭脖……的确，相比中国，西方社会形成了更为成熟定型的野餐文化。《野餐史》作者沃尔特·利维认为，近代以来，野餐的出现伴随着村庄没落、城市兴起。在欧洲工业化和城市化的进程中，生活在钢铁森林中的人对大自然产生更深的向往，于是乎，带着食物饮料、举家前往郊野或者公园，享用一顿与自然共生的下午茶（这话说得好，只有在与自然的相亲相依中，才有人的真正生长），既昭示着市民生活的富裕与闲暇，也内化为很多人的生活方式。经过影视作品和社交网络的传播，这样的野餐也走到了更多的国家和地方。（挖根源二：野餐的“洋气”制式跟西方有着更为成熟定型的野餐文化有关 。属于纵向拓展，笔触逐渐走向文化内里。）

事实上，对自然的向往是人类共通的感情，野餐也从不只有一种形式。流传千古的《兰亭集序》，源自一场会稽山阴的“曲水流觞”，这不也是中国历史上一次被永久铭记的“野餐”（注意，作者借助“野餐”这个词在巧妙扩大“野餐”的形式，转换非常自然）？在今天的西藏，淳朴的藏族人依旧保留了“过林卡”的传统，每到春暖花开的日子，雪域高原上的藏族同胞都会带着食物举家来到公园、郊野，沐浴着春光席地而坐，吃东西唱歌玩耍（这些话已暗含了一种“放浪形骸”，暗含了一种“天人合一”，为下面一段的说理张本），尽情享受这场和春天的“约会”。（指方法一：与自然约会从来不只“制式野餐”一种“洋气”范式，还有“曲水流觞”，还有“过林卡”等一些“天人合一”的中国范式。事实论据很强大，文化建设很自信！）

抛却具体的形式，野餐其实是人们对于自然的一次“表白”。（由形式到内容逐渐深入。）当人们第一次尝试野餐的时候，心中或许就怀揣着和大自然来一次亲密接触的向往。但除了“制式野餐”，我们的眼界不妨放得更宽一些，或许不那么精致，但可能会更加真诚（不那么精致，但会更真诚，这才是野餐的要义）。无论是一次周末登山、一次假期徒步，还是到农村体验生活、感受农业生产，亲近自然的方式有千万种。（建议明确而体贴。）告别模板、拒绝套路，放下种种包袱，省却筹备烦劳，感受自然的精微律动（“精微律动”说得多么富有美感！简直是一种诱惑！），感受阳光的和煦温暖，或许能让我们和自然贴得更近。（指方法二：告别“制式”，拒绝套路，随心所欲地去贴近自然，去感受自然。如果说上面一段是“点”的建设，那么这一段就是“面”的昭彰！）

既然希望亲近自然，何妨让表现更加自然？（这话可作文章的副标题。）很多时候，自然的美感，或许正来自丰富的多样性，来自每个偶然邂逅的瞬间，来自与万物生长的那种久别重逢。（排比句式，排出自然美感的多样形式，“偶然邂逅的瞬间”“与万物生长的那种久别重逢”的遣词造句也绝对诗意！）这正是：绿树红花爱春光，纷纷出游野餐忙。玩法不必一个样，自然而然又何妨？（总收全文，卒章明旨：希望亲近自然，就不妨让表现更自然一些。）

总评

议论文是不是只能有一份理性、一份严峻？能不能兼顾文字的华采、审美的诗意呢？如果能兼顾，那么我们的议论文是不是会更有感染力、更有冲击力、更有文化上的制高点呢？这篇评论就让人眼前一亮：这是一篇借“制式野餐”谈文化自信的文章，它巧借“制式野餐”这个点来阐发我们要少些西方文化的膜拜，多些“曲水流觞”天人合一的中国文化的弘扬。它首先是一篇严谨深刻的议论文，遵循了批判建设型议论文常用的“摆现象—说弊端—挖根源—指方法”的层进式思路，尤其是摆现象、挖根源、指方法等方面均是由表及里、层层深入，不凌厉，不喧嚣，却让人心悦诚服。然后这又是一篇文采斐然的议论文，不要说借代、比喻、对比、排比、对偶等手法运用得丰富多彩，就只说“蓬勃而起”“精微律动”“与自然生长的那种久别重逢”“绿树红花爱春光”等遣词造句，就非常富有诗意与美感了，宛如青词绿章！更何况那些“野餐史”“曲水流觞”“过林卡”的文化蕴藉呢？好的议论文，真的就该如朱光潜先生所说的那样，不仅仅只是求“实用的、科学的”，更要追求“审美的”！